CCIEE

经济每月谈

# 中国智库经济观察

## （2017）

Economic Observations from

**China's Think Tanks' Perspective ( 2017 )**

中国国际经济交流中心／编

社会科学文献出版社
SOCIAL SCIENCES ACADEMIC PRESS (CHINA)

# 《中国智库经济观察（2017）》
# 编辑组

# 出版说明

“经济每月谈”是由中国国际经济交流中心主办的经济研讨活动。中国国际经济交流中心秉承“创新、求实、睿智、兼容”的理念，自2009年7月，每月举行一次“经济每月谈”活动，邀请国内外知名专家学者、企业家和政府官员，就社会关注的国内外经济热点问题进行深入研讨。2017年讨论的热点问题主要包括：国内国际经济形势；特朗普政府政策变化及应对；“两会”精神解读；粤港澳大湾区发展；E国际贸易；财税体制改革；新经济发展等。

“经济每月谈”活动受到国内外媒体的广泛关注，中国网对每期活动进行现场图文直播，新华社、《人民日报》、中央人民广播电台、《经济日报》、《中国日报》、中新社、第一财经、凤凰网、路透社等国内外媒体对发言嘉宾观点做了广泛宣传报道。

2017年12月23日，中国国际经济交流中心和新华社国家高端智库联合主办“2017~2018中国经济年会”，以“中国经济：推动高质量发展”为主题，邀请国家宏观经济部门领导、经济学家、企业负责人等发表观点。现将“2017~2018中国经济年会”嘉宾演讲主要内容、2017年“经济每月谈”嘉宾演讲主要内容，以及中国国际经济交流中心专家学者针对当前经济热点问题的研究报告汇编成集出版，以飨读者。有疏漏不当之处，敬请指正。

编　者

# 目　录

## 2017~2018 中国经济年会观点综述



## 2017 年经济每月谈观点综述

## 智库报告选编

### 世界经济发展与全球化

## 践行五大发展理念



## 推动“一带一路”倡议与区域经济发展

## 粤港澳大湾区建设

# 2017~2018 中国
# 经济年会观点综述

# 切实提高供给体系质量

## ——“2017~2018 中国经济年会”综述（上）

由中国国际经济交流中心（以下简称“国经中心”）和新华社国家高端智库共同主办的“2017~2018 中国经济年会”于 2017 年 12 月 23 日在京召开。国经中心自 2009 年发起举办中国经济年会，在中央经济工作会议后及时举办，目的是利用国经中心作为社会智库的灵活机制和拥有广泛会员的优势，为包括民营企业、研究机构等在内的社会各界搭建学习交流平台，充分凝聚共识，深入解读和贯彻当年中央经济工作会议精神。本届年会主题是“中国经济：推动高质量发展”，邀请了参与起草中央经济工作会议文件的有关负责同志、政府官员、专家学者和企业家共 300 人参会，以习近平新时代中国特色社会主义经济思想为指导，聚焦高质量发展要求，围绕党的十九大后中国发展、提高供给体系质量、创新引领发展等重大议题展开热烈讨论。

### 一　深刻理解和把握提高供给体系质量的内涵

国务院发展研究中心副主任王一鸣认为，高质量发展要有高质量供给体系。微观层面，要适应居民消费结构升级的需要，提供更多高质量、高品质的产品和服务。宏观层面，应在国民经济各领域、各行业有更高的素质、效率和质量，形成适应高质量发展要求的体制机制。

北大汇丰商学院院长海闻认为，供给体系质量包括产品和服务质量、生产质量和产业结构三个方面。提高供给体系质量要完善机制与政策，充分发挥市场对产业的调节作用。重视科学技术，鼓励企业加大研发力度。发挥民营企业作用，突破体制机制障碍。

## 二　提高供给体系质量应多措并举

国家发改委副主任兼国家统计局局长宁吉喆指出，要加快形成推动高质量发展的指标体系、政策体系、标准体系、统计体系、绩效评价和政绩考核。推动中国经济高质量发展的一项重要工作，就是研究建立“创新、协调、绿色、开放、共享”的统计指标体系、测算计算方法和评价办法。

国家工商总局局长张茅表示，营造良好的市场环境是推动供给侧结构性改革的重要力量。良好的市场环境并非自发，关键是要深化改革和转变政府职能。按照市场化改革方向，从过去的直接干预经济和配置资源，转变为加强市场监管和营造良好的市场环境。针对一些地区的保护性措施、行业的垄断，2018 年国家工商总局的工作重点之一是在现代商事制度改革方面取得新突破。

国经中心总经济师陈文玲认为，影响供给体系质量的问题主要有以下方面：与高质量发展相适应的法律法规体系尚未形成，优质商品供应尚显不足，缺乏创造质量财富的智力资源，缺乏与质量强国和高质量供给水平相匹配的政府管理方式及制度设计、政策设计。要把标准、认证认可体系等软约束变成硬约束，提高产品质量，开展质量变革的全民行动。充分利用数字化、智能化、网络化、精准化管理等现代信息手段进行质量全流程监控和全过程管理。

王一鸣认为，要坚持质量第一的主攻方向，建立落后产能市场化退出机制和产业升级的机制。要建设产业发展与人力资源、金融、科技等相互促进的新型产业体系。

## 三　提高供给体系质量企业应转变观念、主动作为

中粮集团总裁于旭波表示，要坚持质量兴农、绿色兴农，推动农业政策从增产导向转向提质导向。中粮的主业是农产品的贸易、加工、品牌和食品生产，围绕“订单农业 + 产后服务 + 加工转化 + 品牌营销”形成全产业链模式，打造优质质量体系。未来，中粮将继续完善“从田间到餐桌”的全产业链，为消费者提供安全、营养、健康、放心的好产品，进一步建立完善产品溯源系统，使消费者了解每一份产品的前世今生。

于旭波认为，提高供给体系质量是一个系统工程，关系到企业发展和行业升级。企业必须转变观念，适应新时代消费需求的新变化，与时俱进地创新技术与商业模式，建立消费者需求驱动的商业模式。建议政府提高行业生产和管理标准，尤其是质量标准、技术标准，同时加强质量监管。

美的集团副总裁李飞德认为，我国家用空调产量占全球需求总量的 80% 左右，冰箱、洗衣机的产量占 60% 左右。但企业很多时候注重规模导向，陷入了低单价、低毛利、低盈利、低资产运营效率的恶性循环。2011 年以来，美的公司转变规模导向战略，追求发展质量，大幅提升了企业的生产效率和盈利水平。公司营业收入从 2011 年的 1400 亿元增加到 2016 年的 1600 亿元，但利润增长了 1.7 倍，由 2011 年的 60 亿元增长到 2016 年的 160 亿元。自有资金在 2011 年几乎为零，仅靠银行短期贷款维持现金周转，2016 年自有资金达到 700 亿元。

李飞德表示，美的在发展模式上聚焦核心业务，去掉了很多低质量品类，关停甚至退还了很多土地厂房。同时，加大科技、人才投入，加大自动化和信息化投入。公司提出“产品领先、效率驱动、全球经营”的 12 字方针，以技术创新和技术进步作为企业转型升级的唯一路

径。以发明为代表的专利申请数量行业领先，过去几年在自动化、信息化上有上百亿元的投入，使利润率由五年前的 5% 提高到 2017 年的约 10%。

（信息部　景春梅　王成仁　谈　俊）

# 创新引领经济高质量发展

## ——“2017~2018 中国经济年会”综述（下）

中央经济工作会议要求，大力培育新动能，强化科技创新，培育一批具有创新能力的排头兵企业。发言嘉宾分别从不同视角阐述了科技创新的重大意义和实现途径。

### 一　培育创新发展的制度环境

科技部副部长王志刚认为，只有加快经济向主要依靠知识积累、技术进步和劳动力素质提升的内涵式发展转变，才能为应对我国社会主要矛盾变化开拓更广阔的空间。目前我国已成为全球第二大研发投入大国，2016 年全社会研发投入 1.57 万亿元，占全球研发经费支出的比例超过 20%。我国国际科技论文总量连续八年居世界第二位。在世界知识产权组织发布的 140 多个经济体全球创新指数排名中，我国从 2012 年的第 34 位，上升到 2017 年的第 22 位，成为唯一进入前 25 名俱乐部的发展中国家。总体上看，我国已接近世界创新国家的第一集团。

但我国原始创新能力仍然薄弱，不少领域关键核心技术依然匮乏，在创新科技人才方面还存在结构性矛盾。王志刚指出，当前我国缺乏世界级科技大师，领军人才和尖子人才不足，工程技术人才与生产创新实际脱节。需要着力加强以下三个方面：一是加强高端科技人才队伍建设，突出高精尖缺导向，加强战略性科技人才、科学领军人才、高水平创新团队和年轻科技人才的选拔和培养；二是瞄准世界科技前沿和新型科技产业，支持和培养具有发展潜力的中青年科技创新领军人才；三是培养造就一大批勇于创新、敢于冒险的创新创业人才队伍。

中国国际经济交流中心常务副理事长张晓强认为，我国建设现代化强国的目标必须有科技的强有力支撑，进入新时代后面临发展动能的转换，必须从劳动力、土地、资源和投资驱动，转换为科技创新驱动。2016年我国研发经费投入强度达到2.11%，但结构差异很大。制造业的研发经费投入强度仅为1.01%，解决大而不强的问题还有很长的路要走。基础研究经费为822.9亿元，在研发经费中占比仅为5.2%，这已是十年的最高水平，说明在基础研究方面还需要加强，基础研究不突破，很多技术就会受制约。张晓强强调，未来要面向世界前沿，面向经济主战场，面向国家重大需求，但最终要回到以人为本，面向人民美好生活的需求，在基础研究、原创性重要技术和产业化方面实现突破。

深圳市副市长高自民表示，创新在深圳发展中发挥了极为关键的作用。深圳在推动创新发展方面的核心做法包括：一是以市场为导向开展创新活动，用市场的力量保障创新体系高效运转；二是以企业为主体进行创新实践并准确判断未来世界科技前沿方向；三是围绕人才展开制度创新；四是政府培育创新土壤，实行最严格的知识产权保护，加强对创新活动的金融支持，补齐基础研究短板，提高颠覆性技术创新能力。

## 二　创新是企业发展的唯一路径

京东方科技集团股份有限公司董事长王东升表示，如果用一句话概括发展历程，就是“对技术的尊重和对创新的坚持”，没有创新就没有现在的京东方。京东方即便在最困难的时候，也坚持将每年营业收入的7%左右投入研发中，2017年的研发投入占比达到10%。京东方年新增专利申请量、全球首发新产品覆盖率、研发投入比例等指标已连续四年位居全球同行业第一。

王东升分享了取得好业绩的主要经验。首先，始终有极高的志向、清晰的战略目标。京东方在进入显示领域之初就定下成为显示领域世界领先企业的目标，定位不高，创新就不可能成功。其次，始终坚持战略定力。重重困难面前，一不退缩二不转向，坚持创新驱动。有的企业不能成功，碰到困难就自我怀疑、转变方向了。最后，与全球企业开放合作。不但要跟全球顶尖的大企业合作，也要能看到那些小的企业，小的企业有可能因为某一项创新，就可以将大企业挤出市场。大企业要虚心，要有包容心，以合作共赢的心态，构建健康高效的企业创新生态。

华大基因作为生命健康行业的龙头企业，在新生儿出生缺陷控制、重大疾病防治等方面不断创新。华大基因董事长汪建阐述了他对基因科学领域创新与竞争的理解。他提出，生命时代的思路跟工业时代的思路不一样，在生命健康领域不应该以市场为导向，应该以人民的重大需求作为发展导向。华大基因希望在出生缺陷控制、肿瘤防治、传染病防治等方面做出世界领先的示范，让中国人民及早享受到基因科技带来的获得感和幸福感。

（信息部　景春梅　陈　妍）

# 2017 年经济
# 每月谈观点综述

# 2016 年国际国内经济形势分析与 2017 年展望

——第 91 期“经济每月谈”综述

## 一　当前及未来世界经济形势的特点

中国国际经济交流中心总经济师、执行局副主任陈文玲提出，当前和未来世界经济可能出现几个明显的拐点，2017 年世界经济还存在很多矛盾和交织点。

首先，世界经济可能会出现几个拐点。第一，世界经济可能在 2017 年触底回升。新兴经济体拉动世界经济增长的比重在上升。2009 年以来，世界经济增量的 80% 靠新兴经济体拉动，新兴经济体占世界经济的比重上升到 56%。同时，发达经济体增长形势有望好转。根据世界银行的预测，2016 年全球经济增速为 2.7%，2017 年将达到 2.9%。第二，世界主要经济体将从竞争性宽松货币政策转向集体性从紧货币政策。2008 年以来，各国纷纷出台宽松货币政策，2017 年可能出现拐点。美联储 2016 年 12 月宣布加息，并提出 2017 年将加息三次。欧洲央行宣布缩减量化宽松政策（QE）下每月的债券购买量。日本的宽松货币政策可能在 2017 年下半年结束。第三，全球贸易由持续收缩转向逐步回暖。1999~2008 年，国际贸易规模年均增速为 7%，2009~2015 年在 3% 以下，2016 年最低为 1.7%。世界贸易组织（WTO）预测，2017 年会回升到 3.1%。第四，全球经济可能从持续的通货紧缩转向温和的通货膨胀。2008 年以来，全球持续性通货紧缩。从 2016 年下半年开始，美元指数持续高涨，美国居民消费价格指数（CPI）从 1.2% 上升到 2.7%。2016 年 12 月，欧元区 CPI 上升到 1.1%。第五，大宗商品价格会从阶梯式下降转向阶梯式上升。2016 年 11 月 30 日，石油输出国组织（OPEC）达成减产协议，石油价格回升。同时，全球制造业回暖，大宗商品需求增加，价格会出现拐点。第六，全球自由贸易区建设进程会出现拐点。美国特朗普在竞选时就提出要搁置跨太平洋伙伴关系协定（TPP）、跨大西洋贸易与投资伙伴关系协定（TTIP），重新谈判北美自由贸易协定，全球自由贸易区建设进程将受阻。第七，世界经济在 2017 年会出现更多意外之事，引发重新洗牌。美国特朗普当选是最大的“黑天鹅”事件，可能带来逆全球化、反建制、反常规、反常思维等不确定性事件。同时，2017 年会有多个国家进入大选期，国际经济发展的不确定性进一步增加。

其次，2017 年世界经济还存在很多矛盾点。一是世界经济低增长和贸易低增长没有完全改变，还在高和低之间交替。二是低利率与低通胀交织并存。目前，11 个国家是低利率，有些国家是负利率，与温和通胀交织并存。三是美元升值和非美元货币贬值交织并存。高盛预计，未来 12 个月美元兑发达经济体的货币贸易加权率会上涨 7%。同时，世界非美元货币纷纷贬值，2016 年全年人民币中间价贬值 6.83%，2017 年将继续呈温和小幅贬值态势。日元 2017 年将对美元贬值 10% 左右。欧元 2016 年对美元贬值 5%，2017 年将会跌至 1∶1.02。四是高债务与高杠杆交织在一起。我国企业债务占 GDP 的 160%，国家总债务占 GDP 的 249%。美国主权债务规模达到 19.5 万亿美元，占 GDP 的 104%。日本国家债务占 GDP 的 240%，欧盟是 95%。美国政府预算办公室预测，2017 年美国财政赤字会突破 4%，经常账户赤字也会突破 4%，回到 2008 年以前的双高峰、双赤字。五是更高标准的贸易规则与新的贸易保护主义交织并存。尽管特朗普反对 TPP，但更高标准贸易规则的争夺战并未结束，贸易保护主义会比以前更为严重。六是新一轮结构改革与新一轮产业转移交织。二十国集团（G20）形成了关于全球结构性改革的共识，同时新一轮产业转移已经开始。七是逆全球化思潮与全球化内在增长动力交织在一起。全球民粹主义、孤立主义、保护主义在抬头，逆全球化思潮兴起。而全球化内在增长动力不可遏制，特别是下一代贸易等新动力元素在加速发展，与逆全球化思潮交织在一起。八是绝对贫困人口下降与相对贫困人口增加交织并存。根据世界银行的数据，2015 年全球贫困人口减少至 7 亿，贫困人口占全球人口的比重为 9.6%。但根据联合国最新标准，全球现有 20 亿人每天的生活费用不足 3.1 美元，属于相对贫困人口。

## 二　当前中国经济运行“缓中趋稳”“稳中向好”

国务院参事室特约研究员姚景源认为，2016 年和 2017 年中国经济将延续“缓中趋稳”“稳中向好”的趋势。2016 年取得了来之不易的成就。一是经济实现 6.7% 的增速来之不易。五年来，我国经济增速按季度持续向下，2016 年开始平缓，前三季度均是 6.7%，呈现“缓中趋稳”之势。同时，中国对世界经济增长贡献率排名第一，占 33.2%。二是物价上涨水平控制在预期范围内来之不易。2016 年我国物价上涨总水平是 2%，低于年初确定的控制目标。三是两项重要指标由负转正来之不易。我国工业生产者出厂价格（PPI）连续 54 个月为负，2016 年 9 月由负转正。同时，全国规模以上工业企业利润增幅由 2015 年的 –2.3% 转变为目前的 9% 以上。四是超额实现就业目标来之不易。2016 年，我国新增就业岗位 1314 万个。

2016 年，在“三去一降一补”方面取得积极成效，但要总结经验和不足，做好新一年的工作。去产能方面，2016 年重点解决钢铁、煤炭等行业产能过剩问题。钢铁减少了 4500 万吨产能，煤炭超额完成 2.5

亿吨的计划目标，但去产能工作更多运用了行政手段，虽然是必要的，但容易反复。如 2016 年下半年煤炭、钢铁价格回升，使本已去掉的产能死灰复燃。应更加重视结构问题，将去产能与调结构结合在一起，发挥市场作用和法治作用，去落后产能。去库存方面，应因城施策。2016 年去库存是“百城一策”，原本想通过去库存降低杠杆率，但不少地方用加杠杆的方法去库存。应找到既符合中国国情，又符合市场规律，并能确保房地产业健康发展的长效机制，推动新一年的去库存工作。降成本方面，应确保经济实体在纳税后还拥有自我发展的能力和空间。要降低企业用电价格、贷款利息等成本。特别是在电力装机过剩的情况下，降低电价水平，扩大电力消费。要降低物流成本。我国全社会运输费用占国内生产总值（GDP）的 18%，而发达国家在 8% 左右。我国企业生产成本中，物流成本占 30%，而发达国家一般在百分之十几。应扶持大型物流企业，提升信息化、智能化水平，切实降低物流成本。补短板方面，要着重补民生的短板，切实解决就学、就医、养老等公共服务不足问题。

2017 年中国经济发展的外部环境更加严峻，世界经济复苏缓慢、需求不振，特别是贸易保护主义抬头，反全球化思潮泛滥，复杂和不确定性大于 2016 年。实现从“缓中趋稳”到“稳中求进”，需要转变发展理念，以供给侧结构性改革为主线，适度扩大需求，坚定不移地推动改革。在“三去一降一补”的主线以外，要适度扩大总需求，盯住投资，包括基础设施投资、工业投资和房地产投资。把振兴实体经济作为重要工作，把加速折旧和技改贴息作为振兴实体经济、增加制造业投资的重要途径。要解决民营经济问题，稳定民营经济的信心和预期。

中国国际经济交流中心副总经济师徐洪才认为，2016 年我国经济的总体判断是缓中趋稳、稳中向好，经济增长已经接近 L 形拐点，增长动能逐渐增强。消费对经济增长的拉动力增强，2016 年消费对 GDP

的贡献率超过了 71%，第三产业对 GDP 的贡献率达到了 58%。新增就业连续三年超额完成预期目标。经济发展质量不断提升，产业结构和需求结构进一步优化，居民收入稳定增长。节能降耗成效突出，2016 年前三季度单位 GDP 能耗同比下降 5.2%。境外消费不断增加。境外投资并购更多向中高端迈进。

## 三　2017 年宏观经济政策将坚持“稳中求进”总基调

徐洪才认为，从宏观经济政策来看，一方面，2016 年财政政策比较积极，减税降费力度较大，促进供给侧结构性改革和支持经济稳定增长。我国地方政府直接债务加上或有负债是 26 万亿元左右，再加上中央政府债务，总共占 GDP 约 60%，与欧洲、美国、日本等相比较低。从当期财政赤字看，2015 年占 GDP 的 2.3%，2016 年不到 3%，2017 年保持在 3% 左右，足以保证积极有效的财政政策得到落实。另一方面，2016 年货币政策总体上是稳健的。与 2015 年降准降息不同，2016 年货币政策以公开市场操作为主，综合采取多种政策工具，保证货币信贷和社会融资规模适度增长，流动性合理充裕，利率水平相对稳定。2017 年货币政策既要适应货币供应方式的变化，又要大道至简，降低融资成本，服务实体经济。商业银行、大型国有银行在中央银行的法定存款准备金偏高，有进一步下降的空间。通过降准来减少短期市场的波动性，以投放长期资金来支持实体经济发展。

人民币兑美元的汇率将在合理均衡水平上保持相对稳定。从经济基本面看，我国经济增长保持中高速，远高于美国。我国长期国债收益率在 3.2% 以上，而美元十年期国债收益率只有 2.4%。在中美贸易中我国是顺差，美国是逆差。过去几年，中国外贸出口下降速度低于美国外贸出口下降速度。同时，我国人民币加入特别提款权（SDR），成为第三大货币，占比是 10.92%，但目前人民币在国际储备货币中只有 2% 左右，未来 5~10 年国际社会将增持 7 万亿元人民币。此外，“一带一路”倡议得到国际社会广泛认可，人民币在国际贸易结算中的比重现在超过 30%，将来有进一步提升的空间。因此，人民币将升值，美元将贬值。从美国情况看，特朗普要采取扩张性的财政政策，扩大基础设施投资，需要扩大财政赤字，意味着美元有贬值的内在要求。从欧元区看，欧洲央行将在 2017 年 3 月减少 QE 规模，意味着欧元兑美元要升值。综合来看，2017 年人民币兑美元汇率不会超过 7.3，很有可能在 7.2 以下。

展望 2017 年，外部环境虽然复杂多变，但仍存在一些积极因素。从国际上看，美国强劲复苏，欧洲经济回暖，全球需求增加，有利于扩大我国出口。欧洲一体化坚定，东盟与我国关系向好，外部环境机遇大于挑战。从国内看，大政方针正确，对现实和未来走势判断准确，政策符合实际，总体需求稳定，消费保持平稳，外贸出口有回升向好的趋势。同时，创新为第一驱动力对经济增长的拉动效果将进一步显现。因此，2017 年经济形势将延续 2016 年缓中趋稳、稳中向好的态势。

（信息部　王成仁 整理）

# 2017 年财税体制改革若干建议

——第 92 期“经济每月谈”综述

## 一　2017 年财税体制改革前瞻

中国社会科学院学部委员、经济所所长高培勇指出，新一轮财税体制改革从十八届三中全会开始，以 2014 年《深化财税体制改革总体方案》作为改革的顶层设计，已取得了多项进展，包括：以“营改增”全面推进为主线索，税制改革取得重要进展；以新《预算法》正式实施为标志，预算管理制度改革取得实质性进展；围绕央地财税关系调整，财税体制改革研究取得阶段性成果。但这一轮财税体制改革还有很多关键性改革亟待在 2017 年推进。

### （一）税制改革：直接税改革裹足不前

目前直接税在我国税收结构中占比约为 30%，间接税占比约为 70%。党的十八届三中全会提出“逐步提高直接税比重”，这意味着这一轮税制改革主要着眼于优化税制结构，调结构而不是调总量。十八届三中全会以来，已经开展的四项税制方面的改革包括：“营改增”全面启动，资源税改革顺利推进，消费税征税范围有序拓展，税收征管体制改革正在启动。到目前为止，间接税的改革进展相对顺利，而直接税几乎没有任何实质性进展，比如个人所得税、房地产税、遗产和赠与税等。当前我国税制改革是“一条腿长、一条腿短”，间接税改革推进较快，但直接税改革裹足不前。

2017 年财税体制改革聚焦点应该在直接税上。如果 2017 年直接税改革有进展，说明税制改革是有成效的。如果 2017 年改革重点还是在完善“营改增”等间接税种上，则说明税制改革的推进不尽如人意，偏离改革的主要目标。

**（二）预算改革：尚在起步阶段**

十八届三中全会对预算改革提出八个字的目标要求，即“全面规范、公开透明”。到目前为止，预算改革最重要的一项工作是新《预算法》在 2015 年 1 月 1 日正式颁布实施，同时，围绕新《预算法》预算改革取得了相应进展，例如四本预算（一般公共预算、政府性基金预算、社会保险基金预算、国有资本经营预算）体系构建、地方政府债务的制度性规范、税收优惠清理等。

但新《预算法》留下了遗憾。修订前的《预算法》只覆盖一般公共预算，现在在一般公共预算基础上把另外三本预算都纳入其中，因此就应该按照对于一般公共预算的要求对其他三本预算做出相应规范，包括具体、清晰的收支明细等，但新《预算法》对这个问题没有明确的规定，只提出“政府性基金预算、国有资本经营预算和社会保险基金预算的收支范围按照法律、行政法规和国务院的规定执行”，但具体的法律、行政法规、国务院规定是什么则没有指明，无法有效落实。另外，新《预算法》自 2015 年 1 月 1 日颁布实施至今仍无实施细则，难以具体落实和操作。因此，尽管各方对预算改革的评价很高，但这一改革仍然处在起步阶段。

2017 年预算改革需要重点关注新《预算法》实施细则出台的进展。只有新《预算法》实施细则出台，才意味着该法案的正式实施。另外，还应该关注政府性基金转列一般公共预算这一改革进展。此项改革是将一部分政府性基金转列到规范性最强的一般公共预算，而且计划

“十三五”时期全部实现转列。

**（三）央地财政关系：方向尚待明晰**

央地财政关系调整的目的是进一步理顺中央和地方收入划分，合理划分各级政府间事权与支出责任。2016 年 5 月，伴随着“营改增”的全面推行，国务院印发《全面推开营改增试点后调整中央与地方增值税收入划分过渡方案》，规定中央分享增值税的 50%，地方按税收缴纳地分享增值税的 50%，方案过渡期暂定 2~3 年。既然是过渡性方案，说明是权宜之计，不是中央地方收入划分的正式制度安排。迄今为止，中央和地方的财政关系尽管大的改革方向已经确定，但关于收入划分问题、支出改革问题的具体方向还不明晰。

2017 年应该特别关注当前收入领域的过渡性方案能不能延伸为体制性安排，支出领域的事权与支出责任的改革能不能带动整个财政事权和支出责任的合理化。

## 二　未来财税体制改革的优先选择

中国证券市场研究设计中心（联办）财经研究院院长、国家税务总局原副局长许善达就 2017 年及今后一段时间财税体制改革提出两个优先改革的内容。

**（一）将消费税从生产批发环节征收转到零售环节，并将其划给地方，作为地方的主体税种**

随着“营改增”的推进，本属于地方第一税种的营业税被增值税代替，虽然过渡期内增值税在中央和地方之间五五分成，但央地财权事权不匹配的问题仍然存在。针对这一问题，可将总额为 1 万多亿元的消费税从生产批发环节征收转到零售环节，并将其划给地方，这样地方就有了代替营业税来支撑地方的主体税种。

消费税本来就应该在零售环节征收，由于之前税收征管手段落后，消费税只能在易于征收的生产环节征收；但随着税收征管能力的提高，地方政府已经具备了在零售环节征收消费税的能力，而且在零售环节征收消费税对企业而言相当于减轻其财务成本，是企业减负的重要措施。同时这一措施也可促进地方消费。现在之所以出现产能过剩问题，就是因为地方政府愿意多生产，生产越多，税金越多，但消费多了税不一定多。如果消费税改为零售环节征收，地方政府势必鼓励当地居民消费。

### （二）降低社保缴费率

当前降低宏观税负最优先的选择应该是降低社保缴费率。我国企业税费负担中，最为偏重的是社保费，在减轻企业税负这个问题上，最首要的是降低社保缴费率。降低社保缴费率之后导致的收支缺口怎么解决？由于一般公共预算已经在承担社保资金的缺口了，降低企业社保缴费率不能再由一般公共预算承担，建议划拨国有资本补充这一缺口，但这一操作需要一个前提，就是要将目前社保资金分省统筹改为全国统筹，在全国统筹的体制下，划拨国有资本来解决社保缴费率降低导致的资金缺口。

## 三　中美税负比较及其对我国税制改革的启示

中国国际经济交流中心副总经济师张永军基于中美两国的投入产出表，对两国企业的税收负担做了分析比较，并对我国税制改革方向提出建议。

鉴于中美两国税制存在很大差异，而且都允许对企业所得进行很多项目的抵扣，有不少项目的费用存在免交或少交的情况，名义税率和实际税收负担差距较大，因此，直接进行税率比较难以反映实际税负。而基于两国的投入产出表，对两国企业的税收负担进行分析比较是较为可行的选择。使用投入产出表中的生产税，再加上企业所得税、社会保险费用、房地产税金，进行两国企业税负的比较。从生产税、所得税、社会保险、房地产税金四类税费合计额与增加值的比例来看，

2012 年我国非农产业该比例为 25.8%，比美国的 11.1% 高出 14.7 个百分点；据推算，2015 年我国此比例为 28.0%，比美国的 11.7% 高出 16.3 个百分点。在制造业领域，2012 年我国制造业该比例为 31.4%，美国仅为 8.7%；据推算，2015 年我国此比例为 33.6%，比美国的 9.2% 高出 24.4 个百分点，我国制造业企业四类税费综合负担率比美国高。

分析其中的原因，由于中美两国税制存在明显差异，我国的税收主要集中在企业，这是企业税收负担较重的一个原因。另一个更为重要的原因在于美国非农产业的增加值率要远高于我国。加之增加值率较高的服务业，在美国经济中所占比重将近 80%，比我国近 50% 的比重高出约 30 个百分点，也拉大了我国非农产业增加值率与美国的差距。

另外，对水电气、运输、金融成本三类费用的分析看，2012 年三类费用占中国制造业生产价格的 7.0%，比美国 4.1% 的比例高出 2.9 个百分点。其中，水电气、金融成本两项费用在我国产品成本中的比重明显高于美国。

基于上述分析，建议我国在推进税制改革时，要进一步降低企业负担，同时开征房地产税、遗产税等直接税，以提高直接税在我国税收结构中的比重。

（信息部　陈　妍 整理）

# “两会”精神解读

——第 93 期“经济每月谈”综述

## 一　当前国内和国际形势判断

### （一）2016 年经济运行缓中趋稳、稳中向好

全国政协委员、中国国际经济交流中心常务副理事长和执行局主任张晓强认为，2016 年是“十三五”开局之年，在面临国内国外诸多矛盾叠加、风险隐患交汇的严峻形势下，经济社会发展主要目标圆满完成，实现了良好开局。经济运行缓中趋稳、稳中向好，国内生产总值（GDP）增速位居世界主要经济体前列，新增城镇就业 1314 万，贫困人口减少 1240 万，工业企业利润由上年下降 2.3% 转为增长 8.5%。在 2016 年工作中着力抓好“三去一降一补”，钢铁煤炭退出产能超过年度目标，“营改增”降低企业负担 5700 亿元，工业企业负债率有所降低；强化创新引领，部署面向 2030 年的科技创新重大项目，科技进步贡献率上升至 56.2%。全国人大代表、中国国际经济交流中心副理事长张大卫认为，2017 年《政府工作报告》（以下简称《报告》）做出了经济形势缓中趋稳、稳中向好的判断，是准确的。2016 年的经济还非常困难，下行压力非常大，也出现了一些风险信号，运行中有很多矛盾和问题，形势严峻，但总体经济缓中趋稳、稳中向好，实属不易。

国务院研究室党组成员、综合司司长陈祖新，用两个“不”字对《报告》进行了总结，即走过来的路“不易”，取得的成绩“不凡”。过去一年，国家发展面临的内外环境确实复杂严峻，国外挑战和国内矛盾相撞，周期性问题与结构性矛盾叠加，深层次矛盾和一系列“黑天鹅”事件交织。即使这样，我国经济平稳增长，就业比较充分，企业效益明显回升，这表明我国的经济基本面是健康的。《报告》中特别讲到经济发展的新动能，因为中国经济发展到现在这么一个阶段，面临的国内外市场环境和传统的竞争优势都在发生变化，迫切需要新动能的异军突起。中国新动能的成长非常快，也代表了中国经济未来的希望。

**（二）当前国际形势不确定性降低，国际经济形势也出现回暖**

张大卫认为，一是当前国际形势不确定性有所降低。美国新总统特朗普在竞选时，陆续抛出一些竞选口号和执政理念，给世界带来了很大不确定性。但从当选后特朗普及其团队关于中美关系、南海问题、中美日关系等问题的言论来看，不确定性有所降低。二是国际经济形势也出现回暖。美国、英国经济出现了比较强劲的反弹，国际上主要经济体也有很多积极的变化。此外，《报告》也充分贯彻了中央经济工作会议的精神和指导方针，国务院反复研究形成的一系列重大计划、重大战略和重大安排也反映出来了。

## 二 《报告》的主要内容和学习体会

张晓强同志通过学习《报告》重点谈了“用改革的办法深入推进去产能”“以创新引领发展”两个方面的内容。一是关于进一步做好煤炭去产能工作。2015 年中央经济工作会议确定，要以供给侧结构性改革为主线，以“三去一降一补”为抓手，推动经济结构调整和转型升级。2016 年，我国在去产能方面以钢铁、煤炭为重点，取得了较好成效。钢铁、煤炭行业去产能分别超过 6500 万吨和 2.9 亿吨。2017 年的

《报告》提出要再退出煤炭产能1.5亿吨以上，有关部门在“十三五”后几年压减煤炭等产能时需注意总结经验，改进工作。第一，坚持以市场化、法治化与行政性措施相结合来压减淘汰落后产能为基本原则，不能搞行政性的“一刀切”。第二，压减落后产能与产量调整要科学衔接，两者不能简单地画等号。第三，“十三五规划纲要”和“十三五能源规划”已发布，要根据规划确定的主要目标，科学制定年度压减煤炭产能，特别是产量的预期目标。二是关于创新引领实体经济转型升级。《报告》指出，要深入实施创新驱动发展战略，推动实体经济优化结构，不断提高质量、效益和竞争力。要提升科技创新能力，加快培育壮大新兴产业。全面实施战略性新兴产业发展规划，加快新材料、人工智能、集成电路、生物制药、第五代移动通信等技术研发和转化。在互联网时代，各领域发展都需要速度更快、成本更低的信息网络，2017年网络提速降费要迈出更大步伐，推动“互联网+”深入发展，促进数字经济加快成长，让企业广泛受益、群众普遍受惠。围绕这方面工作，要高度重视下一代互联网发展。近几年，互联网、移动互联网快速发展，以数字信息技术、移动互联网为基础而蓬勃发展的电子商务、微信、互联网金融等引人注目，云计算、大数据、物联网的发展创新层出不穷。至2016年底，我国移动用户达到13.2亿，网民达到7.3亿，其中手机网民约7亿，固定互联网光纤宽带接入的用户达到2.28亿。2016年我国电子商务规模超过20万亿元，其中网上零售额5.16万亿元，比上年增长了26.2%，淘宝用户2.8亿；微信用户已经达到7.7亿，功能日益丰富，走在了世界的前列。据工信部电信研究院报告，未来五年移动互联网IP地址（网址）需要10亿个，物联网需求网址100亿个，总IP地址需求达345亿个。对此，国际工程技术界已经达成共识，要发展基于IPv6（互联网第六代协议）架构的下一代互联网。一是更大的网址空间；二是更快的传输速度；三是更安全；四是更及时；五是更可管理。我国“十三五”规划纲要提出，要构建高速、移动、安全、泛在的新一代信息基础设施，超前布局下一代互联网，全面向 IPv6 演进升级。

关于《报告》，张大卫同志也分享了几点体会。一是报告很务实，思想性很强，有理想和道德的光辉。《报告》字里行间充满了十八大以来以习近平同志为核心的党中央治国理政的新理念，体现着法治精神和依法施政的理念。二是清晰梳理了供给侧改革和需求侧管理的关系，明确了宏观政策着力点就是供给侧结构性改革，同时与需求侧管理相辅相成的观点。三是体现了简政放权。在简政放权方面，总理强调"放管服"的目的是减少政府的自由裁量权，增加市场的自主选择权。四是国有企业的资产和财富是人民共有的。五是强调大众创业、万众创新不仅仅是带动就业，还是推动新旧动能转换和经济结构升级的重要力量。六是提出了质量之魂存于匠心，要推动中国经济发展进入质量时代的论点，这些将是我们制造业走向中高端的关键。

张大卫认为，《报告》释放了一个强烈的信号和对中国发展前景的信心。第一，我国的宏观政策是稳定的。国际金融危机以来，宏观经济政策有一些变化，但是这几年确实没有搞刺激，没有大波动。中国政府保持了战略定力，我们应以适应新常态的宏观经济政策来调整经济，使中国经济一直运行在合理区间。第二，重大战略实施比较顺畅。供给侧结构性改革、"一带一路"、全面建成小康社会、扶贫攻坚等一系列重大改革和重大战略推动非常顺畅。第三，民生改善成效显著，就业增加，人民收入不断增加。第四，改革开放持续推进。第五，新旧动能的转换有力推动了改革开放和政府职能转变。传统动能改造确实在加快，很多实体经济在接受新事物特别是互联网方面是非常积极的，现在再不利用新的技术来改造自己的传统产业，很可能被淘汰。

陈祖新指出，《报告》对 2017 年的工作进行了总体部署，对 2017 年的经济增长目标提出国内生产总值增长 6.5% 左右，这表明了中国政府对经济基本面和未来运行的信心。此外，《报告》对保护生态环境、城镇化、去产能、去库存、去杠杆等具体方面提出了要求。保护生态环境方面，从实际数据来看，治理雾霾是有成效的。去产能方面，2016 年重点是煤炭、钢铁，2017 年把煤电这部分加进去，煤电确实存在过剩风险，所以 2017 年要淘汰、停建、缓建煤电产能 5000 万千瓦以上。房地产去库存方面，很重要的一点就是要落实地方政府的主体责任，要因地制宜、因城施策。去杠杆方面，重点将放在非金融企业上。《报告》强调进一步转变政府职能，深化“放管服”改革，特别是管理好政府的权力清单、责任清单、企业市场准入的负面清单。关于减税，《报告》进一步强调，2017 年的减税措施之一是营改增，另外小微企业所得税的优惠会扩大范围，企业研发费用税收的加计扣除会扩大范围。《报告》在谈金融体制改革部分时特别强调鼓励大中型银行设立普惠金融事业部，普惠金融事业部主要是为中小企业服务的专门事业部。支持非公有经济发展方面，主要是突出了三个重点：一个重点是“放管服”，另外强调积极构建亲、清政商关系，还有一个是加强产权保护保护创造，保护生产力。关于扩大消费，《报告》指出要国货当自强，引导企业增品种、提品质、创品牌。关于城镇化，《报告》谈到很新的一条，就是加快中小城市和特色小城镇的发展。中小城市、特色小城镇的加快发展应该是一个新的方向和课题。

全国政协委员、中国石油化工集团原董事长傅成玉提出，《报告》充分体现了党的十八大精神，体现了党中央提出的统筹“五位一体”总布局和协调推进四个全面战略布局的精神，也充分体现了 2016 年中央经济工作会议精神。傅成玉认为《报告》有三点“突出”，第一，突出强调了“稳”字。“稳”体现了十八大以来以习近平总书记为核心的党中央，对中国进入经济新常态以后提出的坚持稳中求进的工作总基调。中国经济发展到今天，不是发展速度的问题，而是发展质量的问题。中央强调稳定经济大局，经济稳定了社会才稳定，经济稳定了就能用稳定来保就业、来防范风险、来守住金融安全，保障民生，加大环境治理力度。第二，报告突出了"实"。一是目标制定以后，实现目标的措施比较实，真正有实招。二是报告中用了很多篇幅来体现年初总书记提出的"撸起袖子加油干"的实干思想。报告提出，要干字当头，真抓实干，埋头苦干，结合实际创造性地干，不能简单地以会议传达会议、以文件落实文件，不能纸上谈兵、光说不练。第三，报告突出强调了民生问题。民生是中央历来高度重视的领域，但是这次工作报告中更加突出强调。从表述上，报告提出了"稳增长的目的是为保就业、惠民生"和"坚持就业优先战略，实施更加积极的就业政策"两个新说法，体现了国家对就业和民生问题的重视，也反映了在贯彻落实中央精神、不断地在实际操作上的"与时俱进"。另外，报告中对保就业、惠民生方面做的安排非常细致，说明中央政府始终把民生问题放在第一位。

（信息部　张影强 整理）

# 一季度经济形势分析与展望

## ——第 94 期“经济每月谈”综述

### 一　一季度国际经济形势分析

中国国际经济交流中心副总经济师张永军认为，近期国际经济出现了一些积极变化，从中长期看，国际经济仍然面临增长动力不足的问题。

**（一）主要经济体复苏势头较明显**

美国经济保持较强增长势头。美国近一个月的失业率是 4.5%，和前几个月相比，失业率继续下降；工业生产指数最新一个月约增长 1.5%，比前两三个月的水平略有加快；产能利用率整体保持回升趋势；美国贸易也明显好转。欧盟国家的经济复苏迹象明显。近期，欧盟跟主要贸易伙伴，如美国、中国、印度、瑞士等国家的贸易额都是两位数的增长。目前，欧盟 28 国的失业率已经降到 9.5%，这和国际金融危机爆发之前的水平大体相当。

另外，从价格变化看，近期，国际上生产者价格指数（PPI）同比上涨明显。比如，自 2016 年八九月以来，我国 PPI 开始扭转 4 年多来连续下降的状况，2017 年 2 月和 3 月我国 PPI 同比上涨分别为 7.8% 和 7.6%。美国、欧洲也出现了相同情况。2016 年 10 月一些欧元区国家 PPI 开始回升。2017 年 2 月，欧元区 PPI 上涨 4.5%，欧盟 28 国 PPI 上涨 5.3%，都出现明显的积极变化。

### （二）未来国际经济向好，但长期增长动力仍然不足

目前，人口老龄化、新兴主导产业不足等长期性问题并没有解决，仍然困扰着世界经济增长。世界经济仍将面临增长动力不足的问题。因此，从中长期看，世界各国经济增长分化态势还会延续。尽管如此，短期因素活跃仍然拉动了世界经济增长。特别是美国、中国等国家投资开始出现一定程度的反弹，经合组织（OECD）国家、欧盟等房地产投资和设备投资增加较快。与投资活跃密切相关的是价格形势。近期国际大宗商品价格出现上升。美国、欧洲、中国的 PPI 都处于回升状态，造成短期内企业利润增加明显。2 月我国规模以上工业企业利润同比增长 31%，就跟 PPI 回升有很大关系。因此，短期内，企业投资较为活跃，经济形势预期好转，PPI、企业利润、出口还会维持在高位。但是，短期拉动因素不会持续很长时间。下一步，经济各主要指标可能会继续维持良好态势，从增长幅度看，会逐步趋缓，但是 2017 年的情况会比 2016 年好一些。世界经济好转将会持续，但持续时间可能不会长。

## 二　一季度国内经济形势分析

### （一）一季度国内经济的总体表现

中国国际经济交流中心副总经济师徐洪才认为，我国经济运行延续 2016 年年中以来稳中有进、稳中向好的趋势，市场预期持续改善，微观活力继续增强，一些实物指标和先行指标也出现回升向好趋势。一季度国内生产总值（GDP）超预期增长，有外需拉动原因，有库存周期原因，也有供给侧结构性改革原因，这些都是短期因素，从中长期看，经济可能还要往下走。概括起来，一季度我国经济有以下特点：首先，经济增长稳中有升；其次，居民消费价格相对稳定，工业生产价格冲高回落；第三，就业形势稳定；第四，国际收支平衡改善；第五，投

资增速回升，结构优化；第六，财政收入增长较快；第七，房地产市场平稳，一线城市过热得到抑制；第八，人民币汇率相对稳定。

国家信息中心经济预测部主任祝宝良认为，一季度我国经济预期较好，主要表现为三方面：一是 GDP 增长 6.9%，快于市场预期的 6.8%；二是制造业投资增速回升较快，特别是民间制造业投资增长速度回升明显；三是居民收入增长较快，且快于 GDP 增速。一季度经济形势不错，是 2016 年 7 月以来中国经济企稳回升的延续。其背后有五方面原因，第一，受世界经济复苏影响，2016 年三、四季度，2017 年一季度我国出口增速超出预期。第二，受国内供给侧结构性改革影响，库存变化比较大。第三，新一轮基础设施建设投资稳定上升，一季度的基础设施建设投资增速 28.7%。第四，房地产投资超出预期。一季度房地产投资增速达到了 9.1%。第五，制造业投资，特别是民间投资有所回升。除了电子信息产品，一些装备制造，特别是专用设备投资增速较快。

### （二）当前国内经济存在的突出问题

祝宝良认为，当前经济形势存在如下几个突出问题。第一，在去杠杆过程中，如何既让实体部门去杠杆，又让流动性不过于紧张？一旦债券市场融资有问题，金融体系慎贷，实体经济拿不到钱，融资难、融资贵的问题又开始了，这对民营企业影响较大。

第二，如何有效释放民营企业的活力？民营企业大部分处在制造业的中下游，其产业集中度很高。自 2016 年 9 月以来，在需求不足的情况下，受前端大宗商品价格上升及融资成本上升影响，制造业面临较大的生存压力。因此，民营企业活力将受到影响。

第三，如何建立房地产平稳健康发展的长效机制？在这一轮稳定中国经济增长过程中，房地产起了非常重要的作用。针对房地产发展，当前大力控制房价是正确的，但是行政性治理政策容易导致房价大起大落。如何建立房地产的长效机制始终是一个问题，特别是征收房地产税仍需深入探讨。需要设计一套指标，按照房子与人口比例，设计一个权重，低于这个值就供地，高于这个值暂时不供地，以此解决土地供给问题。

徐洪才认为，当前我国经济增长的积极因素逐渐增加，但从自身看，仍有五个方面问题。第一，居民可支配收入下降。一季度全国居民人均可支配收入跑赢了 GDP，名义增长 8.5%，实际增长 7.0%，但是否稳定还有待观察。特别是农村名义收入增长 8.4%，实际增长 7.2%，能否持续仍是问题。

第二，目前流动性偏紧。2017 年 3 月，广义货币余额 160 万亿元，同比增长只有 10.6%，首次低于 11%。3 月 M1 和 M2 之间的剪刀差相比 2 月出现强劲反弹，意味着企业在银行的活期存款还是很多，工商企业对信贷资金的现实需求不足。但是，从微观层面看，很多企业感到流动性偏紧。

第三，住房消费和汽车消费对经济增长的负面影响较大。一季度，汽车消费增长放缓对居民消费形成拖累，商品房的住宅销售金额跟 2016 年同期相比，增速下降了 15.9 个百分点，下降幅度较大。

第四，外贸增长超预期，虽对经济增长的间接贡献增加，但直接贡献减弱。无论是进口 30% 以上的增长，还是出口的大幅度增长，对投资消费都有很大拉动，但是贸易顺差明显减少，一些进口商品价格弹性比较小，价格上涨对进口金额上涨影响较大。

第五，吸收外资和对外投资双双快速下跌。这与 2016 年的对外投资超常规增长形成鲜明对比。2016 年对外直接投资金额同比增长 44.1%，但是 2017 年 1~2 月下降 55.1%。这种情况应引起关注。

### （三）未来经济走势与政策选择

祝宝良认为，未来一段时期，我国经济将逐季回落。主要理由，一是世界经济在复苏，但持续复苏的可能性不大。二是一季度我国出口比预期要好一点，但是二季度外贸出口增幅可能放缓。三是估计到 7 月左右，工业库存就不太可能再上升了。四是制造业投资不会大跌，但是大幅上涨的可能性也不大。五是房地产可能比预想的要好一点，但资金的到位率、土地的供给问题及行政手段干预，都存在不确定性。六是基建投资还将保持较高速度，但受融资方式影响，增速可能放缓。因此，一季度 6.9% 的 GDP 增速可能是高点，会逐季往回走。

徐洪才也认为，“L”形拐点已经来临，但是一季度经济增速可能是最高点，不太可能再往上冲了。2017 年下半年经济增长速度会下降一点，但是实现全年 6.5% 以上的经济增速是有把握的。从短期政策看，要保持战略定力，继续实施稳健中性的货币政策和积极有效的财政政策，要进一步增强政策的针对性和灵活性。比如，货币政策要保证整个市场流动性的合理充裕，不要出现人为的流动性紧张。另外，要降低企业融资成本，疏导货币政策传导机制。财政政策要着重促进结构调整，促进创新创业，做好社会政策兜底工作。总而言之，应更加重视推进供给侧结构性改革，做好“三去一降一补”工作，同时，把防范金融风险放在更加重要的位置。

（信息部　綦鲁明 整理）

# 特朗普执政以来政策变化及应对

——第95期“经济每月谈”综述

## 一　中美关系开局良好，挑战不少

中国国际经济交流中心常务副理事长张晓强对中美关系的现状与未来进行整体分析，认为，特朗普就任以来，在内政和外交多个方面和以往多届美国总统有很大不同，造成了许多不确定性，对美国自身、欧洲、中美关系都产生了一些影响。由于执政时间尚短，其下一步政策走向尚未定型。中美关系方面，通过多方努力，开局好于预期，其原因除特朗普自身及美国国内影响外，还在于中国在塑造中美新型大国关系时更加主动，这与我们自己的发展和战略定力、与我们全球把握水平的提升密不可分。未来，中美新型大国关系健康发展面临诸多挑战，如朝核问题、经贸问题等，需要各方继续共同努力，使中美新型大国关系对中美两国、亚太地区以及世界和平发展发挥重要积极作用。

中国国际问题研究院常务副院长阮宗泽也认为，中美关系开局良好，部分原因是特朗普在竞选和执政之初制造了不确定性，调低了各界对中美关系的期望值，而现实发展超出了预期。中美关系改善的表现：一是2月10日习主席和特朗普的通话，特朗普重申美国政府将坚定奉行“一个中国”的政策，扫清了中美会晤和中美高层进一步交流的主要障碍；二是4月6日到7日习主席和特朗普在海湖庄园的会晤，双方决定开展经济、外交、安全和人文等四大对话机制，提升和更新了过去中美之间的机制；三是特朗普之前宣布对中国的两大威胁，征收45%的关税并没有兑现，财政部发布的报告也没有关于操纵汇率的问题；四是派代表团出席“一带一路”高峰论坛，释放未来可能加入亚投行的政策善意。但是，未来中美关系的挑战仍将存在，特别是特朗普本身存在的可变性将成为影响中美关系发展中的一个重要不确定性因素，由此产生的各种问题需要积极加以应对。

## 二　当前美国内政外交政策变化将对中美关系产生重大影响

阮宗泽认为，特朗普执政以来其内政外交政策与历届美国总统有很多不同，其内政政策“极化政治”特征明显，集中表现在三个方面。一是与国会各方面没有“蜜月期”。通常，美国新任总统执政后与国会都有一个长短不一的“蜜月期”，而特朗普从执政第一天开始，每天都在争论、挣扎，带来许多悬念，也导致创下美国历届总统最低民调的纪录，仅为38%。二是延续了竞选时期的ABO（Anyone But Obama）思路，与奥巴马“一刀两断”。在政府人员安排上，让奥巴马的人全部下课，包括解雇美国所有驻外大使，导致很多美国驻外机构没有一把手，处于空转状态。美国内阁虽然成立了，但很多部门仍是“光杆司令”，比如国务卿蒂勒森，连副部长都没有。三是没有发表系统性的内外政策思路。美国新总统任职初期会通过一系列政策讲话向世界和国民表明其内外政策，如阐明对中东、亚太地区的态度等。特朗普执政后则主要通过碎片化地发推特和接受采访的方式向外界传递他的想法，缺乏系统性。

相比特朗普的内政，他将外交政策放在第二位。特朗普执政以来外交领域出现诸多变化，主要体现在，首先是将沙特列为出访第一站，而非传统的邻国和欧洲国家。这预示特朗普未来将在中东地区投入大量精力，主要任务将是打击极端组织和极端势力，这需要更多依靠以色列和沙特等国的帮助。其次是把改善对俄罗斯的关系放在重要位置。特朗普上任伊始就要改善与俄罗斯的关系，但阻力重重。美国国内有一股强大的反俄力量，虽然特朗普通过在4月初向叙利亚发射“战斧导弹”以撇清与俄罗斯的关系，但效果并不理想，一定程度上美俄问题成为特朗普内政的一部分，同时成为民主党对他进行打压报复的口实。此外，特朗普外交政策在某些领域并没有偏离传统轨道，而是体现了延续性，如在中东问题上的很多表态一定程度上回归了美国的传统政策。

中国国际经济交流中心总经济师陈文玲认为，当前中美关系出现了积极变化，两国领导人之间的互动更多是良性互动，形势总体上比奥巴马时期的中美关系更趋缓和，合作博弈更多地取代了对抗性博弈。习近平主席和特朗普之间的良性互动是保持中美两国关系向好的重要因素。当前是中美关系发展的一个重要历史转折点，集中体现在中美关系超出了双边、当代和经济意义。应抓住机遇，推动中美新型大国关系走上良性发展轨道。对中美而言，太平洋足够大，容得下两国，两国能够走出“修昔底德陷阱”。

## 三　特朗普经济政策将对中美关系产生重大影响

陈文玲认为，特朗普正在从一个政治素人向代表美国大国的政治家转变，在学习、适应的同时运用他的商业意识推出一系列政策措施，总的政策导向是放大存量霸权，创造增量霸权，反映在其政策上，一是进行非理性的贸易保护主义，包括上台第一天就废除跨太平洋伙伴关系协定（TPP），雇美国人、买美国货，对进口商品提高税率等。二是大规模增加债务，为维持政府部门正常运转，特朗普提出增加1万亿美元债务并得到批准，避免了政府关门。三是通过放松管制大规模重振制造业，包括放松对环保、传统能源、医药和金融等四个方面的管制。四是大规模减税，企业所得税从最高35%减到15%，个人所得税从原来的7档降为现在的3档，即35%、25%、12%。五是大规模增加军费，2017年美国军费计划是650亿美元，是中、德、英、日四国之和，占全球军费的50%。

陈文玲还认为，制造业领域，美国提出要重振制造业，而我国是全世界制造业体系最完善的国家，产值占世界比重接近30%，中国制造业有39大项、191中项、525小项，处于世界领先水平，中美制造业完全可以互补，甚至可以互换。投资领域，中美之间在基础设施建设方面存在利益交汇点，中国有最强大的工程承包集团。世界上最大的十大工程承包企业，前八位都来自中国。未来十年，美国有大约1万亿美元基础设施投资需求，但投资能力较弱，中美在基础设施投资领域可以有效互补。此外，中美在高科技产业，如家政机器人、高铁等领域存在广泛的利益交汇点。应转变思路，重构我国产业链，形成新的优势互补的产业体系。

清华大学中美关系研究中心高级研究员周世俭以特朗普经济政策为切入点，对美国经济政策的发展变化和中美经贸合作进行了分析，他认为，特朗普有雄心振兴美国经济，但面临诸多制约。竞选期间，特朗普提出要使美国经济年均增长超过4个百分点，大选获胜后调整为实现年均增长3.5个百分点，此后又降低为3个百分点。与此相对，联合国、世界银行、国际货币基金组织、经济与合作发展组织等四大权威机构对美国2017年和2018年经济增速预测值均未高于2.5%。特朗普政府冀望通过大规模减税刺激经济增长存在制约，首先，美国巨额国债还本付息压缩了减税空间。2017年5月3日，美国国债规模达19.9万亿美元，每年仅还本付息就达1万亿美元左右，巨大的利息负担使美国不会轻易大规模减税。其次，国会是特朗普政府减税的巨大障碍。1985年，美国国会推出一项协定，要求总统在提出减税的同时提交增加国家财政收入的方案以维持财政平衡。目前虽然共和党占据国会多数席位，但特朗普并不能掌控国会，他的减税方案要获得国会批准难度较大。

周世俭认为，我国应该抓住机遇大力发展中美经贸关系，优化对美贸易结构。一方面，特朗普振兴经济需要大量资金，这正好是推动和特朗普政府关于双边投资协定（BIT）谈判的最佳时机。美国高素质的劳动力、高水平的技术、便利的运输条件、低廉的能源价格、良好的法治环境、辽阔的市场等，对中国大中型企业拥有极大的吸引力。推动签署双边投资协定有利于实现互惠互利、合作共赢。另一方面，特朗普要振兴美国经济，加强基础设施建设，离不开与中国的合作，可以借此机会优化我国对美贸易结构，推动美国加大对我国转让高新技术。与此同时，也要积极应对中美经贸挑战。一是积极应对金融市场进一步开放带来的挑战。我国银行机构利润主要来自利差，目前我国银行利差为 2.6 个百分点左右，而美国银行业利差平均只有 1 个百分点，因此对美国银行机构开放市场有助于提升我国银行机构经营水平。二是积极应对汇率问题的挑战。尽管在习近平主席和特朗普海湖庄园会谈后美国没有提及中国是汇率操纵国，但这一问题并没有根本解决。预计 2017 年 6 月底和 7 月，等特朗普政府班底稳定后，将会与我国谈人民币汇率问题，逼人民币升值，并通过这一途径减少中国对美国的出口。对此，我国应提前制定预案，做好充分准备。

（信息部　谈　俊 整理）

# 把粤港澳大湾区城市群建成世界经济增长重要引擎

——第 96 期“经济每月谈”综述

粤港澳是我国开放程度最高、经济活力最强的区域之一，是丝绸之路经济带和 21 世纪海上丝绸之路的交会地，也是带动中南、西南地区发展，辐射东南亚、南亚的重要经济支撑带。2016 年 6 月，广东省委托中国国际经济交流中心（以下简称“国经中心”）进行粤港澳大湾区城市群发展规划研究。近日，国经中心在京发布研究成果，为正在编制中的粤港澳大湾区城市群发展规划提供参考。国经中心专家咨询委员会主任王春正主持发布会，国经中心常务副理事长、课题负责人张晓强，国家发改委地区司原巡视员、课题组组长陈宣庆等对研究成果做介绍和解释。国家发改委副秘书长范恒山对研究成果做评论。主要内容综述如下。

## 一　粤港澳大湾区发展潜力巨大

### （一）发展基础良好

根据研究成果，国经中心将大湾区的规划范围设定为广东省的广州、深圳、珠海、佛山、惠州、东莞、中山、江门、肇庆 9 市和香港、澳门 2 个特别行政区，规划涉及的重大基础设施、重点发展平台、重要经贸合作等自然延伸、辐射到泛珠三角等其他区域。张晓强认为，粤港澳建设大湾区具备七大发展基础：区位优势明显；港澳与内地形成差异化发展态势；经济发达活跃；开放型经济特征明显；产业结构呈现高级化发展特征；初步形成具有国际竞争力的城市群；粤港澳区域合作进入深化升级阶段。以 11 个城市计算，2016 年区域 GDP 总计 1.39 万亿美元；区域对外货物贸易额占全国比重约为 1/4，实际利用外商直接投资额占全国比重约为 1/5，对外直接投资额占全国比重约为 1/4。

### （二）投入产出效率高

2008 年中共中央、国务院发布过珠三角地区改革发展规划纲要，当时提出推进粤港澳合作，共同打造亚太地区最具活力的城市群。经过近十年发展，中央的要求提高了，提出打造世界级城市群。张晓强指出，这些年，该区域的发展确实上了一个台阶。比如，近两年我国平均每增加 1 元 GDP，大体上需投资 9.5 元；江苏、浙江等发达省份需投资 7.4 元，而广东只需投资 5.1 元。这说明，与投资驱动的传统经济增长动能相比，广东的内生动力大大增强，经济效率明显提升。

### （三）发展前景广阔

张晓强介绍，课题组测算了粤港澳大湾区以及国际一流湾区到 2020 年、2030 年的 GDP 总量。2015 年，东京湾区为 1.8 万亿美元，纽约湾区为 1.4 万亿美元，粤港澳大湾区为 1.36 万亿美元。预计到 2020 年，粤港澳大湾区为 2.04 万亿美元，超过纽约湾区（1.62 万亿美元），基本追平东京湾区（2.19 万亿美元）。预计到 2030 年，粤港澳大湾区为 4.62 万亿美元，将超过东京湾区（3.24 万亿美元）和纽约湾区（2.18 万亿美元），成为世界 GDP 总量第一湾区。据此，课题组提出粤港澳大湾区的发展目标：到 2020 年，国际一流湾区基本形成，世界级城市群框架基本确立；到 2030 年，大湾区城市群经济实力显著跃升，国际金融中心、国际航运中心、国际贸易中心、国际科技产业创新中心、全球先进制造业基地跻身世界知名城市群行列。

## 二 粤港澳大湾区功能定位和建设思路

### （一）五大定位

课题组研究提出粤港澳大湾区的五大发展定位，即世界经济增长重要引擎、国际科技产业创新中心、世界著名优质生活圈、全球最具活力经济区、世界文明交流互鉴高地。

### （二）八项重点任务

建设粤港澳大湾区城市群需要完成八项重点任务。一是优化空间结构；二是推进新型城镇化建设；三是加强基础设施互联互通；四是打造国际科技产业创新中心；五是携手构建“一带一路”开放新格局；六是培育利益共享的产业价值链；七是共建金融核心圈；八是共建大湾区优质生活圈。通过完成上述任务，推动三地从区域共同体向经济共同体、社会共同体的递次转变，形成发展共同体、命运共同体。

### （三）实施路径和保障措施

课题组提出从四个方面推进大湾区建设。一是要培育要素自由流动的统一大市场，推动人流、物流、信息流、资金流向相对自由流动，促进人通和财通是根本；二是推动形成功能互补、竞合有序的区域功能定位，提升城市群整体竞争力；三是构建支持创新创业的软环境，成为全球创新人才集聚高地、创新技术孵化地和国际科技产业创新中心；四是推进优质生活圈构建，优先推进科创、教育、医疗等领域的合作，共同推进国际科技产业创新中心、国际教育示范区和世界级诊疗基地建设。

课题组建议，应建立国家层面的协调保障机制。陈宣庆表示，大湾区规划是“一国两制”框架下的发展规划，鉴于香港、澳门经济的特殊性，要尤其注意处理好内地和香港、澳门的关系。基于“一国两制”的特点，建议按照京津冀推进发展的思路和格局，加强中央层面的顶层设计、规划实施和政策推进；参照三峡开发模式，由中央和三地提供引导资金，广泛吸收社会资本、海外资本参与，按政府和社会资本合作模式（PPP）组建股份制的大湾区开发集团公司，推进重大基础设施建设和创新发展；支持以大湾区为核心区，以广东、广西、海南、福建为延伸区的区域合作。在建立合作资金保障机制方面，课题组建议成立大湾区合作发展基金，争取丝路基金、亚洲基础设施投资银行等金融机构在大湾区设立分支机构。课题组还提出，从粤港澳层面来说，三方也要共同完善省区层面的协调机制，设立大湾区日常工作机构，打造国际化的营商环境，并加大对科技研发活动的支持力度，联合打造多种合作平台，争取更多国际合作平台落户大湾区，搭建粤港澳民间交流合作平台，支持青年人和中小微企业发展。

## 三　粤港澳大湾区建设应注意的若干问题

### （一）一体化合作是条件不是目的

范恒山认为，粤港澳大湾区当前存在的主要问题是区域协同性不够强、国际竞争力不够强。合作发展受制于体制差异和市场分割影响，为我服务的单向发展意识仍然严重存在，创新要素分散，存在各自为政现象。此外，资源环境约束趋紧，存在成本攀升制约问题。因此，一体化合作发展非常重要。但合作是条件不是目的，粤港澳大湾区的目的不是搞一个合作示范区，关键还是把握三个关键定位：世界经济增长重要引擎、国际科技产业创新中心、世界著名优质生活圈。

### （二）要实现创新协调发展

范恒山提出六点建议。一是把软硬基础条件的建设放在优先和突出位置。这些基本条件不搞好，高效优质的创新资源就无法汇聚。二是在一体化发展格局下体现区情要求和比较优势。范恒山提到“飞地经济”模式，例如横琴新区，实际上是为澳门拓展产业多元化提供一个基地。三是有效促进创新资源的集聚和整合，例如打造产学研结合的创新生态圈。四是把握城市群的构架来推动城市创新发展。五是集中发挥功能平台的探索与示范作用。六是全面融入全球经济竞争与合作。关于大湾区规划建设的保障机制，范恒山表示有两点非常重要：一是做好发展战略的对接与创新，二是强化重大领域、重大事项的对接联动。范恒山认为，高效率的协调机制更加切合当地实际，不一定都要靠中央层面来建，有些地区自主的协调机制也越来越有效率，例如长三角。大湾区的建设也可以在一定的行动准则和条例下，通过自主层面建立协调机制。

**（三）要避免同质化竞争问题**

课题组注意到粤港澳大湾区发展的一些不容忽视的挑战和问题，包括三个相互独立的关税区制约了要素自由流动，理念、认知、行动上存在差异，资源约束趋紧，生态环境压力严峻，《关于建立更紧密经贸关系的安排》（CEPA）落地存在障碍等。范恒山认为，粤港澳大湾区许多产业雷同，金融、航运、制造等领域存在重复建设和不良竞争，资源错配重置现象明显。张晓强也指出，区域内部也存在同质化竞争，三地几乎都将高端制造、电子信息、现代物流作为下一步产业发展的重点，在湾区建设中要避免产业趋同和同质化竞争。

**（四）“飞地经济”是解决土地瓶颈的重要途径**

张晓强指出，要从两个方面看大湾区土地资源瓶颈的问题。第一，现有土地如何更好地集约、节约利用。粤港澳大湾区 5.6 万平方公里，东京湾区 3.68 万平方公里，纽约湾区面积更小。从单位产出看，不是没有潜力，集约、节约利用土地上还要下功夫。第二，从粤港澳大湾区内部看，珠江口西岸的土地面积明显大于东岸，而西岸（江门、中山、珠海）2016 年 GDP 不到 8000 亿元，只相当于东岸（深圳、东莞、惠州）的 26%，人口也不到 1000 万，只相当于东侧的 38%。从产业布局或者空间布局角度看，将来通过多种方式使得相关产业布局向珠江口西岸发展，承接空间更大，辐射功能也就更大。范恒山赞同集约、节约利用土地和优化产业布局的做法。他还提出，从向外的角度看，发展“飞地经济”是解决土地瓶颈很重要的路径。范恒山建议，香港应勇敢地“走出去”和珠三角、内地合作，拓展发展空间。世界上最有说服力的例子是新加坡，新加坡通过填海也只有700多平方公里的土地利用空间，但它和江苏、天津、广州、浙江、重庆等的合作，拓展了广阔的土地。内地可提供特定区域作为“飞地”，供港澳作为产业园。陈宣庆则认为，“飞地经济”不必舍近求远，粤港澳大湾区内部一些城市，例如江门、中山等土地资源是比较多的，深中通道2023年开通后，从中山半个小时就到深圳。如果深圳、广州等地想解决土地资源短缺的问题，就地解决成效最好。江门有3000多平方公里滩涂，拓展珠江口西岸，也有利于珠江口东、西两岸的联合协作。

（信息部　景春梅 整理）

# 2017 年上半年经济形势分析

——第 97 期“经济每月谈”综述

## 一 国际经济形势分析

中国宏观经济研究院副院长毕吉耀认为，2008 年国际金融危机后，世界经济经过了 8 年多持续深度调整。尽管目前仍存在一些深层次的问题尚未解决，同时面临很多不确定、不稳定的因素，但种种迹象表明，世界经济正在出现一些向好势头，2017 年世界经济有望实现近年来最快的增长。

### （一）世界经济复苏步伐加快

2017 年一季度美国经济增长率为 1.4%，5 月美国失业率为 4.3%，是 2001 年来的最低水平，美国经济基本处在一个充分就业状态；尽管近期居民消费价格指数（CPI）走势仍较弱，但通胀预期有所上升。总的来看，美国经济经过金融的调整及实体经济的发展，保持 2% 多一点增长率的可能性较大。欧元区经济连续近 10 个季度都保持温和复苏态势。近 7~8 个季度，欧元区经济同比增速提升到 1.7%~1.9%，基本上接近 2%；现在欧元区平均失业率已降到 10% 以下，降幅较大。西班牙、葡萄牙、希腊等重债国失业率相对较高，但与危机最严重时相比也有所好转。日本经济形势好于预期。日本经济增速基本上在 1% 以上，就业形势有很大改善。日本的量化宽松和财政刺激政策对日本经济的短期效果较明显。受美、欧、日三大传统经济体复苏影响，2017 年我国外贸对经济的贡献度可能由负转正。新兴经济体经济逐步企稳，但分化较严重。2016 年下半年油价开始企稳，2017 年有望出现微弱的正增长。2017 年俄罗斯、巴西的经济开始走出前两年的衰退，出现了一些增长。大宗商品价格明显上升，对我国石油和铁矿石进口形成较大影响。印度目前正处在较快增长期，保持每年 7% 以上增长没有太大问题。

总的来说，自 2008 年国际金融危机以来，2017 年世界经济增长情况可能是最好的。

**（二）世界经济未来展望**

国际货币基金组织（IMF）预测，2017 年全球经济增长率为 3.5%，比 2016 年的 3.1% 有明显提升。金融危机前的 1999~2008 年，全球经济年均增速是 4.2%，金融危机以后展望到 2018 年，全球经济年均增速只有 3.3%，比之前降低了 0.9 个百分点。2019~2022 年，全球经济年均增速预计只有 3.7%。从中长期看，世界经济将有一个深度调整期，所以当前经济增长速度比危机前还低，未来数年，世界经济增长仍难回到危机前的水平。内需动力不足是影响世界经济最大的因素，劳动生产率增速放缓，收入差距扩大，是全球面临的共同挑战。未来的需求管理政策需要让位于供给侧管理政策，特别是科技产业发展。

从国际金融市场未来变化看，美国货币政策开始从宽松向常态回归，在特朗普减税及增加支出政策推动下，美国未来国债发行量将增大，国债收益率会继续攀升。受美元走强和美债利率上升影响，非美货币汇率承压，国际资本将往美国流。因此，美元将继续保持相对强势地位，美联储对国际金融市场的影响力依然很大。

**（三）世界经济新变化对我国的影响及对策**

2008 年国际金融危机后，我国外部发展环境发生了深刻复杂的变化。特朗普执政后，美国对外政策调整较大，给全球经济带来诸多不确定性，我国的外部环境更加复杂多变。一是外需情况有所好转。中美之间将构建新型经贸关系，这有利于中美经贸关系稳定，至少贸易战打不起来。二是资本外流压力和人民币贬值压力还在持续。从中长期看，人民币将是升值趋势。但由于近期美国经济增长加快、市场预期上升、美联储加息、美债收益率上升等，全球货币对美元贬值是大概率事件。国际资本加速回流美国及我国国内投资回报率降低等，对我国资金的外流和人民币汇率走势产生压力，有压力并不等于贬值，但从市场来说这会加大宏观调控的难度。三是区域合作需要新的应对措施。美国退出跨太平洋伙伴关系协定（TPP），不讲全球化了，但这会有助于推动国际社会更加关注“一带一路”和地区全面经济伙伴关系协定（RCEP）。我们需要拿出实际行动，扛起新一轮经济全球化的大旗。

面对全球经济新变局，我们既要保持战略定力，又要未雨绸缪，充分发挥我国不断增强的综合实力和国际影响力，主动塑造对我有利的外部发展环境，切实维护我国经济安全。对内主动适应引领经济发展新常态，在适度扩大总需求的同时，以深化供给侧结构性改革为主线，增强经济抗风险能力，对外坚持扩大开放，稳步推进“一带一路”建设和国际产能合作，深化多边经贸合作，推动形成开放型世界经济体系。

## 二　国内经济形势分析

中国国际经济交流中心副总经济师徐洪才认为，2017 年上半年我国经济增速 6.9%，超过预期，令人鼓舞。当前，我国经济稳中有进、稳中向好趋势十分明显。

### （一）对当前宏观经济的总体判断

一是未来几年我国经济仍将保持 6.5% 以上的增速。尽管我国经济增速连续两个季度达到 6.9%，但估计到 2017 年三、四季度时，经济增速可能会微弱下滑，将达到 6.8% 或 6.7%，年均增速将在 6.7% 以上。二是经济的一些先行指标较为亮眼。2017 年 1~6 月中国制造业采购经理人指数（PMI）连续超过 50% 荣枯分界线以上。非制造业的商务活动指数平均值是 54.6%，高于 2016 年同期 1.2 个百分点。2016 年底克强指数为 11.97%，2017 年 5 月为 12.18%，出现温和上涨。物价水平总体稳定，其中 CPI 保持基本稳定，工业生产价格（PPI）冲高回落，2017 年年初时 PPI 增长高达 7.8%。主要工业品价格，如动力煤期货价格和螺纹钢价格上涨明显。国际油价总体温和下跌。三是就业形势稳定。2017 年 1~4 月城镇新增就业人口 465 万人，城镇失业人员再就业 181 万人，就业困难人员就业人数 55 万人，城镇登记失业率 3.94%，创下历史新低。四是国际收支状况有所改善。2017 年一季度经常账户顺差占国内生产总值（GDP）比重只有 0.7%，明显收窄。资本账户出现顺差，占 GDP 比重为 1.4%。相较前两年，国际收支情况有所改善。

**（二）经济结构进一步优化**

一是投资结构优化。上半年，固定资产投资同比增长 8.6%，主要是基建和房地产投资拉动。5 月后，房地产投资有所回落。2017 年 1~6 月，第一产业投资增长 16.5%；第二产业增长 4%；第三产业增长 11.3%，增速虽比 1~5 月回落 0.3 个百分点，但总体是上升的。分地区看，1~6 月，东部地区增长 9.1%，中部地区增长 10.1%，西部地区增长 10.7%，区域投资结构有所优化。另外，1~6 月，中央项目投资同比下滑 10.9%，地方项目投资增长 9.5%，中央项目下滑非常厉害，但地方项目保持强劲增长势头。1~6 月，民间投资累计增速上升到 7.2%，超过 GDP 的增长速度。

二是消费对经济增长贡献增加。1~6 月社会消费品零售总额同比增长 10.4%，和 2016 年底持平，消费增长相对稳定。其中，农村消费增长 12.9%，城镇消费增长 10.1%。传统消费中，餐饮消费增长 11.9%，零售商品增长 10.9%，保持相对稳定。新型消费中，网上零售增长

33.4%，食物商品网上零售增长28.6%，同时，旅游消费、文化消费、信息消费增长继续保持高增长，说明新型消费对经济增长的贡献依然强劲。另外，居民收入增长比较快。扣除价格因素，2017年上半年居民收入实际增长7.3%，高于经济增长0.4个百分点。从收入来源看，工资性收入增长8.6%，占比57.5%，贡献最多，说明经济增长红利被劳动者分享。

三是第三产业快速发展，对经济增长贡献上升。上半年，第一、二、三产业的累计增速分别为3.5%、6.4%、7.7%，第一、二、三产业对经济增长的贡献分别为3.3%、36.5%和60.2%，第三产业对经济增长的贡献超过了60%，相较2016年底上升1.6个百分点，说明产业结构在进一步优化。

**（三）财政金融运行总体平稳**

一是财政收支良好。1~6月，全国一般公共预算收入累计同比增长9.8%。其中，税收占比90%以上，贡献最大。从支出看，1~6月，公共预算支出同比增长15.8%，增长较快，但预计2017年财政赤字不会超过3%，仍在合理范围之内。其中教育支出增长17.2%，科学技术支出增长22.7%，文化体育和传媒支出增长10.3%，社会保障、就业支出增长24.6%，还有医疗卫生、计划生育支出增长18.2%，城乡社区支出增长20.1%，农民、水利支出增长10%，住房保障支出增长8.7%，说明支出结构在优化。债务付息支出增长31%，需引起高度关注。但总体看，公共部门负债水平比较低，仍较稳健。

二是货币金融运行平稳。6月底广义货币供应量（M2）余额163万亿元，同比增长9.4%，创近年来历史新低，主要是金融去杠杆挤掉了同业存款造成的。狭义货币（M1）增速15%，M2与M1的剪刀差明显收窄。各项贷款余额增长较快，金融机构贷款的余额增长13.5%。上半年，人民币信贷资金增加近8万亿元，比2016年同期增加了1.2万亿元。1~6月，社会融资规模累计11万亿元，比2016年同期增加1.42

万亿元。总体看，流动性仍然充足，从量上看，货币供应保持稳健。

三是房地产市场回归理性。1~6 月，全国房地产开发投资名义增长 8.5%，相对 1~5 月回落 0.3 个百分点，一线城市过热情况得到了有效抑制。5 月房地产投资拐点已经来临，但这个拐点是一种温和的理性回归，并不意味着整个房地产投资会调头急剧下降。现在，促进房地产市场平稳健康发展的长效机制正在建立中，特色小镇的建设对三、四线城市房地产回暖及库存消化有积极作用。房地产投资 8% 左右的增长是合理的，对经济增长推动力充足。

**（四）下半年中国经济形势展望**

从外部环境看，全球经济目前已经开启新一轮复苏周期，这个周期将有 8~10 年的时间。美国经济、外交政策思路逐渐清晰，中美经贸关系会进一步改善。欧洲方面的不确定性明显下降，中欧关系出现新的历史契机。二十国集团（G20）汉堡峰会前夕，欧洲和日本签署了自由贸易协定（FTA），这对未来经济的全球化及贸易和投资的自由化、便利化是一个积极信号。美联储加息并没有引发美元大幅度的升值，也没有出现新兴经济体大量资金外逃流到美国。“一带一路”倡议得到国际社会广泛响应。目前国际环境依然复杂多变，但积极因素越来越多。

从国内看，当前经济既有周期性问题也有结构性问题，主要是结构性问题。预计 2017 年我国固定资产投资增速不会低于 8.6%，消费增速不会低于 10%，外贸进出口向好趋势可以维持。创新驱动对经济增长的效果显现。双创活动对就业机会增加、收入增长和经济增长的作用越来越明显。总体来看，2017 年下半年，经济会延续上半年稳中有进、稳中向好的趋势，预计全年经济增速不低于 6.7%，很可能是 6.8%。

在外部条件相对有利、宏观经济相对稳定的情况下，政策不需要做大的变动。未来，总体上仍是坚持稳中求进的工作总基调，坚持积极有效的财政政策和稳健的货币政策，但要突出政策的灵活性、针对性、前瞻性。在政策保持相对稳定的前提下，以供给侧结构性改革为主线，更多采取市场化、法制化办法，深入推进“三去一降一补”。着力推进农业供给侧结构性改革，振兴实体经济，促进房地产市场平稳健康发展。力求在国企国资、财税体制、金融体制以及养老保险制度四大领域的改革实现突破。

（信息部　綦鲁明 整理）

# 《土地法》修订应推动改革与经济转型

## ——第98期“经济每月谈”综述

近日，中国国际经济交流中心举办第98期“经济每月谈”，主题为“对国土资源部《土地法（修正案）》的讨论”。与会嘉宾就《土地法（修正案）》与改革的关系展开了热烈讨论，一致认为《土地法》修订应推动改革与经济转型。有关观点综述如下。

### 一 《土地法（修正案）》送审稿的亮点

国土资源部政策法规司司长魏莉华介绍，1986年《土地管理法》颁布，随着社会发展，该法在1988年、1998年、2004年进行了3次修改和完善。为落实党的十八届三中全会精神，2016年，国土资源部把修改《土地管理法》作为第一项重点改革任务，推进该法修订。此次修法遵循立法与改革同步推进、相向而行的原则，注重把党的决策上升为法律，坚持稳中求进的总基调，坚持最严格的耕地保护制度不动摇。

目前上报国务院审议的送审稿对现行《土地管理法》41个条文做了修正。其中，有几大突出亮点。一是删除了农村集体建设用地进入市场的法律障碍。修订草案在总结试点成功经验的基础上，删除了现行《土地管理法》第43条和63条的规定，增加规定：国家建立城乡统一的建设用地市场，符合土地利用总体规划的集体经营性建设用地，集体土地所有权人可以采取出让、租赁、作价出资或者入股的方式由用地单位和个人使用。取得的这些经营性土地使用权还可以转让、出租和抵押，具体办法授权国务院另行规定。二是完善农村土地征收制度。对土地征收公共利益进行列举式界定。征地补偿保证被征地人原有生活水平不降低和长远生计，取消年产值倍数法与区片综合地价作为计算土地补偿费和安置补助费的依据，在征地补偿的费用中增加对被征地农民的住房补偿和社会保障的费用。完善征地程序，把原来批后公报改为批前公报，强化被征地农民知情权和监督权，限制地方政府滥用征地权。三是完善农村宅基地制度，保障和落实农民宅基地用益物权。县级人民政府要保障农村居民户有所居的权利。下放宅基地审批权限，切实保障农民依法取得宅基地的权利。对宅基地自愿有偿退出做了原则性规定。四是适当吸收多年来土地管理改革中的一些成熟做法。把国家土地督查制度上升为法律规定，国务院设立土地总督查，对省、自治区、直辖市人民政府和国务院确定的其他城市人民政府土地利用和管理情况进行监督检查。与不动产统一登记制度相衔接，明确国家对土地、房屋、陵墓等实行不动产统一登记。

国土资源部土地利用管理司司长郑凌志介绍，试点支撑了此次修法。第一，完善农村土地征收制度。包括缩小土地征收范围，规范土地征收程序，完善被征地农民合理规范、多元保障机制。其中，征地补偿用区片综合地价取代年产值倍数法，农民住房不再作为地上附着物，而是作为专门的住房财产权予以补偿，明确被征收土地的农村居民，应当纳入相应的社会保障体系，并将留地安置和留物业安置上升为法律。第二，建立农村集体经营性建设用地入市制度，包括确立同等入市、同权同价的鼓励机制，统筹入市改革和征地改革。第三，推进农村宅基地制度改革。包括保障农民宅基地取得权，简化宅基地审批制度，建立宅基地自愿有偿退出的机制。

## 二 《土地法》修订应推动改革与经济转型

从上报国务院的送审稿到全国人大通过《土地法（修正案）》还有一段时间，为了进一步完善《土地法（修正案）》，中国国际经济交流中心副理事长郑新立认为，该法修订需要充分体现改革的精神。他指出，《土地法（修正案）》第 64 条第 6 款规定：进城居住的农村村民"腾退出的宅基地可以由本集体经济组织与宅基地使用权人协商回购，主要用于满足本集体内部的宅基地再分配，或者根据国家有关规定整理利用"。由于改革以来农村人口减少了 3 亿多人，农村住宅大量闲置，出现大批空心村。农村集体内部不仅没有对住宅建设用地的需求，而且有大量闲置的住宅建设用地亟待转让和利用。用协商回购取代市场转让，并把再分配的范围限定在本集体内部，这就完全否定了农户对宅基地的用益物权，否定了包括宅基地在内的农民住房的商品属性，违背了市场供求规律。应该实事求是，做出合理的法律安排。此外，党的十八届三中全会《中共中央关于全面深化改革的决定》提出要发挥市场对资源配置的决定性作用，土地作为重要的生产要素，不容置疑属于市场配置的范围。该决定还提出要打破城乡二元经济结构制约，建立全国城乡统一的建设用地市场。《土地法（修正案）》应进一步体现改革精神。

中国人民大学经济学院教授刘守英认为，建立全国城乡统一的建设用地市场可能存在一定的难度，但是要坚持市场化的改革方向。他指出，当前受农民工代际差异影响，城乡互动是未来趋势。传统的靠增加土地供给发展经济的模式已不适应当前形势发展需要。目前我国土地问题不是总量问题，而是结构扭曲问题。工业用地、政府用地占比过高，城市住房用地比重较低。本轮《土地管理法》的修订，应充分体现改变土地作为经济增长发动机的传统模式，实现土地结构优化，促进城乡互动发展。

郑新立认为，通过修改现行法律中已过时的内容为改革扫除障碍，或将成熟的改革经验上升为法律，促进改革，这是处理立法与改革关系的重要原则。《土地法（修正案）》应与党的十八届三中全会决定精神和改革试点的成功经验相一致。一是农村退出宅基地使用权，应通过市场转让，不应由村集体收回再分配。据《人民日报》6 月 18 日对宅基地制度改革试点县题目为"'沉睡'的资源这样被唤醒"的报道，安徽金寨县宅基地整理后节约占地 78%。江西余江县农村一户多宅的占 40%，闲置房、危房、倒塌房 3.85 万栋，相当于农村总户数的 52%。全国农村人均占有建设用地是城市人均的 3 倍多。应尊重这一客观事实，实现宅基地制度改革。二是建立城乡统一的建设用地市场，建立农村建设用地减少与城市建设用地增加的市场转换机制。推行城市建设用地增加与农村建设用地减少相挂钩的政策，通过市场交换和土地规划部门跨区域调节，既使退出宅基地的农民获得财产性收入，又能满足城市新增建设用地需要，降低城市房地产价格。发达国家的经验证明，在城市化过程中耕地是增加的，我国也不会例外。三是适应劳动力全国流动的需要，建立全国统一的建设用地市场。东部沿海地区作为农民工流入地，中西部地区作为农民工输出地，决定了沿海地区对建设用地的需求大于中西部。应建立全国统一的建设用地市场，把中部地区农民工退出的农村建设用地指标出售给沿海地区。为解决土地占优补劣和农产品运输成本问题，应以每亩土地标准产量确定土地当量，再乘以运输成本系数，然后进行交易。运用市场机制，找到价值补偿办法。

刘守英认为，1998 年制定的《土地管理法》已经完成其历史使命。本轮《土地管理法》修订应着重改变土地作为"经济发动机"的传统模式。对于征地方式，应借鉴台湾模式，实行一般征收和特殊征收两种模式。对于住宅用地，允许集体建设用地与国有建设用地一样入市，这样城市规划区可以改成租赁房。对于农村土地制度，要落实好"三权分置”改革，落实宅基地财产权，实现宅基地的市场价值，落实集体经营性建设用地跟城市的国有建设用地同地同权，可出租、出让，以此推动《土地管理法》与经济转型相适应。

（信息部　綦鲁明 整理）

# 《下一代贸易：E 国际贸易》课题成果发布

——第 99 期“经济每月谈”综述

近日，中国国际经济交流中心举办第 99 期“经济每月谈”，主题为“《下一代贸易：E 国际贸易》课题成果发布”。原国家外经贸部副部长龙永图，中国国际经济交流中心总经济师、执行局副主任陈文玲和河南保税集团公司总裁徐平等嘉宾发表了主旨演讲，主要观点如下。

## 一　中国应在下一代国际贸易规则中提出中国方案

龙永图提出，中国应积极响应习主席提出的参与全球治理倡议，在跨境电子商务方面有所作为，主动提出跨境电商国际规则的中国方案。

### （一）中国应作为跨境电商国际规则引领者

近年来，中国跨境电商发展迅速，主要有三方面原因。第一，国际电子商务已成不可阻挡的全球趋势。2015 年，跨境电商交易额占我国国际贸易额的 22%，2016 年超过 27%，预计 2020 年将超过 37%，跨境电商在我国对外贸易中的位置日益重要。二是全球化的载体正由少数跨国公司向成千上万中小企业转变。当前，我国参与国际贸易的中小企业约 500 万家，创造了外贸总额的 60%，为全球跨境电子商务发展提供了强大的产业支撑。三是中国在全球电子商务规则体系的制定方面有积极的探索和实践。我国在 2012 年就开始推动了 5 个城市跨境电子商务试点，2016 年又扩大到 15 个城市，这些试点致力于探索跨境电子商务新规律，涌现了郑州模式、杭州模式等成功模式。基于上述考虑，中国在构建跨境电商国际规则方面，具有天时、地利、人和优势，应积极总结我国在这方面的成果并上升为中国方案和国际规则。

**（二）“一带一路”网上丝绸之路大有作为**

“一带一路”沿线大多为发展中国家。如果我们通过修公路、铁路、港口等搞基础设施的互联互通，需要较长时间和巨额投资。但如果通过投资信息基础设施和发展电子商务的方式，实现“一带一路”沿线国家的互联互通，效果更好，成本也更低。例如，贵州近些年通过电子商务将边远地区土特产卖到全球各地，助力精准扶贫。2017 年 5 月，我国召开的“一带一路”高峰论坛上，习主席提出建立 21 世纪网上丝绸之路的倡议意义重大。

**（三）中国方案应在多方共识基础上形成国际方案**

将中国跨境电商方案推上国际舞台，需要做好以下几方面工作。一是夯实我国跨境电商业务，把规模做上去。只有基于丰富实践，我国才能在跨境电商的业务流程、技术标准、监管模式等方面提出中国方案。二是加强政府和企业交流。阿里巴巴提出的 EWTP（电子世界贸易平台）和河南保税集团 B2B2C 模式都是比较好的方案，并在与政府和国际组织的交流中得到逐步完善。三是加强企业之间的沟通。企业不仅包括电商企业，还包括整个供应链系统，以及制造业间的沟通协调。一些好的方案，只有在政府与企业、政府各个部门之间、企业与企业之间充分沟通基础上，才能形成共识。四是要多与 WTO（世界贸易组织）、国际海关组织、UPU（万国邮政联盟）等多个国际组织交流，并争取多数国家的支持，最终形成国际方案。

## 二　E 国际贸易理论和框架体系

陈文玲从五个方面发布了《下一代贸易：E 国际贸易》课题研究成果。

### （一）为什么要研究E国际贸易

一是国际金融危机之后，传统国际贸易已显疲态，全球经济增长需要新动力；二是全球贸易保护主义抬头，推进全球化进程需要新抓手；三是WTO及各国际组织正在寻求和探讨对国际贸易的新突破、新理论；四是全球消费主权意识进一步觉醒，个性化、定制化、多样化消费将成重要趋势；五是互联网、物联网、大数据、云计算、区块链等现代信息技术飞速发展，为跨境电商发展提供基础保障。

### （二）什么是E国际贸易

简而言之，E国际贸易就是基于互联网、物联网、云计算、云服务、人工智能基础的新贸易形态，亦即国际贸易的E化，高度信息化、智能化、国际化、网络化的线下线上一体化的贸易方式，是数字经济、共享经济、平台经济、信息经济和知识经济的综合表现形态。E国际贸易不同于跨境电子商务、EWTP和数字贸易。E国际贸易除了包括跨境电商外，还包括配套服务、监管方式、国际规则，是一个更加全面系统的概念。EWTP是开展E国际贸易的公共或准公共平台，是E国际贸易的基础设施；数字贸易是基于互联网的软件、音像制品、游戏、电子著作等数据品的贸易和数据化服务。

### （三）E国际贸易框架体系

EWTO以WTO现有制度框架为基础，在规则中融入互联网、大数据、云计算、平台经济、跨境电商、数据流动、信息监管、智能通关等“E”元素，结合E国际贸易发展的现实需求与长远趋势，一方面对不适用于E国际贸易这一新经济、新业态的制度进行E化改造，另一方面创造当前WTO框架中没有的、适应E国际贸易发展的新规则。EWTO的责任是推动E国际贸易关税协定、关务规则、准入协定、质量管理、贸易服务等的监督、管理和执行，规范电子世界贸易平台（EWTP）的运营，并为其发展提供良好的环境和政策支持。EWTO并非要颠覆现行WTO框架，EWTO尊重WTO的组织结构和运行方式，但要在经济规则、监管规则等方面做出突破和创新，形成 WTO 框架下不同于传统国际贸易的新型规则体系。

**（四）E 国际贸易对全球带来的好处**

E 国际贸易改变了传统国际贸易“生产商—多层次分销商—消费者”的流通模式，生产商或大型供应商可直接面对消费者，省去了大量中间环节，流通成本和消费品价格大幅下降，创造消费者福利。各国消费者可在全球范围选购商品，体现消费的权益和民主。各国可通过 E 国际贸易扩大对外出口，创造出口新通道。各国可通过 EWTP 的信息共享，实现数据自由流动，共同实行大数据监管。E 国际贸易能有效解决个人携带和国际快递进口所带来的关税流失和监管缺失问题。E 国际贸易可扩大发达国家服务贸易和数字贸易，拉动发展中国家出口，成为世界经济增长的新引擎。

**（五）提出全球共同行动**

E 国际贸易是引领未来的下一代贸易方式，各国对 E 国际贸易应持开放态度，共同建设“一带一路”陆上、海上、天上和网上丝绸之路，加快形成 E 国际贸易。各国应加快构建 B2B2C 监管体系，形成有利于形成 E 国际贸易的制度安排和政策体系。各国要基于 EWTP 实现交易信息、金融信息、物流信息、监管信息等数据共享和深度利用。推动基于 E 国际贸易的物流、通关、结算、金融、征信等领域的管理制度与流程的形成。积极推动各国智库围绕 E 国际贸易进行理论研究，加强沟通交流、形成智力支持。

## 三　E 国际贸易中国郑州方案

徐平介绍了郑州跨境电商的中国方案，包括 E 贸易的定义、E 贸易（B2C）和传统贸易（B2B）的不同、E 国际贸易等内容。

**（一）关于“E 贸易”定义**

E 贸易是指基于现代信息技术革命成果，依托电子化信息交易平台，完成订单、支付、交付的直到终端的商业活动和交易模式。E 贸易的征信特征以订单、支付、交付三单信息互为关联支撑。E 贸易按区域划分，包括 E 国际贸易和 E 国内贸易；E 贸易按产品划分，包括 E 货物贸易、E 知识产权贸易、E 服务贸易。

### （二）E 贸易（B2C）和传统贸易（B2B）的不同

B2C 和 B2B 的不同主要体现在五个方面。交易方式上，B2B 主要有国际和国内两部分；而 B2C 则主要是国际部分。交付方式上，B2B 是企业间财产转移，而 B2C 是个人财产分割。征信方式上，B2B 是国际货币基金组织对冲银行结算体系，有银行、保理、邮政信、保险，对债权人、债务人是双向保险、双向保理，而 B2C 征信体系是第三方支付。准入方式上，传统贸易方式 B2B 下，通过配额和技术壁垒实现，但在 B2C 下，没有市场准入，贸易也是无法限制的。风险责任主体方面，B2B 是境内贸易商，风险相对可控，但在 B2C 下，风险主体是境外出口方，风险很难追究。

### （三）WTO 服务体系面临 E 国际贸易挑战

一是企业发展难。企业物流和交易成本非常高，且通关不便利。二是政府监管难。如何对每件入境商品检验检疫，极大考验着政府的人力和资源配置。小额包裹征税也是各国政府最大的难题，税收流失严重，监管压力非常大。三是消费者维权难和成本高，一旦产生消费纠纷，消费者要退换货，维权周期长，且成本高。

### （四）中国方案（郑州模式）“B2B2C”解决 E 国际贸易当前问题

郑州模式就是在 B2C 的跨境零售中，中介 B 进入，把保税物流中心平台作为第三方责任主体，或者是把一个贸易方、物流方作为贸易主体，变成 B2B2C 的监管模式，货物经过第三方中转。然后根据货物出去的性质，如果是个人收的包裹就按个人管理，如果是企业的包裹，就按现行的 WTO 框架下的规则管理。在这个模式中，第三方的平台（EWTP）和所有交易平台、支付物流平台自动对接，获取信息，交给政府自动征税、实现监管。郑州模式还创立了七项监管标准：四单对碰标准、第三方数据采集标准、征税标准、准入标准、风险标准、统计标准和结汇标准。在具体运营方面，郑州模式共有四大优势。一是规范了监管运营规则。二是规范了商业运营标准。三是实现企业、政府、市场共赢。原来 3 亿个包裹，国家只征到 1 亿元税收。郑州模式下，5000 万单征税近 10 亿元。企业降低了物流成本。郑州方案将企业物流成本平均每单降低 56%。对消费者而言，可以更方便维权。四是提升发展中国家和地区的国际市场竞争力。郑州模式能给多数不沿海、不沿边的国家和地区带来新的发展契机。

**（五）E 国际贸易有关建议**

一是建议 EWTO 基于原有 WTO 组织体系完善 E 国际贸易的规则和体系。二是中国放开、放宽 B2C 进口，从而促进出口。三是加快推动 B2B 产品升级创新，打造品牌；四是加强新技术手段的应用。

（信息部　张影强 整理）

# 十九大报告解读：深度分析当前国内外经济形势

——第 100 期“经济每月谈”综述

近日，中国国际经济交流中心举办第 100 期“经济每月谈”，主题为“十九大报告解读：深度分析当前国内外经济形势”。中国国际经济交流中心总经济师陈文玲、副总经济师徐洪才分别做了主旨发言。会议由中国国际经济交流中心学术委员会副主任、国家统计局原局长李德水主持。

## 一　当前国际经济形势分析与判断

陈文玲就全球经济的趋势性特征，当前世界深层次矛盾、问题和 2018 年国际经济形势重要变化发表了观点。

### （一）2017 年全球经济的趋势性特征

一是经济、贸易在底部运行的长周期基本结束。全球经济从 2007 年美国次贷风波开始，经历了十年的经济和贸易双底部增长。目前，世界经济已经从浅水域驶出，走入复苏轨道。按照国际货币基金组织（IMF）、世界银行、经合组织等机构预测，2017 年 75% 的国家和地区经济出现了恢复性增长。国际金融危机导致经济低速增长的长周期基本结束。二是全球性宽松货币政策渐次退出。以美联储缩表为重要标志，全球进入减债、升息、去杠杆的轨道。美国升息 2015 年一次，2016 年一次，2017 年到目前为止是两次，预计在 12 月还会有一次，2018 年将有三次升息。三是全球大宗商品暴涨暴跌时代基本结束。未来可能会在一个宽区域的区间均衡波动，最有代表性的是石油、天然气等能源类商品。四是全球新旧动能转换加快。实施创新战略成为世界各国的共同需求。全球新旧动能转换的特征会非常突出。目前，各个国家把智能制造作为发展的新动能，都在加快发展新经济、新业态、新商业模式。五是中国因素在世界经济增长中越来越重要。中国提出的很多理念、方案已经成为世界经济发展的公共产品。可以用中国力量、中国方案、中国榜样、中国动力和中国风范这五个词来概括中国在世界上所起的作用。

### （二）当前世界的深层次矛盾和问题

一是贫富矛盾。全世界的贫富差距越来越大，这些矛盾现在越来越突出，而不是减缓了。在近几十年里，资本投资的收益远远高于劳动收入的收益。二是南北矛盾。发达经济体和新兴经济体、发展中国家处在此消彼长的阶段，发达经济体占世界经济比重稳步下降，从 2007 年占全球 55% 下降到目前的 44%，而新兴经济体和发展中国家所占的比重稳步上升。三是新旧动能转换中的矛盾。一方面，新经济、新业态、新商业模式加快发展，另一方面，旧管理方式、旧思维方式还在发挥作用，缺乏对新业态的包容度。四是高低矛盾。全球高债务和世界经济的恢复性增长之间存在突出矛盾。五是经济全球化、区域经济一体化与当前孤立主义、保护主义、封闭主义之间的矛盾和冲突。六是虚拟经济和实体经济的矛盾。虚拟经济过度膨胀，像一匹脱缰的野马，与实体经济已经出现严重分离。七是文化文明以及文化价值观的冲突和矛盾。未来多元文化的激荡和冲突将会对经济产生更加显著的影响。八是大国之间的博弈日渐激烈。世界可能进入一个强权时代，很多国家特别是一些大国领导人都希望本国成为世界领袖，都希望成为 21 世纪的强国。世界上这些大国之间的合作、博弈，仍然是世界平衡或失衡的主要力量。

### （三）2018 年国际经济形势的重大变化分析

2018 年全球经济还存在着很多不确定性、不稳定性，全球经济隐忧仍然存在。一是逆全球化思潮继续发展和发挥作用。保护主义、孤立主义、民粹主义思想会打乱世界政治、经济秩序，打乱一些国家的政治、经济秩序。基于规则的全球开放有可能倒退，世界贸易组织（WTO）工作中目前最难协调的就是美国，美国正在用自己的标准替代 WTO 标准。这种保护主义、孤立主义、民粹主义等逆全球化思潮，会给世界经济带来很大不确定性影响。二是全球退出量化宽松货币政策后，仍然存在资本紧缩等大的金融风险。美国巨额债务和货币政策收紧可能造成全球资本紧缩。有金融界人士认为，金融业最大的风险来自美国，美国可能再发生一场金融危机。三是一些国家经济会出现比较大的波动。从大的经济体来说，最值得关注的是日本和印度，它们的经济波动会对世界经济产生很大影响。四是局部战争与冲突。这些会对世界经济产生很大影响，尤其是朝鲜。朝鲜总是处在战争的边缘，这使未来局势存在很大的不确定性。五是大选年。2018 年是一个大选年，2017 年有 35% 国家进行大选，2018 年会有 20%~30% 的国家进行大选。六是自然灾害和传染病。一场飓风、海啸、森林火灾，都会对经济产生很大影响。

总的来看，2017 年和 2018 年，国际经济形势主流是向好的，向好的主要因素是美、欧、日主要发达经济体经济明显复苏，同时以中国为代表的新兴经济体和发展中国家整体崛起。

## 二　当前国内经济形势分析与判断

徐洪才对全年国内经济形势进行了总体分析，并对 2018 年和未来十年经济发展做了展望。

### （一）对当前中国经济形势的总体判断

一是经济增长超预期。第三季度国内生产总值（GDP）同比增长 6.8%，前三季度 GDP 同比增长 6.9%，连续 9 个季度运行在 6.7%~6.9%

的区间。制造业持续保持稳中向好态势。规模以上工业增加值增长较快。二是物价总体上保持稳定。居民消费价格基本稳定；工业生产价格高位波动；主要工业品价格上涨，但全球大宗商品价格总体保持稳定。三是就业形势稳定。连续几年新增城镇就业人口 1300 万以上，2017 年仍然可以完成这样的目标，更重要的是城镇失业率温和下降，对未来提振消费进而推动经济增长形成强有力的支撑。四是国际收支平衡状况得到进一步改善。银行结售汇差额收窄，资本外流明显减少。五是经济结构进一步优化。投资结构优化，但投资动力减弱，特别是民间投资增速回落和吸收外资负增长，须引起高度重视。消费总体保持稳定，对经济增长的贡献增加。居民收入增长超过了经济增长。第三产业快速发展，对经济增长贡献上升。供给侧结构性改革稳步推进，去产能加快推进。六是财政金融运行总体平稳。财政收支情况良好。财政收入增长较快，高于经济增速。同时，支出情况总体也保持相对稳定。金融方面总体平稳，显著特征是广义货币供应量增长速度明显下降，连续几个月徘徊在 9% 左右。人民币汇率恢复到相对稳定的状态。

### （二）2018 年中国经济形势展望

2018 年，从外部环境看，依然复杂，但积极因素越来越多。全球经济开启新一轮复苏和增长周期。美国经济、外交政策思路越来越清晰，中美之间你中有我、我中有你，贸易摩擦不可能完全消除，始终会存在下去，但是激烈的贸易战、汇率战不太可能发生，未来比拼的是创新能力。欧洲的不确定性明显下降。美联储加息引起美元大幅度升值和资本大规模回流美国的情况并未出现，没有因此导致新兴经济体出现金融危机，也没有引起我国货币和外汇市场的剧烈震荡，而是波澜不惊，说明全球金融安全体系已经今非昔比。“一带一路”倡议得到国际社会广泛响应。国内也存在诸多有利因素。未来三年是实施“十三五”规划和全面建成小康社会的决胜阶段，中国经济将继续保持平稳运行态势。

基于上述原因可判断，2018 年中国经济增长将延续 2017 年“稳中向好”趋势。预计全年经济增速 6.5% 以上，全年 CPI 涨幅 1.8% 左右；新增加城镇就业岗位 1300 万个；固定资产投资预计增长 8.2% 左右；消费稳中略降，预计社会消费品零售总额增长 10.0% 左右。以美元计价出口增长 7.5%，进口增长 8.5% 左右，外贸顺差进一步收窄，约为 3000 亿美元。广义货币供应量（M2）增长 9%~10%，人民币贷款增长 10%~11%，名义利率保持不变，到 2018 年底美元兑人民币汇率为 6.7∶1。

宏观经济政策总体保持稳中求进总基调不变，积极有效的财政政策和稳健的货币政策不要改变，但要加大政策的前瞻性、针对性、灵活性。

### （三）十九大之后中国经济十大变局

第一，通过十年努力到 2027 年前后，中国 GDP 超过美国成为世界第一，这将是一个里程碑式事件。第二，到 2023 年前后，中国人均收入达到 1.2 万美元，进入世界银行认可的高收入国家行列，成功突破中等收入陷阱。第三，到 2020 年中国进入创新型国家行列。第四，到 2025 年从制造业大国转变成制造业强国。第五，互联网或者数字经济取得世界领先地位。第六，国际收支保持基本平衡。第七，人民币国际化。第八，加速进入老龄化社会，面临一系列社会经济问题和挑战。第九，城镇化进程稳步推进，到 2030 年，城镇化率达到 70%，基本完成城镇化任务。第十，中国经济开放度进一步提高，在世界经济中地位进一步提升。

总而言之，党的十九大之后的十年，甚至到 2035 年之前，中国仍然面临和平发展合作的战略机遇，中国扩大开放，促进体制改革创新，实现经济可持续发展是值得期待的。

## 三　防控金融风险，支持实体经济发展

李德水就防控金融风险等问题发表了见解。他指出，2016 年中央经济工作会议上习近平同志指出要把防控金融风险放在更加重要的位

置，并强调金融和实体经济失衡是当前我国经济运行存在的三大失衡之一。在党的十九大报告中，习近平同志再一次强调要守住不发生系统性金融风险的底线。李德水指出，经过半年多的整治，金融领域存在的一些问题得到一定遏制。但这只是初步的，还应该深刻领会总书记的重要讲话精神，紧紧围绕全国金融工作会议提出的服务实体经济、防控金融风险、深化金融改革等三大任务，认真面对金融领域存在的问题，切实处理好影子银行、银行理财、表外业务、资金在金融系统内自我循环等问题。2016 年底，我国 M2 和 GDP 之比高达 209.1%，比美国和欧盟高出近 100 个百分点，但融资难、融资贵的问题依然存在，企业反应强烈。我国企业贷款利率太高，银行存款利率始终保持在很低水平，但贷款利率至少在 5%，理财产品的收益率达百分之十几，甚至 20%。美国、欧洲、日本的通胀率为 1% 左右，基准利率水平都在通胀率之下，实际贷款利率比我国要低得多。8 月，全国规模以上工业企业财务费用同比增长 9.7%，增长速度比 7 月快了 3.7 个百分点。9 月末，上海银行间一年期同业拆借利率已经达到 4.4%，比上年同期上升 1.38 个百分点。1~8 月，规模以上工业企业利息支出同比上升 4.5%。可见，中国企业承受贷款利息的负担是相当重的，远高于西方国家和世界平均水平，这个问题必须引起高度重视，不要因为国际上一些国家的央行调整货币政策，提高利率，中国也跟着来。我们要从中国国情出发，不能跟人家攀比。一定要管好利率，商业银行不能打着利率市场化旗号，只顾自己挣钱，要真心实意支持实体经济发展。10 月 15 日，新华社发表一篇文章《治理金融乱象，监管部门不能放松警惕》，提到经过半年治理，前期金融乱象集中的同业、理财、表外业务持续收缩，取得积极成效，但是监管部门不能放松警惕，要像反腐败一样，金融部门防风险也要一直在路上。

（信息部　陈　妍 整理）

# 发展新经济　培育新动能

## ——第 101 期“经济每月谈”综述

近日，中国国际经济交流中心举办第 101 期经济每月谈，会议主题为：“发展新经济　培育新动能”。与会专家认为，我国共享经济、数字经济、互联网经济发展迅速，已开始引领世界发展潮流。作为新的经济增长点，近年来我国跨境电商推动了下一代贸易方式发展，促使我国成为引领国际贸易变革的引导性力量。应进一步加强政策引导和支持，大力发展共享经济、数字经济和互联网经济。

### 一　共享经济带来普惠价值

滴滴出行首席发展官李建华认为，共享经济最大的价值是普惠民众。过去几年，“大众创业、万众创新”深入人心，共享经济得到蓬勃发展，其最大价值就是让大众获得实惠。以滴滴为例，有约 4 亿人从中获得实惠，提高了效率，在交通领域用“共享经济 + 兼职司机”的模式，解决了交通潮汐问题，创造了新的就业机会，为去产能企业职工、家庭主妇、私营店主和复员转业军人等提供了更多灵活性的工作机会。此外，共享经济带来很大的环保效益。滴滴模式对降低碳排放和节能减排有很大作用，不像传统出租车那样需要在马路上扫活。2016 年，滴滴顺风车、专快车（含拼车）全年减少 144.3 万吨二氧化碳排放。同时，滴滴用车增多有效降低私人汽车保有量，且增加了新能源汽车供应。

未来，滴滴致力于做全球最大的一站式出行平台，成为全球最大的汽车运营商，帮助人们改变生活习惯，由过去的重资产生活方式转变为轻资产生活方式。同时，滴滴要做全球智慧交通的引领者，用知识和科技改变道路交通管理方式。

## 二　我国数字经济发展呈现几大特点

阿里研究院跨境电子商务研究中心主任欧阳澄认为，我国数字经济具有几大特点。一是我国数字经济逐步引领世界潮流。从企业规模看，我国已进入全球互联网企业的第一层级。截至 2017 年 9 月，全球银行、投行、能源、机械电器等十大传统跨国企业市值是 2.9 万亿美元，但谷歌、脸书（Facebook）、亚马逊、阿里巴巴、腾讯等十大平台经济体市值是 4.1 万亿美元，超过传统十大企业，表明数字经济、数字科技具有巨大的市场价值，代表着未来发展方向。在全球十大互联网企业中，我国有三家企业，即阿里巴巴、腾讯和百度，其他都是美国企业。我国已经进入全球互联网企业的第一层级，与美国一同站在数字经济的潮头。2017 年我国独角兽企业数量占全球近 30%，美国占 50%；我国独角兽企业的总市值占全球 40%，美国占 46%，说明我国在鼓励科技企业发展、鼓励创新方面走在了世界前列。

二是我国数字经济发展规模全球领先。生活方面，我国现有 8 亿网民，每人每天平均上网时间 3.8 小时，美国只有 1~2 小时。贸易方面，数字贸易带来普惠发展。以阿里巴巴零售平台为例，平台上有数千万家小企业，95% 的企业投入不到 3 万元人民币，雇用人数平均不到 5 人。阿里电商零售创造的直接就业岗位有 3000 万个。金融方面，数字经济基于大数据、以往交易信用和记录解决小微企业融资难问题。阿里网上银行已为超过 700 万家小微企业提供了贷款，贷款金额超过 1 万亿元人民币，平均每家企业贷款金额小于 3 万元人民币。此外，阿里农村电商发展“微笑的淘宝村”，通过在农村建立农村商务电子设施帮助农民建立淘宝店，用电子商务的方式，让农民买到城里的产品，并把农村的产品卖到城市，卖到国际市场。互联网经济下的新型消费对我国经济增长作用明显。2001~2008 年，我国出口增长了 4.5 倍，但在 2008 年到 2015 年，出口只增长了 1.4 倍，贸易拉动我国经济增长的贡献在减少。同时，2001~2008 年，我国消费增长了 2.67 倍，2008~2015 年增长 2.6 倍，保持了平稳增长态势。而网络零售从 2008 年开始发展，到 2015 年增长了 29 倍。预计 2020 年，我国网络购物消费额将达到 1.6 万亿美元。

三是我国数字经济发展潜力巨大。近年来，个人消费、网络消费年均增长已达 21%，网络消费在新增消费中占 42%。目前，我国网络零售有 39% 属于新增消费，网络零售占新增消费的比例达到 57%。2016 年，全国网络零售超过 5 万亿元人民币，占社会消费品零售总额的 12.6%，未来网络零售占比会越来越大。我国在全球电子商务市场中已占 44%，美国是 27%。我国移动支付规模是美国的几十倍。互联网经济方面，我国电子商务以及通信设备和电信设备的生产贸易占国内生产总值（GDP）的比重达到 7%，高于美国。

## 三　我国跨境电商发展迅速

欧阳澄表示，我国跨境电商快速发展。2011 年，跨境电商市场规模是 1.6 万亿元人民币，到 2016 年达到 6 万亿元人民币，占外贸总额比重从 2011 年的 6.8% 发展到 2016 年的近 25%。预计 2020 年我国跨境电商市场规模将占外贸总额的 40%。跨境电商能够缩短国际供应链，降低成本和价格，促进外贸转型升级；通过电子商务平台，实现信息、交易、金融、通关、物流、外汇、退税一站式的服务，帮助小企业建立全球信用体系。同时，促进新型服务业发展，包括云支付、云计算、大数据，以及教育、法律、消费者权益保护、数字营销、IT 外包、翻译软件、语音识别等。跨境电商的核心价值是从消费者需求出发，引导整个制造业、服务业的转型升级。电子商务平台能为制造商提供市场数据，识别消费者需求，进而调整生产制造、库存等。从发展趋势看，跨境电商“企业对企业”（B2B）将从信息平台变成交易平台，跨境电商零售“企业对消费者”（B2C）将成为与一般贸易并驾齐驱的力量，跨境服务生态将更加繁荣，创造更多创业空间。同时，将产生新的规则和秩序，如跨境电商平台的税收、监管问题，新的市场规则和标准等。

中国国际经济交流中心总经济师、执行局副主任陈文玲指出，2016年“四八新政”提出“将实施跨境电子商务零售进口税收政策”，一定程度上抑制了跨境电商发展，但现在这些政策已做了很多改进。党中央、国务院以及各部委对跨境电商的认识正形成共识，跨境电商是新的经济增长点，且跨境电商正转向下一代贸易方式。目前，通过跨境电子商务进行的贸易很快就将占到总量的37%，预计未来五年将占到40%~50%以上，传统的一般贸易、加工贸易、小额边境贸易和采购贸易，都会转变为线上线下融合。未来电子商务将转变为下一代贸易方式下的新贸易主体。以前的贸易主体是企业，未来可能是平台，平台本身不交易，但平台上的贸易商和消费者会进行交易。传统的一般贸易也会在平台上进行。新贸易方式的典型特征是去中间化、去行政化和低成本。这是一种市场的集成、消费者的集成和制造商的集成，基于集成形成新的贸易规模、贸易流量和贸易方向。下一代贸易在我国已具有先发优势，已经有了阿里电子世界贸易平台（EWTP）这样的平台，以及政府推动形成的具有综合服务功能的平台，两大平台叠加将成为下一代贸易方式的主体。推进跨境电商是用跨境电商的先发优势，使我国成为引领国际贸易变革的引导性力量。

## 四　共享经济与数字经济发展离不开政策引导与支持

李建华认为，我国政府主动作为，为共享经济发展创造良好环境。

国家鼓励“大众创业、万众创新”，发展“互联网 +”，鼓励和支持共享经济，党的十九大报告进一步提出发展共享经济，体现了政府对共享经济发展的高度重视。滴滴现有 7500 名雇员，每天订单超过 2000 万单，占全球的 2/3 以上。现有 4.4 亿用户，2100 多万司机通过滴滴平台获得收入。滴滴业务的这种快速发展，离不开政府政策的扶持和指引。

中国国际经济交流中心副总经济师张永军认为，我国经济创新发展取得明显成效，诞生了一批龙头企业，起到带头作用。创新与政府政策引导和支持是分不开的，包括推进“互联网 +”战略和“双创”战略等。在创新方面，国家采取很多具体政策，如营改增、企业研发费用加计扣除政策等。2016 年 5 月至 2017 年 9 月，营改增试点累计减税总额超过 1 万亿元人民币。同时，对企业创新有支撑作用的还包括基础设施建设等，如高速公路、高速铁路已经形成较完整的网络体系，提升了物流效率和电商交易速度。共享经济和数字经济的快速发展与我国的独特优势有关。电商发展很快，一方面与人口多、市场规模大有关，在城市里交易密集、规模很大，使交易成本降低很多；另一方面与我国多元化经济结构和多元化的交通运输结构有关。张永军认为，促进相关产业的发展，一是要减少管制，进一步放开相关领域，使互联网经济、共享经济能向更多领域渗透和发展。二是监管要适度，监管方式也要有所改进。

（信息部　王成仁 整理）

# 国经中心召开 2017 年中国可持续发展指标体系研究成果发布会

——第 102 期“经济每月谈”综述

近日，中国国际经济交流中心主办第 102 期经济每月谈，发布 2017 年中国可持续发展指标体系及城市与省份可持续发展排名的研究成果，并就中国可持续发展测评与实践、管理与政策进行专题研讨。

## 一　编制可持续发展指标体系具有重要意义

中国国际经济交流中心副理事长兼秘书长张大卫表示，编制可持续发展指数的意义在于，一是可以作为国内生产总值（GDP）的补充，更全面地衡量经济发展情况。GDP 减去了生产过程中的各种消耗，计算的是增加值，具有科学性，但也存在一定缺陷。构建可持续发展指标体系可以反映经济发展、社会民生、环境治理等领域的情况，弥补 GDP 指标的不足之处。二是落实五大发展理念需要一套新的发展评价指标。党的十九大进一步强调五大发展理念，走新的发展之路，必须有新的理念、新的考核办法和新的体系。党的十九大明确提出我国已经由高速增长阶段转向高质量发展阶段，包括就业和收入的增加、福利和环境的改善等，从这一角度来看，编制可持续发展指标具有重要意义。

## 二　当前中国可持续发展面临的挑战

美国哥伦比亚大学可持续发展管理硕士项目副主任沙亚杰特·博斯（Satyajit Bose）认为，中国在可持续发展领域面临的最主要挑战是要准确认识经济增长与可持续发展之间的关系，实现可持续发展需要有一定的经济增长，但并非经济增长越快，可持续发展水平就会越高。经济发展达到一定阶段后，环境、福利等非 GDP 指标的作用将更加凸显。目前中国很多省市意识到这一点并做了大量工作，这有助于中国加快可持续发展进程。

北京公众与环境研究中心主任马军认为，中国在可持续发展方面面临四项挑战，一是规模大，中国工业化和城市化的巨大规模决定了中国可持续发展进程漫长；二是产业结构重，能源结构不合理，中国煤炭消耗量占世界一半，煤炭大量使用给中国和全球可持续发展带来了影响；三是城乡二元发展不均衡导致污染排放呈现多元、复合型状态，大气污染既包括煤烟、汽车尾气，也包括农村的秸秆燃烧、城市道路扬尘等；四是执法不到位，司法体系还不完善，一些政府工作人员对环境保护执行不力，违法成本低，使得破坏环境行为屡禁不止。

环境保护部环境规划院研究员马国霞认为，影响中国可持续发展的主要因素，一是当前阶段我国仍以发展为主，部分地区仍然存在为了发展而牺牲环境的现象，二是各级官员绩效考核仍以 GDP 为主，近年来已逐步淡化 GDP 的作用，但仍未有明显改观，三是中国人口众多，而且属于发展中大国，资源环境压力大。

国家统计局国际统计信息中心副主任闾海琪认为，理念问题是中国可持续发展面临的最大挑战，政府、企业和居民需要牢固树立可持续发展的理念，内化于心，外化于行。可持续发展中的统计能力建设也有待加强，集中体现在数出多门和数据不一致两个方面。原因在于，我国的统计体系是条块结合，有部门统计和国家综合统计。按照统计法，国家统计局是国家综合统计体系的组成部分，部门出于管理需要也会进行部门统计，中间存在业务相互交叉。

世界未来委员会中国首席代表陈波平认为，中国可持续发展面临的挑战，一是系统性不强。如暴雨来临很多城市有内涝等，说明我们的工作集中在点上，缺乏系统性思考。二是“自然”的因素考虑不够。人民对美好生活需求的一个重要体现是城市居民与自然更加贴近，在这方面，北京的绿地占比与柏林相近，但居民住处 500 米半径范围内能够享受的绿地面积与柏林相差较大，未来需要更多地把自然、生态纳入城市当中。三是对“人”的关注不够，过去城市发展中更多是以建设为导向，建宽的马路、建高楼大厦等，未来城市发展需要更多考虑为居民服务，提倡窄马路、密路网等，提升城市服务设施的便利性。

## 三　有效推动中国可持续发展

沙亚杰特·博斯（Satyajit Bose）认为，中国在可持续发展中可以借鉴欧美现有的成功经验，如在可持续投资和可持续金融方面，北美和欧洲地区设有环境社会治理（ESG）指标，将环境、社会和治理纳入对投资项目和企业的评估当中，企业盈利能力或每股收益在投资决策中只占很小比重，这使企业在决策中不得不考虑环境、社会因素。这一举措同时对企业员工和消费者产生影响，现在欧美地区很多消费者在购买商品时了解生产企业在保护环境和履行社会责任方面采取的措施后，才决定是否购买该企业产品。与此类似，欧美很多员工在就业时不会选择进入在环境和社会治理方面不好的公司。此外，实现可持续发展需要加强不同组织之间的对话，协调不同利益相关方的立场，而这需要提高数据透明度，让更多的机构和公众能够看到这些数据，如统计局、学者、学生、企业管理者和员工等，以便于在决策时做出准确的评估。

马军认为，实现可持续发展需要有数据的支撑。中国政府所做的可持续发展方面的监测在所有新兴国家当中成绩是最突出的，在全球首次大规模地实时公开在线监测数据，包括14000~15000家大型企业每小时或每两小时向公众直接披露排放数据，300多个地级市每小时公布6种主要污染物的空气指数、8000多个水质监测点的数据等，每天的环境数据量超过百万条，这在任何其他国家都没有实现。现在很多研究都受惠于这些数据。未来，可以将这些数据同国际上的一些大平台进行对接，实现数据标准的一致，促进全球更多国家实现可持续发展。此外，民间组织和第三方机构可以通过参与立法、政策制定和规划，同时通过供应链、金融等数据激活相关资源服务于绿色发展，增强大众对可持续发展的认识。

绿色消费与供应链联盟主任周卫东认为，推动中国可持续发展，一是指标设计能够让各级政府制定激励政策时用得上，且便于部门间的对接。二是指标体系要与时俱进，根据经济社会发展需要及时更新。十九大前后，国家出台了多项促进可持续发展的宏观政策并加大政策执行力度，促进京津冀协调发展治理政策也取得新进展。此外，监督对象由原来的以企业为主转变为监督政府主要领导责任，这些变化均可以体现在可持续发展指标中。三是加快推进环保税法，充分发挥税收的杠杆作用。四是对节能环保型企业进行适当补贴，避免出现“鞭打快牛”。目前存在一种倾向，可持续发展方面做得比较好的企业面临的成本压力很大。煤改气后，面对民生用气和工业用气的供需矛盾，可以通过适当补贴，“保蓝天”的同时兼顾“保民生”。五是严惩企业和个人的不可持续发展行为，提高违法违规行为的曝光度。

陈波平认为，中国推动实现可持续发展需要加强与国际组织的合作，可以从四个方面开展工作。第一，加强政策制定层面的合作。促进国家之间政策层面的交流，互相借鉴和学习，尤其是已经在一个国家和地区得到证明确实有效的政策，这能够比较有效地促进可持续发展。第二，加强政策落实层面的交流与合作。国外非常关注我国如何贯彻落实可持续发展政策，如制定相关标准、提供财政支持等。这些举措并不一定适用于其他国家，但会给其他国家的政策制定带来启示。第三，加强在具体技术、措施方面的合作。鼓励企业和私营部门就一些具体的措施和技术参与国际合作与交流，尤其是跟“一带一路”倡议对接。第四，加强人文交流，开展南南合作中的能力建设的培训。

中国环境与发展国际合作委员会秘书处政策研究部主任张慧勇认为，落实习近平总书记提出的“绿水青山就是金山银山”需要制度创新，包括生态补偿、生态红线等。由于“绿水青山”的稀缺性，可以用市场机制进行定价，例如通过排污权市场、碳交易市场等，切实将“绿水青山”转变为“金山银山”。青少年的消费行为和价值观决定着中国未来的走向，因此要加强青少年的绿色教育，从小树立可持续发展理念。

（信息部　谈　俊 整理）

# 智库报告
# 选编

# 世界经济发展与全球化

# 因势而为　道义立世<br>做好“特朗普机遇”这篇文章

特朗普就任美国总统给中美关系带来相当大的不确定性，基于其在竞选中对中国有关汇率操纵国、对我产品征收 45% 的关税等表态，国际国内舆论十分关注。特朗普对我可能采取的一些政策调整，确需充分研究、谨慎应对，但我们要放眼中美关系和国际格局演变的大历史进程。特朗普当选无疑是影响深远的政治事件，不排除特朗普对我出花样翻新的“损招”，但特朗普的美国优先和简单实利主义的商人逻辑，也可能给我发挥国际影响力、增强感召力、提升国际地位带来一些有利条件，同时，也可能带来一些挑战，如果利用得好可成为我民族复兴进程中的“特朗普机遇”。

## 一　特朗普当选可能给我们带来“机遇”

特朗普当选反映了美国国内贫富分化、族群对立、党争极化、社会撕裂等多重危机，从与外部关系看也是美国战略失语和战略焦虑的反映。特朗普执政对我有利之处至少有三方面。一是对华政策的短期化，加剧了已有的混乱。过去 30 多年特别是进入 21 世纪的十多年来，无论从“帮助中国融入全球经济体系”、“接触 + 遏制”，到“亚太再平衡”试图对冲中国崛起，美国对华战略与政策不时有不同声音，但总体上是清楚的。2014 年以来，美国内开始了一场所谓对华政策大辩论，现在看多派观点杂陈。而特朗普对华政策主张带来了新混乱，某种程度上可能自乱阵脚。二是特朗普当选会调整甚至恶化其盟友关系，这种变化给我们带来了可利用的机会。三是特朗普商人背景和行事作风，只相信硬实力及“非赢即输”的主张，会使美国长期以来形成的软实力流失。美国精英建制派对其主张一致反对，固然有国内新自由主义与新保守主义之间立场和利益之争，但特朗普给美国形象带来的负效应，也是他们痛心疾首的原因之一。

中国取得今天如此成就在于我们抓住了战略机遇期，其中一项是 20 世纪 70 年代中美关系的改善。在当时两极对抗的冷战格局下，中国是被作为全球政治大国来平衡美苏对立关系的。1980 年中国国内生产总值（GDP）不到美国的 11%，2015 年已达美国的 60%，这是形成今天中美关系的重要因素。

中美关系构成了我国发展战略机遇期特质的基本架构，近年来中国战略机遇期条件和特点发生深刻变化，但从现实情况来看，未来中国的战略机遇期动态化且需要主动创造有利条件是主要特点。在中美大国力量变化和消长关键阶段，如果说小布什时期八年反恐给我带来经济快速发展机遇，特朗普很可能带来的是战略模糊和战术错乱，如果利用得好，可能是我发挥大国影响力、大幅提升国际地位的“窗口期”。

## 二　抓住机遇做大“朋友圈”

欧美同根同源，欧美政经关系一直以来是传统国际体系的“基本盘”。奥巴马执政八年来实施重返亚太战略，在欧洲实行战略收缩，已经形成跨大西洋两岸关系的疏隔。美欧之间的跨大西洋贸易与投资伙伴关系协定（TTIP）谈判未能完成，特朗普会对欧洲采取更加孤立主义的立场，TTIP 谈判未来更加艰难。特朗普宣称北约是一个“过时的组织”，提出美国今后只对军费开支达标（军费开支占本国 GDP 比重不少于 2%）成员国提供保护，这明显违背了《北大西洋条约》中“任何一个成员国遭到军事打击将被视为北约遭受打击而予以反击”的条款。长期来看，欧美关系的重要变化都会对全球治理和国际格局演变产生重大影响。

当前欧洲自身困难重重，面临“东西、南北、上下”困局。“东西”方面，英国“脱欧”、东欧国家不接受西欧（以德国为主）接收难民主张；安全上，东欧地处对俄一线，主张对俄加大制裁，对西欧国家对俄缓和不满。“南北”方面，南欧希腊、西班牙、意大利等国深受债务困扰，近年法国也加入南欧阵营，抵制以德国为首的北欧国家坚持对重债国加强监督和管控的主张，欧洲最重要的“法德轴心”受到冲击。“上下”方面，欧洲长期存在精英脱离大众问题，形成“精英欧洲”和“草根欧洲”严重的“上下”对立，法国国民阵线、意大利五星运动党、德国选择党、英国独立党、奥地利自由党、荷兰新自由党已成一时之势。

中国倡议成立亚投行及欧洲主要国家纷纷加入，具有极强的意义，美对此事“进退失据”。从长历史周期来看，稳步提高中欧关系质量意义重大，美国纠集盟友与我在东亚地区搞“缠斗”，做好对欧工作可能形成某种意义上的“魏”“赵”关系。中国重返联合国非洲朋友帮了大忙，中国未来把握战略主动，欧洲可以帮上这个忙。

特朗普从竞选到胜选对俄频频示好，现在看还不能说是深思熟虑后的战略安排，当下爆出的胜选“黑客门”，特朗普本人越描越黑。美俄长期恶斗，俄想恢复苏联甚至彼得大帝时的荣光，美要巩固和扩大冷战胜利果实，美俄存在重大矛盾。特朗普时期不排除美俄双方开展有限合作，但改善双边关系的主导权在美方手里，美国内建制派对俄罗斯及普京绝无好感，特朗普从根本上改善美俄关系殊为不易。中俄处于历史上最好的全面战略协作伙伴关系时期，我与俄有深度的合作与交流，美方意图搞“联俄抑中”不易得逞。

在亚太地区应继续做好与美国“缠斗”的准备。近期安倍出访等动作频繁，其实是对美日同盟在特朗普时代可能“脱轨”的焦虑。美国在东亚地区的“折腾”给我国带来干扰，由于应对有力，特别是中菲关系改善，美国此轮并没有赚到便宜。奥巴马在东亚地区搞地区性建制（东亚峰会），借南海军事化和所谓的“航行自由”大肆炒作南海问题。现在看特朗普对多边机制兴趣不大也缺乏耐心，其对我干扰和对抗会更加直接，需研究好与其“缠斗”的策略。

## 三　用好“特朗普机遇”的战略和战术要点

### （一）保持战略定力，坚持有理有节

美国大选是美国内事务，特朗普作为“另类”上任后亦会纷扰不断，我们要坚持不参与争论，不跟风炒作。要深入研究特朗普将来主张的基本面，算好账，做好应对准备。特别要研究特朗普的人格特点和其背后的行为逻辑。特朗普反向打尼克松“中国牌”，试图挑战早已确立的“一个中国”原则，对此要亮明底线，因势利导，研究“帮”他把美国的牌真的打乱。

### （二）以我“绅士气派”对其“市井做派”

特朗普大讲美国利益，在国际贸易上搞保护主义，必然会波及日本、德国、加拿大、墨西哥等伙伴关系和利益。质疑国际上已取得广泛共识的《巴黎协定》，会失道寡助。简单以现实利益划线，以政治勒索方式强推制造业回流，大搞“推特民粹主义”，对美国的形象和长远利益损耗大。反向而行之，对其“市井做派”，我国可以“绅士气派”应之。近年来，我国坚持正确的义利观，坚持包容普惠平衡发展，体现了中国的大国责任和担当。我们要高举人类命运共同体大旗，倡导人类共同进步的理念与追求，站在国际道义的制高点上。

### （三）推进软硬实力互济，互促共长

大国竞争真正的实力是软硬实力的叠加，长期以来美国是推行软实

力的高手，但软实力打造很难，流失却容易。苏联解体后曾作出“历史终结论”的美国学者福山，近日以“政治溃败”来解读特朗普当选，表示“在最坏的情况下，可能造成美国完全放弃其全球领导地位”。特朗普信奉“不赢就是输”，将不可避免带来美国软实力的流失。2016年中国为全球经济增长贡献1.2个百分点且没有外债，美国只有0.3个百分点且有高额外债，这给世界传递了清晰的信息：如果中国不再增长，世界经济将会陷入严重萧条。近年来，我国软实力总体不断增长，以孔子学院为例，截至2016年底，全球有140个国家建立了511所孔子学院，共有67个国家将汉语纳入其国民教育体系。要加强我国全方位外交，实现软硬实力互相补充促进共同发展的格局。

**（四）扎实推进“一带一路”建设**

当今时代全球化不是你输我赢的模式，而是互联互通、共享共赢。“一带一路”开创世界经济增长新动力，得到越来越多的国家认同。“一带一路”关键在于共商共建共赢的“共”字，“一带一路”的成功不仅在于中国，更在于给所在国家和地区经济、民生带来的实实在在的好处。当前要抓好“一带一路”标志性工程，向国际社会宣介中国“一带一路”给国际社会做出的贡献，高质量办好“一带一路”国际合作高峰论坛。

**（五）发挥中美对话的特殊作用**

中美之间战略互信不足是事实，且短期难以改善。当前中美战略与经济对话面临改革，总的方向是要更加坦率直接、讲求实效。要加强中美间相应政府部门、地方政府、各类专业机构以及智库等各层级、各领域之间对话。要办好“中美工商领袖和前高官对话”（又称中美“二轨”对话），设计好对话议题，选好对话代表，对于商人总统和商人内阁，特别要发挥好我具有国际影响力的一线企业家的作用。

（战略研究部　徐占忱）

# 2017：世界经济将出现几个拐点

当前世界经济各种矛盾交织并存，我们面对的是一个更加不均衡、不确定和不可预期的世界，世界经济增长前景并不明朗，但在纠结和颠簸中前行的世界经济出现了一些新的变化，抑或会出现几个拐点，成为今后两年乃至更长一段时期世界经济新的趋势特征。

## 一 世界经济驶出浅水域走向复苏

2016 年，世界经济增长降至金融危机以来的新低。国际货币基金组织（IMF）1 月发布的《全球经济展望》预计 2016 年全球经济增长为 3.1%，2017 年为 3.4%，2018 年为 3.6%。世界经济整体形势逐年好转，世界经济从浅水域驶出来，渐次走向复苏。

主要发达经济体增长形势有望好转。IMF 1 月预计 2017 年美国经济增长 2.3%，比 2016 年上升 0.7 个百分点，比 2016 年 10 月的预测提升 0.1 个百分点。基于特朗普上任及其可能采取的大规模财政刺激措施，法国巴黎银行（BNPP）已大幅上修了美国经济增长前景，将 2017 年和 2018 年美国经济增速分别上修至 2.4% 和 2.9%。日本经济也要好于 2016 年，IMF 预计 2017 年日本经济增长 0.8%，比 2016 年提升 0.3 个百分点，比 2016 年 10 月的预测提升 0.2 个百分点。欧洲方面，IMF

预计 2017 年欧元区经济增长 1.6%，增长率维持不变，比 2016 年 10 月的预测提升 0.1 个百分点。

新兴经济体仍将是世界经济增长的稳定器。IMF 预计 2017 年新兴经济体和发展中国家经济增长为 4.5%，2018 年上升至 4.8%。其中，印度和中国经济仍将持续保持中高速增长。IMF 预计 2017 年中国经济增长 6.5%，比 2016 年 10 月预测上升 0.3 个百分点，2018 年经济增长 6.0%；2017 年印度经济增长 7.2%，2018 年增长 7.7%。部分新兴经济体经济增长有望扭转颓势，走向复苏。IMF 预计俄罗斯经济增长将从 2016 年的 –0.8% 上升至 2017 年 1.1%，2018 年预计增长 1.2%。巴西经济增长将从 –3.5% 上升至 2017 年的 0.2%，2018 年预计为 1.5%。部分传统低收入国家增长前景较为明朗，IMF 预计 2016 年增长 3.7%，2017 年增长 4.7%，2018 继续上升至 5.4%，有望进一步释放经济增长新空间。

## 二　主要经济体货币政策从竞争性宽松走向集体性内敛

全球金融危机爆发后，世界主要经济体的货币政策先后经历了竞争性贬值货币政策阶段和货币政策分化阶段，从今后两年甚至更长的历史时期看，世界主要经济体货币政策可能走向集体性内敛。2014 年 10 月底，美联储宣布量化宽松政策结束，2015 年 12 月，美联储启动 10 年来的首次加息，货币政策由宽松转为收紧，2016 年 12 月美国再次加息。从今后两年看，新总统特朗普主张包括基础设施建设和减税在内的大规模经济刺激计划财政政策，货币政策有望进一步收紧。美联储官员预测 2017 年美元将加息 3 次。2016 年 12 月，欧洲央行宣布缩减量化宽松（QE）计划下的每月债券购买量，将原计划于 2017 年 3 月结束的每月购买 800 亿欧元（合 860 亿美元）的 QE 计划至少延长至 2017 年 12 月，但 QE 规模缩减至每月购买 600 亿欧元。受美国经济增长和货币政策影响，日本货币政策抑或走向收紧。2016 年底的中央经济工作会议提出，继续实施稳健的货币政策，货币政策要保持稳健中性，突出“中性”，表明2017年我国货币政策会偏内敛。

随着美、日、欧等主要经济体和中国等货币政策走向内敛，全球货币政策极有可能从原来的分化转向集体性内敛。

## 三　全球贸易从持续性收缩转向逐步回暖

2016年全球贸易创7年来新低，贸易增速从2010年的14%、2011年的5.5%、2015年2.8%，下降至2016年的1.7%，世界贸易增速已经连续5年低于世界经济增长速度。不过，随着全球经济增长走向复苏，全球贸易的持续性收缩抑或转向回暖。尽管过去数十年拉动全球贸易和经济的增长模式难以为继，动能弱化，但新的动力和动能已经初现端倪。

一是跨境电子商务正向E国际贸易方向发展，并将成为下一代主要贸易方式。互联网技术的飞速发展和演进，催生了跨境电子商务的外贸发展新业态和新模式，其便捷性、数字化和全产业链等属性带来了未来发展的巨大空间。根据2016年11月美国贝宝（PayPal）和益普索（Ipsos）联合发布的《第三届全球跨境贸易报告》，过去两年，PayPal的跨境贸易额由2014年第三季度的140亿美元上升到了2016年第三季度的190亿美元，增长了38%。PayPal的移动支付额也比2015年增长了56%。

二是美国制造业的回流将改变美国贸易状况，拉动世界贸易增长。金融危机后，美国推出“重振制造业计划”，高端制造业正向美国回流，特别是总统特朗普提出的有关基础设施、保护工人的措施、减税政策等也会促使高端制造业回归美国，如是，美国经常项目下贸易逆差有望改善，拉动世界贸易增长。

三是中国“一带一路”将拓展全球外贸增长新空间。据统计，2013~2014年，中国与“一带一路”沿线国家进出口贸易分别同比增长7.8%和7.1%，2015年出现下滑，2016年中国同“一带一路”沿线国家贸易额增长 0.6%，好于整体外贸形势，“一带一路”将成为新时期下众多国家走出经济低迷、走向经济复苏和繁荣的光明之路。

## 四　全球经济持续通缩状态转向温和通胀

伴随着全球经济持续低迷，近年来全球经济陷入持续通缩状态，2016 年下半年开始，通胀开始重新主导市场。2016 年 11 月特朗普意外胜出当选美国新一届总统，美国通胀预期升温。2016 年 12 月，美国一项普遍的通胀指标两年半来首次突破 2%。进入 2017 年，全球主要经济体经济数据继续支持通胀预期的升温。据国际金融报报道，2017 年 1 月世界主要经济体通胀预期高于前值,1 月中国消费者价格指数（CPI）和生产者价格指数（PPI）预期同比分别增长 2.4% 和 6.5%，高于前值 2.1% 和 5.5%；美国 1 月 CPI 同比增长 2.4%，高于前值 2.1%；德国 1 月 CPI 同比终值增长 1.9%；英国 1 月 CPI 同比增长 1.9%，高于前值 1.6%。法国外贸银行发布的最新报告中对未来全球通胀走向预期认为，除日本之外，2017 年欧元区的通货膨胀率从 0.2%增长到 1.5%，美国从 1.2%增长到 2.7%，因英镑的下跌，英国的通胀预计在 3%~4%，这一系列数据表明，全球正在从持续通缩状态转向温和通胀。

## 五　大宗商品价格从阶梯式下降转向上升

随着世界经济持续低迷，从 2011 年开始大宗商品价格也持续低迷，并呈现阶梯式下跌态势。2016 年，大宗商品价格在宽幅震荡中逐步企稳。代表全球大宗商品一揽子组合表现的高盛商品指数（GSCI）、彭博大宗商品指数（BCOM）、路透商品指数（CRB）等均节节走高。高盛商品指数从 2016 年初的 309 点上涨到 12 月 3 日的 386 点，整体价格上涨近 25%，彭博大宗商品指数上涨近 13%，路透商品指数上涨近 10%。进入 2017 年，彭博大宗商品指数已上涨约 1.3%，据世界银行最新发表的《大宗商品市场前景》报告预测，2017 年能源类和非能源类大宗商品价格指数分别上涨 26% 和 3%。

从今后两年乃至更长一段时期看，受全球经济回暖、主要国家基础设施投资加快以及全球制造业回暖影响，大宗商品价格有可能止跌回升。

## 六　美国主导的 TPP 等多边自贸协定遭遇冷冻或转向

跨太平洋伙伴关系协定（TPP）与跨大西洋贸易与投资伙伴关系协定（TTIP）是新时期下美国为确保继续执掌国际贸易主导权，重构国际贸易新规则的重大战略举措。2015 年 10 月，TPP 谈判宣告结束，但特朗普上任第一天兑现竞选诺言，宣布退出 TPP。从长期看，TPP 面临两种情景。

第一种情景是：短期内将 TPP“封冻”起来，长期或被重新包装成另一个协议。特朗普上任首日兑现竞选承诺，退出 TPP，TPP 短期内肯定遭遇冷冻；但不能排除日后解决的可能性，尤其是美国的固有盟友日本在特朗普就职前完成了 TPP 国内批准程序。从长期看，TPP 有可能被包装成另一个协议，以新的面目重新出现，但其中关键性的投资者—国家争端解决机制、贸易、投资、知识产权、劳动等条款仍将存在或以更高标准存在。第二种情景是：彻底推翻 TPP，转向与各主要国家进行双边谈判，包括与中国继续开展 BIT 谈判、与美国和墨西哥重新开展北美自由贸易协定（NAFTA）谈判等，但这些谈判烦琐复杂、工作量大，难度也极大，短期内谈成的可能性不大。不过，无论何种情景，原有 TPP 的内容都会发生改变或做出相应的调整。

## 七　世界 35% 国家大选或出现更多“黑天鹅”事件

2016 年英国脱欧和美国总统大选“黑天鹅”事件纷纷落地，2017 年全球包括法国、德国、荷兰、意大利、伊朗、韩国、泰国等在内 35% 的国家将进行大选，英国启动脱欧，土耳其修宪等，全球可能出现更多的“黑天鹅”事件。法国选民曾经两次将极右翼的国民阵线政党送进大选的决赛阶段，如今打着民粹主义和“法国第一”等旗号的玛丽娜·勒庞正在竞选2017年法国总统，结果不好预料。荷兰多党派、不稳定的政党联盟组建政府已经成为常态，任何结果都可能出现。意大利方面，2016年底意大利改宪公投失败，五星运动党和民主党2017年大选角逐结果不到最后一刻也不好定论。可以看出，随着当前主要发达经济体民粹主义和孤立主义兴起引发的逆全球化趋势持续发酵，世界政治和政局不确定性因素增加，这将抑制世界经济强劲、可持续、平衡和包容增长。

## 八　推动全球治理和重塑全球规则出现新的共识

随着新兴市场和发展中国家的群体性崛起，国际社会对全球治理体系变革的呼声越来越高，迫切要求建立适应国际经济格局新要求的全球治理体系。在这样的体系中，“国家不分大小、强弱、贫富，都是国际社会平等成员，理应平等参与决策、享受权利、履行义务，要赋予新兴市场国家和发展中国家更多代表性和发言权”。习近平主席在新年达沃斯世界经济论坛上的发言，反映了广大发展中国家的强烈诉求。2017年5月中国将举办“一带一路”国际合作高峰论坛，全球正在进入以中国为代表的新兴经济体全面发展并推动全球治理和全球秩序改革的新阶段。建立全球治理新体系国际经济新秩序，坚持多边主义，维护多边体制权威性和有效性，已经成为全球的共识。

（陈文玲　颜少君）

# 降低美中贸易逆差的一条新思路

## ——以在美进行食品加工业离岸贸易为例

美对华贸易逆差一直令特朗普耿耿于怀。如何回应特朗普在贸易逆差问题上的关切，共同找到实现中美贸易平衡的策略和路径，这是“百日谈判”以及今后一个时期双方需面对的当务之急。近期，中国国际经济交流中心“特朗普执政后中美关系变化”课题组与美国德州农工大学、Harvest Water Cooper 公司等食品行业有关专家进行讨论，形成如下看法和建议，对减少美中贸易逆差具有一定价值。

### 一　可将“中国品牌 + 美国代工 + 返销中国”的经济合作模式作为削减美中贸易逆差的一条新思路，并在食品加工业先行先试

据美方统计，2016 年美国货物贸易逆差约 7500 亿美元，其中对华货物贸易逆差 3660 亿美元，占 48.8%。特朗普高度关注对华贸易逆差，这既是“百日计划”的核心议题，也是今后我们必然会面对的问题。我们应尽快找到既能减少逆差而又于我有利的策略。

从贸易账户看，减少美中贸易逆差有两种方式：一是减少我对美出口，美是我重要出口目的国，该方式会对我经济增长产生冲击；二是增加美产品进口，但可能会挤占我企业国内市场占有率。一种较好的方式是选取若干产业，采取“两头在我、中间在美”，即品牌和市场在

我、加工制造在美的做法，中国提供品牌、技术和部分原料，在美国加工制造，再使产品出口中国，将我国改革开放初期的加工贸易方式转化为我在美离岸加工贸易，削减美中贸易逆差。

采取该模式有一个重要先决条件，即该产业在美加工制造成本要低于我国。由于美国农畜业发达，农畜产品质优价廉，土地、能源、物流等成本较低，自动化机械化水平也较高，替代了高成本劳动力，食品加工成本远低于我国。以 Harvest Water Cooper 公司在浙江省和加利福尼亚州生产香肠的数据作对比，中国除劳动力成本约为美国的一半外，其余成本均远高于美国：原材料成本约是美国 1.12 倍，土地成本 9.01 倍，物流成本 1.88 倍，借贷成本 2.40 倍，能源成本 3.17 倍，零配件成本 3.23 倍，税负 3.38 倍。由于美食品加工业机械化水平较高，劳动力成本在总成本中占比较低，且实际上美企大量雇用黑工，每月工资仅 1000 美元且无须缴纳社保，劳动力成本实际上与我东部地区相差无几。因此，在美加工食品即便经远洋运输至我国到岸价也比在我国生产成本低约 15%。近期，特朗普提出新的税改，计划将企业所得税由 35% 下调至 15%，如该方案能够通过，那么美食品加工成本相对于我国将进一步大幅下降。

美方专家建议，根据新的形势和成本比较优势，中国应鼓励食品加工环节转移至美国，美贴牌生产后将产品返销中国，既减少美中贸易逆差，又能推动中国品牌走向世界，中美将深化产业链合作，密切两国产业联系，是一件互利共赢的好事。

## 二　在食品加工业试验这种模式，对减少中美贸易逆差、在美创造就业具有重要作用

美国具有较强的食品加工生产能力，是世界第一食品生产大国。据美经济分析局数据，2015 年食品加工业产值约为 2575 亿美元，占美国内生产总值（GDP）的 1.39%。根据投入产出表计算，与其相关的零售、包装、设计、研发、能源供应、厂房建设、废品回收等关联产业

总规模达到9454亿美元，占美GDP的5%。尽管美食品加工业已形成一定规模，但产品出口规模相对较小，2016年美食品对外出口约200亿美元，仅为其产值的7.6%，这与美食品加工制造的比较优势和产业规模极不相称。中国是世界食品进口大国，据中国质检总局数据，目前我国每年进口加工食品约500亿美元，其中从美进口仅55亿美元，约占我进口食品总额的11%，这一贸易规模与中美两国庞大的市场需求和供给能力也极不相称。

中美双方专家共同认为，可以将美国巨大的食品生产潜力和中国巨大的食品消费能力紧密对接，在加工食品领域推广“中国品牌＋美国代工＋返销中国”模式。据专家估计，由于当前中美加工食品贸易基数很小，如果双方通力合作，再过几年仅食品进口贸易规模达到现在的10倍应不是难事。假设我食品企业每年能够向美食品代工企业发出500亿美元订单，将会带动我向美出口食品原料及相关设备100亿美元，那么美对华货物贸易逆差会直接减少400亿美元。美方统计的2016年中美贸易逆差为3660亿美元，但根据中美两国商务部的联合研究，由于统计口径、转口贸易等因素，美方统计结果存在高估，如扣除中国加工贸易中的进口成分和美对华服务贸易顺差，2016年美对华贸易总体逆差应为1648亿美元，如果食品加工可以产生400亿美元的贸易顺差，将占到美对华实际贸易逆差的约1/4。

此外，该模式也将为美国创造大量就业，按每1亿美元产值雇用342人的美非农产业雇用率平均值计算，500亿美元订单将直接解决就业17.1万人，间接解决就业62.8万人，总计约80万人，这也是特朗普所十分乐见的。

## 三　美食品安全标准高、监管严，有助于推动我食品品牌“走出去”，倒逼食品业供给侧结构性改革

为保障食品安全，美国实行严格的高标准食品安全监管。美食品

安全监管主要由食品药品管理局（FDA）、农业部（USDA）、商业部三个部门负责，执行 FDA 和 USDA 两套高标准。与我们交流的德国农工大学佘昕涛博士目前已在美国建立了一家食品加工公司，并争取到了 FDA 和 USDA 的标准认证。据他反映，美国食品安全监管极为严格，FDA 负责标准检查，农业部对食品企业实行分区派员监管，一旦发生问题就令生产线马上停工。严格的标准和完善的检查流程使美国食品成为世界上公认的最安全的食品之一。

我国食品安全问题较为突出，在美进行贴牌加工后，将处于美严格监管下的高标准、高品质产品回销国内，会对国内食品市场产生鲶鱼效应，倒逼国内食品行业消费升级和供给侧改革。由于经 FDA 和 USDA 标准认证的食品出口到全球大多数国家是免检的，中国食品在美加工后可销往全球，也会推动我国食品品牌“走出去”，提升我国食品品牌国际影响力。通过这一模式，我国国内食品企业可以由“微笑曲线”低端的产业加工逐步升级为掌握品牌、设计、研发、渠道的“微笑曲线”高端，这将是我食品行业实现全球布局、整合全球供应链、培育一批世界顶级企业和品牌的重大突破。

## 四　几点建议

（1）将“中国品牌 + 美国代工 + 返销中国”模式作为解决美对华贸易逆差的有效方式，纳入中美“百日计划”谈判和全面经济对话机制中。近期中美已开展旨在解决中美贸易不平衡问题的“百日计划”，美方提出的解决方案仍围绕汇率、贸易逆差、政府补贴等传统议题，我可向美方提出解决问题的新思路，双方共同推进“中国品牌 + 美国代工 + 返销中国”这一合力，选取食品加工等在美国有综合成本优势的产业先行先试。中美两国政府应在“百日计划”谈判和全面经济对话中，共同商讨如何为该模式创造贸易、投资、通关、检验检疫、政府监管的便利条件。

（2）推动美方立即重新启动中美 BIT 谈判。目前中美 BIT 谈判已完成了 31 轮磋商，并已交换了 3 次负面清单，特朗普上台后，中美 BIT 谈判已被搁置。中美共同开展“中国品牌 + 美国代工 + 返销中国”模式合作，客观上要求美方对我企业赴美投资的安全和权益必须做出保障，这也是中美 BIT 谈判的关键内容。我应积极推动特朗普重启中美 BIT 谈判，并加速谈判进程，争取早日在负面清单、投资安全审查等关键问题上达成共识。

（3）中美共同推行“双检双放行”，畅通食品进出口通道。中美食品检验检疫标准不同是制约两国开展大规模食品贸易的一个突出瓶颈。两国政府应积极推动美国 USDA 和 FDA 标准与中国食品安全标准互认，鼓励我食品企业积极争取美 USDA 和 FDA 认证，使我食品行业标准尽快向美国看齐。实现标准互认后，中美应共同推行“双检双放行”，经美国 USDA 和 FDA 认证过的食品在我国可实现免检，符合我国检验检疫标准的出口食品，美国也应对等实现免检，建立中美食品贸易绿色通道。

（4）推动我国跨境电商监管模式创新，打通美食品进出口的新通道。目前我国加工食品进出口，除传统的一般贸易外，越来越多地依赖跨境电子商务方式。“四八新政”后，跨境电商产业受到较大冲击。尽管目前“四八新政”已按下暂停键，但新政走向何方尚未确定。建议近期抓紧推动跨境电商监管方式改革，不能将其简单归类为一般贸易而采取烦琐复杂的一般贸易海关监管，要考虑到跨境电商小额度、多批次的实际特点，研究设立面向下一代贸易 E 国际贸易的新型监管体系，使之成为我国抢占国际贸易规则的制高点。

（5）多管齐下缓解中美贸易逆差。“中国品牌 + 美国代工 + 返销中国”模式如在食品行业试验有效，对缓解中美贸易逆差确有作用，未来可将该模式向纺织、建材等我国成本正在快速上升、美国加工成本渐具优势的产业拓展，进一步降低美中贸易逆差。但也应认识到，尽管该模式是减少逆差的一种方式，要根治美中贸易逆差问题，还需同步推进美国扩大高技术产品对华出口，扩大中美农产品贸易、能源贸易，加强中美服务贸易合作等，多管齐下推动实现中美贸易平衡发展。

（陈文玲　梅冠群）

# 落实中美两国元首共识　汇聚前行智慧与思想

## ——第九轮中美工商领袖和前高官对话会综述

2017 年 6 月 20~21 日，第九轮中美工商领袖和前高官对话会（中美“二轨”对话）在北京举行，本轮对话会正值落实两国元首 2017 年 4 月在海湖庄园达成的重要共识，双方启动“百日计划”并为第二阶段成果进行密集磋商的关键时期，双方代表结合中美“百日计划”及后“百日计划”两国经贸关系发展，就全球经济形势、中美经贸关系现状、两国基础设施领域合作、数字经济时代的中美合作、海湖庄园会晤后双边经贸关系发展新路径等议题坦诚交换意见。两国工商领袖和前高官共 40 余人参加此次对话会，会前李克强总理会见了美方参会代表并回答了问题。我国发改委、财政部、商务部、中国人民银行领导到会致辞并与美方代表互动。本次对话会时间点恰当，议题聚焦，直面问题，观点务实，讨论充分，形成了诸多共识，取得积极成果。

### 一　双方代表高度评价两国元首形成的重要共识，合作是中美关系发展的唯一正确选择，但应直面两国经贸关系的问题

双方代表一致认为，中美关系不仅对两国至关重要，对世界和平、稳定、繁荣也会产生重要影响。当前中美关系正处于重要的节点，习

近平主席与特朗普总统海湖庄园成功会晤，为新时期中美关系发展指明了方向并作出了规划，给两国商界和国际社会吃了颗“定心丸”。中国国际经济交流中心理事长曾培炎表示，习近平主席提出“实现中华民族伟大复兴的中国梦”，特朗普总统的口号是“使美国再次伟大”，希望这两个“伟大”能够互补、契合，很好地实现对接，为开创一个惠及全球的伟大时代而共同努力。美国全国商会常务副会长兼国际事务总裁薄迈伦表示，推动建设开放共赢的中美经贸关系，既有利于中国也有利于世界。尽管特朗普总统上台执政给中美关系以及全球经济带来了诸多不确定性，但两国海湖庄园会晤为中美关系设定了“大而不倒”的主基调，中美双方就相互关切的问题开展对话和讨论，可以不断增强互信。

财政部副部长朱光耀表示，当前中美经贸关系紧密相连、密不可分，是两国适应经济全球化发展趋势的必然结果，是不以人的意愿为转移的客观趋势。中美经贸关系的实质是互利共赢，中美两国元首海湖庄园成功会晤后共同启动了全面经济对话机制，中美“百日计划”以合作方式取代了贸易战的威胁，中美两国和世界舆论反应积极，两国商定早期计划完成后，接下来要进行“百日计划”的第二阶段，双方已启动了一年期中美经济合作的磋商，2017 年夏季将举行首轮中美全面经济对话，这些将不断夯实中美关系基础，为两国人民带来实实在在的好处。美国驻华临时代办费德玮用数字表达了当前中美经贸关系紧密程度。目前中美双向直接投资约 3000 亿美元，双边贸易每年约 6500 亿美元。2015 年约有 260 万中国人到美国旅游，消费了 300 亿美元，有 32 万中国留学生在美国留学，为美国经济贡献了 110 亿美元。2015 年中国对美国投资首次超过了美国对华投资，中国是美国增长最快的外国直接投资（FDI）的来源国。尽管当前中美经济关系存在严重的不平衡，存在市场准入、知识产权保护、监管壁垒等诸多挑战，但双方可以通过合作来解决这些问题。中美合作共赢是唯一可以接受的选择。

商务部原副部长马秀红回顾了中美经贸关系发展历程表示，不断拓展的依存度和共同利益的切合点，使中美双边关系很难出现巨大倒退和对双边造成巨大伤害的状态。中美之间存在分歧很正常，关键是把分歧管控在可控范围内，这取决于两国领导人的智慧，也取决于两国政府、企业和社会各界共同努力。

曾培炎指出，特朗普入驻白宫后，倾向于贸易保护和重商主义，推行所谓的公平贸易，签署了“买美国货、雇美国人”的行政令，有意维持美元相对弱势地位，退出跨太平洋伙伴关系协定（TPP）和《巴黎协定》，这些逆全球化、反自由贸易的做法，无疑会给疲软的国际贸易雪上加霜。特朗普政府奉行“美国至上”理念，强调美国利益第一，这种孤立主义和实用主义的色彩，与美国一贯奉行的公平自由、市场经济和国际规则这些价值观念有较大的差异。美国新政府的一些政策，给人一种明显的“重利轻义”的感觉，这与美国一贯以来的大国领导地位不相称，一些做法是“抱着金饭碗要饭吃”。中国国际经济交流中心常务副理事长张晓强指出，中方希望“百日计划”中美方能够放宽高技术出口限制，目前早期收获还没有看到。美方比较关注中美贸易逆差，这里有两个数字非常说明问题，2016 年中国进口集成电路 2270 亿美元，而当年除集成电路外的四种进口商品原油、铁矿砂、大豆、天然气加到一起进口额才 2250 亿美元。中国可以多进口美国的能源、大豆，但高技术领域美国是有很强比较优势的，美方如果加大高技术产品出口力度，不仅可以缩小两国贸易逆差，美方也能得到更大的实惠。博鳌亚洲论坛秘书长、原驻美国大使周文重指出，应研究明确中美关系的新定位，自卡特政府以来，美国每届政府都对中美关系有清晰的定位，美国上届政府对中美新型大国关系有所保留，本届政府应明确发展什么样的中美关系，希望两国外交和安全对话对此能有一个说法，也提请双方企业界重视这个问题并多做工作。

## 二　对中美贸易逆差应该全面、客观、历史地看，两国应携手创造中美经贸合作新未来

曾培炎认为，美国的贸易逆差是由美元国际储备货币地位决定的，对此应全面、客观、历史地看。从出口区域结构来看，中国是世界上最大的加工集成出口国，对美国出口40%左右的货物价值实际上是来源于东亚和其他的国家，美对华贸易逆差相当程度上是对其他国家贸易逆差转移。美国贸易的逆差问题一时难以消除，除非美元地位或者美国消费储蓄结构出现大的变化。薄迈伦表示，贸易逆差并不是中美经贸关系的全部，甚至并不是主要问题，双方除贸易逆差外还有巨大的合作空间。美国西部数据公司首席执行官史蒂文·米利根认为，美国在全球化过程中没有做好收入分配、劳动者技能教育等工作，片面地将失业问题归之于贸易逆差特别是中美贸易逆差，不是解决美国经济社会问题的根本之道。

马秀红提出，第一轮中美“二轨”对话时，格林伯格先生提出中美之间商签自由贸易协定（FTA）问题，两国智库进行了专题可行性研究，结论是对中美双方利大于弊，对此不应轻言放弃，现阶段应该考虑把中美FTA提到日程上来。中粮集团总经理于旭波认为，中国未来可扩大来自美国的大豆、玉米、牛肉、油菜籽、水果、坚果等农产品进口，中国市场对这些产品需求量巨大。中国耕地、水资源日益紧缺，扩大进口符合中国利益。三一重工股份有限公司董事长向文波认为，中美两国企业界应该积极响应两国元首号召，撸起袖子加油干，大做生意。美国应尽快承认中国市场经济地位，扩大向中国高技术产品、高技术服务出口，推进双方在各领域实现双赢、多赢。宝武钢铁董事长马国强认为，中国制造业发展需要美国的信息、咨询、法律、金融等服务，中国可扩大来自美国的服务贸易进口。

中国国际经济交流中心总经济师陈文玲指出，传统国际贸易以产成

品贸易为主，当前国际贸易中 2/3 是中间品贸易，必须从全球产业链、供应链、服务链、价值链的角度看待中美贸易问题。中美贸易逆差不单是中国企业带来的，事实上美国企业也在其中。解决中美贸易逆差问题，不能仅着眼于存量更要放眼增量，互联网、物联网、云服务、大数据等要素正使国际贸易形态发生巨大变化，低成本、高效率的新一代贸易方式“E 国际贸易”将为中美贸易发展带来福音。

## 三　中美在投资领域合作空间巨大，双方代表提出了赴对方国投资面临的困难和问题，在投资安全审查和市场准入上仍存较大分歧

美方代表高度关注中美在经贸合作及“百日计划”谈判中的对等性原则问题。美国前贸易谈判代表巴尔舍夫斯基在几次发言中对中国提出意见。她认为中美市场之间已经出现了重大的不对称性，除了中美货物贸易的不对称性导致了巨额贸易逆差外，中美在新经济、新技术等方面也出现了明显的不对称性，如腾讯和阿里巴巴可以在美国投资，亚马逊和脸书却不能在中国投资，中国信息技术企业在美国投资不需要公布源代码，不需要接受网络安全监管，信息也不需要存储在美国，但是美国信息技术企业在中国投资需要公布源代码，接受网络监管，信息也必须存储在中国。巴尔舍夫斯基认为，中国颁布的国际安全法、网络安全法、反恐法，特别是对网络出版内容、大数据跨境流动的限制，对与中国开展合作的美国服务业企业造成了不利影响。“中国制造 2025”、中国信息产业发展规划等内容不具体、不透明，这会使美国企业在与中国企业的市场竞争中处于劣势。她指责中国对外资准入有不少合资和技术转让要求，是一个偏重索取的合作伙伴。

美方代表认为中国市场存在多种类型的准入壁垒。高通公司总裁德雷克·阿伯勒认为，中国的反垄断或专利诉讼构成投资准入壁垒，希望中国对此能够更加公开透明。中国政府在部分领域制定的标准也不利于美国企业投资，标准不应由政府说了算，而应由各国企业来共同

推进。美国应用材料公司总裁兼首席执行官盖瑞·狄克森认为，中美在知识产权领域存在非对称性，中方对知识产权缺乏严格保护。

薄迈伦、巴尔舍夫斯基等美方代表认为，中国改革开放速度有所放缓，特别是提出对照中共十八届三中全会改革要求，中国改革进程不尽如人意，某些领域甚至有向相反方向走的感觉，希望中国十九大能够加快推进改革进程。对此中方进行了回应，中国人民银行副行长易纲表示，坚持改革开放是中国今后平稳增长的必由之路。目前中国产品市场价格基本形成市场定价机制，中国未来改革重点是要素市场，中国将进一步加强土地、资本等要素市场改革，加大金融市场和技术市场的开放，进一步发挥市场在配置资源上的决定性作用，加快推进汇率形成的市场化机制，实施准入前国民待遇加负面清单管理。

中方代表指出美国国家安全审查与监管透明度问题。中芯国际集成电路制造有限公司董事长周子学认为，美国国家安全审查制度的不透明，大大阻碍了中方对美投资、并购以及双方的技术合作。向文波指出，美国外商投资安全审查存在“泛化倾向”，如果有美方公司起诉中国企业侵害其知识产权，美国外商投资安全审查委员会在法院尚未做出裁定之前就限制中国所有同类产品和企业进入美国市场，这是极其不合理的。于旭波指出，美国外国投资委员会（CFIUS）的审查，使得中国企业，特别是国有企业在美国的投资面临诸多不确定性，尽管中粮并购海外的农业企业过程比较顺利，得到了 CFIUS 的审批，但其审查的内容、标准、决策过程以及对企业的要求等并不清晰，美方应更透明化。

## 四　基础设施领域是未来中美双方合作的重要领域，中美合作进行第三方市场拓展空间广阔，但仍有一些问题需要解决

中国企业参与美国基础设施建设问题，成为双方代表的热议话题。国家开发银行行长郑之杰表示，特朗普总统提出，基建计划有利于美

国经济增长，也有利于全球经济走出低迷状态，中国 30 多年来基础设施建设成绩有目共睹，中美基础设施合作可以增进双方战略互信，为双方关系发展奠定更加牢固的基础。国家开发银行在全球 115 个国家开展业务或设有相应机构，目前还没有机构在美开展业务。美国法律上有一个长臂法案（Long Arm Jurisdiction），对此我们了解不多也有些担心。中国国际经济交流中心副理事长魏建国指出，美国提出 1 万亿美元的基础设施投资计划，希望社会资本、民间资本和国际银团来投资，中方感觉美国不仅对中国的国有企业，甚至对民营资本也不太欢迎。美方代表对此的回应是，对中国企业参与美国基础设施持欢迎态度，但是美方代表从不同侧面分析了当前问题的症结所在。薄迈伦认为，中美基础设施合作的关键是如何设计好政府和企业的合作模式，如何实现联邦政府、地方政府和企业的有效合作，与中国不一样，美国的州政府权力很大。中国抱怨美国不向中国开放投资，其实是误解。美国之所以难以改善铁路系统（比如说建设高铁），其实是联邦政府和州政府的关系没有厘清。埃克森美孚公司副总裁冯兰陵表示，美国基础设施要吸引私人资本进入来解决资金不足问题，无论是来自美国的私营部门还是中国的私营部门应该都可以，目前的问题是美国自己还没搞清楚政府以外资本如何进入的问题。过去 10 多年美国对油气管道进行了全部更新，这些工程全部来自私营部门的投资，但其他领域基础设施是否接受私营资本还是个问题，这主要不是中美关系问题。美国前商务部长卡洛斯·古铁雷斯表示，美国万亿基础设施投资是个十年项目，每年 1000 亿美元，现在还没有获得批准。中国在基础建设方面有优势，美国可以利用中国基础设施建设技术，这个问题可以放进中美全面经济对话机制中，美方希望中国能拿出一个清单，而不是泛泛而谈。

中美两国代表还就共同开展第三国合作问题进行了讨论。国家开发银行研究院院长刘勇认为，美国几任总统都希望改善基础设施，之所以成效不大不是资金问题，主要是体制问题。中国国家开发银行成立初期，通过发长期债券筹集资金，主要支持基础设施建设，建议美国成立类似于中国国家开发银行这样的机构，专门来做基础设施。美国进一步开放基础设施建设市场，涉及诸如降低劳工市场等准入门槛问题。美国荣鼎咨询公司创始人、哥伦比亚大学副教授荣大聂表示，当前中美双向投资都好于各自与欧洲国家的投资，中国与美国一起投资全球市场对中美两国是双赢的，中美共同进行第三方基础设施合作要探索合适的方式，特别是找到存在的风险，推进双方持续进行第三方合作。薄迈伦指出，美国愿意与中国合作开展到第三方（国）合作，如到非洲进行能源领域合作，这方面潜力十分巨大，目前还基本没有这方面成功的案例，关键是要解决相互信任问题。

中国节能环保集团公司董事长刘大山表示，中美企业对开展第三方合作愿望很强烈。中美在具体项目合作方面不乏成功案例，但双方形成长期合作伙伴关系共同开发第三方市场，还比较少见，需要双方进一步推动。原来中美战略经济对话框架下中美能效论坛如果保留的话，建议该论坛拓展为中美能效和环保论坛，更有力推进中美两国企业在节能环保领域的合作。冯兰陵表示，埃克森和中国公司在伊拉克、哈萨克斯坦、莫桑比克等第三国都有非常好的合作。张晓强介绍了中美合作两个成功案例，中国海运参与的美国洛杉矶码头改造项目，洛杉矶地方政府、码头当局都很满意。还有美国通用公司和中国哈尔滨电气集团合作迪拜煤电项目，美方对中东国家非常熟悉，中国有设备制造和施工优势，双方开展了很好的合作。中国国际经济交流中心和美国全国商会 2018 年的合作，可以举办一些有成功经验的中美企业交流会，不论是推进中国企业参与美国基础设施建设，还是开展第三国合作，都会非常有帮助。

### 五　中美在数字经济等新经济领域有着巨大的合作潜力和发展机遇，但对存在的现实问题，需要进一步沟通解决

双方代表认为，中美两国在数字经济与技术创新等领域有着广泛的

合作潜力与发展机遇。滴滴出行董事长程维提出，美方应重新看待两国在数字经济等新经济领域的合作，中国在新经济领域创新速度非常快，虽然中国在很多底层技术层面依然落后美国，但许多应用层面的创新中国已经走在全球前列。过去相当长一个时期，美国只把中国当成市场。近年中国在移动支付、交通等领域，除了类似滴滴、优步外，其他出行方式像共享单车等都快速发展。互联网本身是开放的，基于沟通、信任、良性竞争可以实现双赢。在新技术前沿领域，中美双方可以通过良性竞争和有效合作，推动全球共同创新，这是一种颇具前瞻性的战略合作伙伴关系。

中美应积极推进并创建全球性共同标准。高通公司总裁德雷克·阿伯勒表示，过去几年高通在云计算、物联网、高端制造以及人工智能方面进行了大量的投资，中美企业以及政府之间具有广阔的合作空间。他以高通与贵州先进服务器芯片合作为例，建议以此作为双方未来合作的模板，建立中美合作互信，消除美国政府对高技术转移的担忧。知识产权保护体系、公平待遇与程序、反垄断法律适用性、技术标准等问题，都是未来中美需要深入探讨的重点领域。万事达卡首席特许经营官蒂姆·墨菲表示，数字经济领域未来国际标准及网络安全标准非常重要，比如电子商务中的身份认证、物联网中的数据安全问题，还没有得到很好解决。中美应加强在数字经济领域中薄弱环节的合作，特别是共同推动解决好中小企业数字安全问题。

双方代表讨论了网络安全、国家安全审查、监管透明度、公平竞争等方面面临的问题和挑战。思科系统公司全球高级副总裁希尔顿·罗曼斯基认为，中美在技术领域有独特的发展机遇，美方是新技术引领国，中方是新技术消费国，未来中国公司会像思科、高通等公司一样成为全球领导力量。中美两国应共同合作推动把全球技术合作的愿景及早变为现实。中国现在有关数据主权、云计算等方面的监管制度，可能会丧失一些发展机会。美国瓦里安医疗系统公司首席执行官魏思韬表示，中国进入老龄社会，“健康中国 2030”规划目标宏伟，目前中国在医疗设备企业补贴、监管审批程序长、招投标存在歧视等方面还需要进一步改进，中美在疾病治疗、预防、康复、养老等领域合作前景十分广阔。周文重指出，关于中美互联网合作和网络安全问题，中方主张“利益相关方治理模式”，即在坚持国家网络主权原则下，实行利益相关方共同治理，政府、企业、非政府组织、社群团体公共参与的治理方式。全球互联网治理关键还是在中美，虽然中美之间有分歧，但关键是话语权应该归大家所有，大家能够平等地参与全球互联网治理。

### 六　“一带一路”为中美政府和企业创造了新的更为广阔的合作空间，双方应务实推动在“一带一路”框架下深度合作

陈文玲认为，美国派出代表参加 2017 年 5 月在北京召开的“一带一路”国际合作高峰论坛，是双方开展“一带一路”合作的良好开始，中美应共同研究如何实现两国共建“一带一路”的战略对接、规划对接、政策对接，共同开发第三方市场，在新的市场寻找新的投资机遇。巴尔舍夫斯基建议，随着“一带一路”倡议向纵深推进，中美应共绘“一带一路”技术蓝图。未来在“一带一路”倡议下，双方应着手共同制定合作框架，明确双方希望达成的目标，让美国企业能够从中找到“一带一路”的投资机遇。科技不仅包括“硬件”，还要有金融服务（金融科技）、物流系统等“软件”，可以作为中美高技术合作的优先领域。她认为中美高技术领域当前合作气氛不如人意，中国强调“自主创新”导致对美歧视性政策，中美市场间存在“不对称性”，中国出台了网络安全法，中美应谋求“双赢”而不应是“双输”。

周子学认为，“一带一路”对中美来说是全新的市场机遇。中美高科技合作具有巨大潜力，中国拥有全球数字经济“大市场”，应用创新领域正成长起来一批如百度、阿里巴巴、腾讯这样的国际化企业。目

前国际上信息技术领域分工深化，以集成电路产业来说，包括美国在内没有哪个国家能够拥有完整的产业链，美国的设计、设备制造、材料全球领先，但韩国、日本、欧洲和中国在某些产业链环节也做得很好，这是个开放的全球产业生态系统。浪潮集团总裁王茂昌指出，浪潮集团在“一带一路”沿线36个国家开展业务，美国思科公司正在研究在“一带一路”国家拓展业务，中美在数字基础设施和智慧城市建设方面可以开展深度合作。习近平主席提出，加强在数字经济、人工智能、纳米技术、量子计算机等前沿领域合作，推动大数据、云计算、智慧城市建设，连接成21世纪的数字丝绸之路。两国企业互补合作可以形成综合性解决方案，实现双方共同做大做强。

关于未来中美关系发展，通过本轮对话，我们认为要珍惜海湖庄园会晤后出现的当前中美关系发展的良好势头，不断扩大、拓展两国合作的领域和方式，淡化两国国情和制度差异，认真梳理并及时回应对方的诉求，有效管理双方预期，推进双方合作，注意“雄心”和“现实”之间的平衡，不断增进双方合作的获得感。中国国际经济交流中心愿借助这一对话平台，进一步做好服务国家大局工作，为新时期中美经贸关系发展不断做出新贡献。

（陈文玲　徐占忱　张茉楠　张焕波　颜少君　梅冠群）

# 主动掌握国际液化天然气市场话语权的建议

中国已成为全球增长最快的液化天然气（LNG）市场，目前国际LNG供应宽松，为我国创造了机遇。但LNG项目建设周期较长，呈现较大的投资波动，需未雨绸缪主动应对，力争掌握国际LNG市场的主导权。

## 一　国际LNG市场状况及趋势

LNG凭借技术进步和成本降低，及其本身资源多元、生产运行稳定、供应灵活、不易受地缘政治因素影响等优势，近年来快速发展。截至2016年底，国际LNG贸易规模已达2.6亿吨，相当于3690亿立方米天然气，占当年国际天然气贸易量的32%。据国际能源署（IEA）预测，2022年中国将成为仅次于日本的第二大LNG进口国（第一位日本天然气全部依靠LNG进口）。

2014年开始，国际LNG市场从卖方市场逐步转变为买方市场。目前全球共有3.4亿吨/年的LNG供应能力，产能利用率约78%，市场供需整体宽松。这不仅导致国际LNG现货价格下降，而且使现货贸易量比重不断增大。与此同时，亚太地区的价格与欧洲等区域价格差距不断缩小，并且与北美市场之间的流动性不断增强。

这种态势与2013年前后的高油价有密切关系。2011~2012年，有将近5000万吨的LNG项目启动建设，这些项目已从2016年开始陆续投产，包括澳大利亚APLNG、格拉斯顿、高更、麦石项目，美国萨宾帕斯项目和马来西亚MLNG项目第9生产线等。从2013年开始又有总规模约5400万吨/年的在建项目，2017年以后，将新投产约1.1亿吨，国际LNG的供应能力将超过4.5亿吨/年。IEA预测，在未来五年内，国际LNG市场将继续保持充足供应和较低价格，为中国创造了机遇。

## 二　当前存在的主要挑战与问题

我国在今后相当一段时间内，对天然气等清洁能源的需求还持续上升，将是全球最大的LNG增量市场，LNG的充足供应对我国经济社会可持续发展具有重要意义，应从国家层面及早谋划。当前存在的主要挑战和问题表现在三方面。

### （一）新增项目断崖式下跌

宽松的市场环境有利于LNG需求的快速上升，但低迷的价格也导致一大批处于规划中的LNG项目难以推进。这些项目大部分集中于近期有重大储量发现的非洲、亚太、北美和俄罗斯等地。如莫桑比克有5340万吨/年的LNG项目，坦桑尼亚有2000万吨/年的LNG项目，俄罗斯有极地LNG（ArcticLNG，1200~1800万吨/年）等项目，澳大利亚有约6350万吨/年的LNG项目处于前期阶段，美国在墨西哥湾沿岸有近3.35亿吨的远景LNG项目，加拿大西海岸规划约3.3亿吨的LNG项目。这批项目面临低油价导致回报率不达预期、长期市场不落实等问题。2016年，只有2个项目通过最终投资决策（FID）开始建设；2017年以来，只有莫桑比克的Coral浮式LNG项目（设计产能340万吨/年）开始建设。

### （二）供需平衡存在隐忧

从供给侧看，由于缺乏新建项目，2015年开建的项目将于2021年前后投产，此后国际 LNG 市场将面临缺乏新增项目供应的局面。从需求侧看，市场价格的长期低位正在刺激需求增加。日本、韩国等传统进口国逐步减少核电与煤电，提高 LNG 在一次能源结构中的比例。南美、东南亚，中东国家随着经济的发展，LNG 用量在快速上升。在欧洲，LNG 与管道气相互制衡的战略作用也愈加明显，LNG 比重增加。

LNG 产业的发展历史体现明显的周期性。当 LNG 需求大时，一批项目投资上马；项目大批投产后，市场转成买方市场，价格走低，又导致新项目难以投资决策。但由于 LNG 清洁、高效的属性，需求增长势头难以转变，一段时间后将很快供不应求，重新出现卖方市场。

### （三）俄罗斯当前策略

在未来市场未落实的情况下，俄罗斯开始提前布局 LNG 项目，通过强力国家干预，以争夺未来国际市场话语权。《2030 年前俄罗斯天然气行业发展总纲要》提出，到 2030 年，LNG 规划产量将占俄天然气总产量的 10.5%~11.8%，LNG 出口量将占天然气总出口量的 12.1%~18.7%。除了已开建的 1650 万吨 / 年的亚马尔 LNG 项目，俄罗斯还拟推进萨哈林—Ⅱ扩建、极地 LNG、Portovaya 等项目，在今后 10 年内把年产能扩大到 6000 万吨，接近目前世界最大的 LNG 生产国卡塔尔。俄罗斯同时积极在国际上散布这些拟建项目信息，意在压非洲、澳大利亚、加拿大、亚洲等潜在 LNG 供应国，使他们放弃新项目投资，从而实现长期 LNG 增量供应主导权。俄罗斯能否如期启动这些项目，还有待观察。

## 三　政策建议

从有利于我国实现清洁能源转型考虑，要避免 LNG 供应未来再次趋紧。对企业而言，作为投资方希望 LNG 价格上涨，作为购买方则希望继续低价，因此，应上升到国家层面进行战略统筹。

**（一）以贸易促投资**

筛选、锁定一批综合条件较好的长期资源，推动我国企业，尤其是增量市场的民营企业和沿海地方企业与相关项目签署长期贸易合同，促成这些项目的建设，同时积极谋取定价权，推动 LNG 期货等发展。在国内要推进天然气利用政策实施，出台和完善天然气与可再生能源多能互补机制。

**（二）积极参与新 LNG 项目投资**

“一带一路”沿线国家中，伊朗、卡塔尔天然气资源丰富，而非洲作为海上丝绸之路的历史和自然延伸，是“一带一路”的重要节点，东非沿岸也有重大天然气储量发现，可作为 LNG 项目投资重点。同时推动国内包括造船、冷能装备等制造业协调“出海”。中石油已在东非项目上投资，应继续把握机会，扩大通过直接投资的方式推动新项目开发。政府应支持我国石油公司获得海外天然气优质资源，并继续给予优惠税收支持政策。

**（三）为新 LNG 项目提供融资支持**

LNG 资源项目还款能力强，非洲等地的 LNG 项目与我国投资贸易关联度高，是优质融资对象。可充分发挥丝路基金、中非发展基金等作用，同时以国开行和进出口银行为主，辅以国有商业银行，为相关项目提供融资支持。

**（四）加强国际合作**

日、韩、欧洲等传统 LNG 消费进口地区，是重要的利益相关方，可加强与这些地区的协调，形成协同力量。利用好我们创办的“亚洲天然气市场论坛”，以及国际燃气联盟（IGU）和国际能源署（IEA）等多边组织力量，共同打造一个有利于天然气发展的环境，共同推动 LNG 市场的持续稳健发展。

（国际能源署署长特别顾问　杨　雷；信息部　景春梅）

# 2017：世界经济将在颠簸和纠结中前行

2017 年，世界经济形势复杂多变，地缘政治、地缘经济格局进一步演化，世界经济增长形势不容乐观，逆全球化趋势继续发展，这些因素将抑制世界经济增长。我们面对的是一个更加不均衡、不确定和不可预期的世界，世界经济发展前行的道路更加崎岖。

## 一　经济低增长与贸易低增长并存

国际货币基金组织（IMF）在 2016 年 10 月的《世界经济展望》报告中预测，2017 年全球经济增速为 3.4%。发达经济体为 1.8%，其中美国为 2.2%，欧元区为 1.5%，新兴市场和发展中经济体为 4.6%。2012 年 10 月至今，IMF 共进行了 17 次增长预期调整，其中增速调降为 14 次，从经济发展的实际看，全球经济增速呈现阶段波动、总体下降的趋势。经合组织发布的报告预测，2017 年全球经济增长率为 3.2%，美国经济增长 2.1%，欧元区经济增长 1.4%，日本经济增长 0.7%。新兴经济体中，中国增长 6.2%，印度增长 7.5%，巴西增长 0.3%。受“脱欧”的影响，英国增长率仅为 1.0%。在全球经济增长持续 8 年低速态势的同时，2017 年全球贸易量增速预计在 2.5% 左右。大大低于 2008 年之前全球贸易增长 7% 的速度，全球经济增长疲弱已成常态，贸易收缩也成为常态。

## 二　低利率与低通胀并存

2008 年国际金融危机后，为了刺激经济增长，全球各主要发达经济体基本都实行了宽松货币政策，并逐步向发展中国家蔓延。各国货币竞相贬值导致全球低利率乃至负利率蔓延，危机以前全球利率平均在 8% 左右，之后一路下降，直到 2016 年全球利率为负，这是史无前例的巨大变化。美国 2016 年 12 月升息之后，联邦目标利率从 0.25% 升至 0.5%，但利率仍处于较低水平。欧盟 2016 年扩大了宽松货币政策规模和范围，2017 年维持低利率（再融资利率为零）不变，英国央行利率也将维持在 0.25% 的低水平上。2016 年 11 月 1 日，日本央行公布了最新的利率决议，维持当前货币政策不变，维持对超额准备金 –0.1% 的利率，维持将 10 年期国债的利率控制在零附近的利率曲线管理政策，维持每年新增 900 亿日元交易型开放式指数基金（ETF）和日本不动产投资信托（J–REIT）的资产购买规模。不过考虑到从 2016 年 3 月起，日本的核心物价指数已连续 7 个月下跌，日本央行下调了对未来通胀走势的预期，2017 财年核心物价指数（除生鲜食品外）为 0.2%~1.5%，2% 通胀目标的达成时间推迟到了 2018 财年。在低利率的同时，低通胀相伴而行。全球 15 个国家为通缩，30 多个国家通货膨胀低于 1%，大部分国家和主要经济体通货膨胀低于 2% 的预期。

## 三　美元升值与非美货币贬值并存

2017 年美元指数将保持强势，美元汇率处于上升通道。高盛预计，未来 12 个月，美元对发达经济体的货币贸易加权汇率上涨约 7%。美联储一般都会夸大加息次数来对抗投机。每当美联储发布美元升息或降息的消息，都会导致世界经济的微澜。2015 年 12 月，美联储曾经预计，2016 年将会加息 6 次，但结果 2016 年只加息 1 次。2016 年 12 月 15 日，美联储在年度最后一次公开市场会议（FOMC）上决定加息 25 个基点，并暗示2017年或有3次加息过程。特朗普当选以后，国际市场对美元升值预期增强，预计2017年美元利率水平将出现多次、小幅、快速上升，其后2018年和今后若干年，由于美国的经常账户赤字迅速恶化，美元会走低，所以美元面临2017年先强、2018年之后走低的巨大的不确定性。与此同时，世界非美元货币纷纷贬值，2016年全年人民币中间价贬值6.83%，2017年将继续呈温和小幅贬值态势。日元2017年将对美元贬值10%左右。欧元2016年对美元贬值5%，2017年将会跌至1∶1.02。

## 四　高债务与高杠杆并存

进入21世纪以来，全球债务风险不断增加。据IMF的预测，2017年全球债务总量将继续上升至67.31万亿美元，相当于同期3.5个美国的经济量，或5.4个中国的经济量。2016年全球政府债务占国民生产总值（GDP）的比重为84.05%，这一水平不仅远高于60%警戒线，也高于2008~2015年的均值（71.89%）。IMF预计，2017年全球政府债务占比将上升到84.63%。美国的国家主权债务规模2016年底接近19.5万亿美元，占其GDP的106%。特朗普上台后，如果实施减税和扩大财政支出政策，势必继续加大债务规模。日本债务占GDP的比重为240%，欧盟平均占95%，希腊、意大利等仍面临国家债务危机。私人部门负债近100万亿美元。自2008年以来，美、欧、中、日、英五大经济体中，除了中国企业部门债务在2009年以来仍持续猛增之外，其余四大经济体私人部门债务已经降低，但这是以恶化政府部门负债为代价。2017年美国的财政赤字可能会突破4%，美国的经常账户也会突破4%，将回到2008年危机以前的双赤字。中国企业债务风险加剧，统计数据表明，中国总体债务占GDP的比重为249%。

## 五　更高标准贸易规则与非理性贸易保护主义并存

奥巴马执政时期大力推进跨太平洋伙伴关系协定（TPP）、跨大西洋贸易与投资伙伴关系协定（TTIP）与国际服务贸易协定（TISA）等三大谈判，其实质是为了重构国际贸易新规则，执掌主导权。尽管特朗普反对TPP，但并不表示贸易规则之争已结束，而表明在更高标准的贸易规则之争同时，贸易保护主义可能会加剧。特朗普在其百日新政中提出7条保护工人的措施中，前4条都与贸易保护主义相关，一是宣布与北美自由贸易协定（NAFTA）重新谈判，或者按照有关文件退出协议；二是宣布退出跨太平洋伙伴关系协定；三是让财政部长标定中国为汇率操纵国；四是让商业部和美国贸易代表团裁定所有对美国工人不公正的、非正当的国际贸易举措，并终止这些不正当贸易。在世界经济形势低迷、经济增长动力缺乏的情况下，更高标准的贸易规则竞争与贸易保护主义加剧交织并存，将可能会使全球贸易进一步收缩。2017年民粹主义、孤立主义浪潮兴起，贸易保护主义更强。

## 六　新一轮结构性改革与新一轮产业转移并存

2017年，世界主要国家仍然在推进结构性改革道路上行进，新一轮全球产业转移和要素重组加速发展。这突出体现在两方面。一方面，随着中国制造业原材料成本、土地成本、环境成本和劳动力成本上升，劳动密集型产业继续向东南亚、南亚和非洲等具有成本优势的地区转移。据非盟统计，非洲国家人均月工资为154美元，印度尼西亚的人均月工资为100~150美元。另一方面，2017年和今后一段时期内，高端制造业将回流欧美。特朗普执政后的减税等政策，将加快回流的速度。麻省理工学院（MIT）的研究表明，33%的海外美国企业考虑将制造业务迁回本土，目前惠而浦、福特汽车等制造业组装业务已部分迁回美国。据美国“回流倡议”机构2016年4月统计，自2010年2月以来，回流企业和外国投资共在美国国内创造了24.9万个新工作机会，在创造新的就业岗位的回流美国企业中，60%是从中国回流的。据德勤会计师事务所近期发布的《2016全球制造业竞争力指数》报告，中国在全球制造业领域的竞争力排名第一，美国位居第二；未来5年内，中国将被美国超过。波士顿咨询公司发布的研究报告也认为，在不计算交通成本的情况下，美国制造业与中国制造业在工资和能源等成本上的差距，已从10年前的14%缩小至现在不足5%，到2018年，美国制造业成本将比中国便宜2%~3%。

## 七 逆全球化思潮与全球化内在动力增长并存

2017年，法国、意大利、德国都进入大选之年。在英国"脱欧"和美国总统大选之后，这些国家大选的不确定性加重。法国极右翼政党国民阵线主席玛丽娜·勒庞和荷兰"反欧派"自由进步党在民调中领先；意大利总理伦齐辞职后，新一届政府正面临来自民粹主义势力"五星运动"党的挑战。在2016年12月4日的奥地利总统选举中，极右翼政党自由党候选人霍费尔尽管最终落败，却赢得了超过46%的选票。在民粹主义抬头和逆全球化趋势背景下，世界经济面临增长乏力、难民危机和恐怖主义等多重挑战，使欧洲一些国家极右思想和主张有了更大的市场，民粹主义风行，将直接或间接影响欧洲经济的复苏。据摩根士丹利预测，2017年英国"软脱欧"将导致GDP下降0.7个百分点，"硬脱欧"将导致GDP下降2个百分点。标准普尔预测，2017年欧元区GDP将由于英国"脱欧"下降0.8个百分点。与之相反，2017年全球化正在进入新一轮发展阶段，互联互通基础设施与互联网革命的结合，导致了世界经济形态、经济表征与产业链接方式产生重大变化。互联互通带来的全球供应链和价值链革命，超越了自然和政治地理边界，未来世界正步入全球供应链和价值链主导下的互联互通新体系。

## 八 绝对贫困人口下降与相对贫困人口增加并存

过去几十年来，全球绝对贫困线以下人口不断下降。据世界银行数据，2015 年全球贫困人口下降至 7 亿，占全球人口的比重下降至 9.6%。但他们主要从事一些低技能工作，没有有效的社会保障，这一趋势在 2017 年乃至更长时间内不会改变。据估计，全球仍有近 20 亿人口每天的生活费不足 3.10 美元，而新兴国家和发展中国家，这一比例更是超过了 36%。发达国家与发展中国家之间的差距不断扩大，发达国家内部的贫富差距也在不断扩大，社会民众获得感普遍下降，社会分裂加剧。据美国新经济联盟 2016 年发布的调查数据，美国最富有的 1% 人口占有了全国 40% 的财富，而 80% 人口仅拥有大约 7% 的财富。这 1% 人口与中产阶级之间的平均财富差距超过 20 倍以上。近年来欧洲经济持续低迷激化了社会矛盾，难民潮问题更是使欧洲的经济、社会和政治矛盾交织在一起，给经济增长带来难题。值得注意的是，在部分发展中国家减贫取得成效的同时，发达国家相对贫困人口在增加。

世界经济在纠结和矛盾中颠簸前行，一批新兴经济体仍然是拉动世界增长的动力。尽管中国经济正处于新旧动力转换和发展方式转变的新常态，但中国正在实施更为开放的对外政策，构建自贸区网络体系，正在加快推进“一带一路”建设，与更多的国家共同建设命运共同体、利益共同体、责任共同体，开放的中国仍然是为世界经济增长做出贡献的重要力量。

（陈文玲）

# 2017 年人民币汇率应以稳定为基调

2016 年，人民币汇率出现了贬值趋势。人民币兑美元汇率从 2015 年末的每美元兑换 6.494 元，贬值到 2016 年末的每美元兑换 6.937 元，贬值 6.4%；国际清算银行计算的人民币实际有效汇率指数下跌 5.7%。一些机构和专家预测，2017 年人民币将继续以较大幅度贬值；而国际货币基金组织（IMF）在其《世界经济展望报告》中隐含地预测，美元兑人民币年平均汇率将从 2016 年的 6.58 升值到 2017 年的 6.50，2018 年后将进一步升值。美国新上任总统特朗普不久前声称，将把中国确定为汇率操纵国，意指中国人为压低人民币汇率。为了判断人民币汇率将呈现怎样的走势，本文从汇率模型和国际经验借鉴入手，进行定量分析。

## 一　近期人民币汇率已接近合理均衡水平，无明显升值或贬值的压力

汇率水平是一个国家所处发展阶段、发展水平、竞争力和国际环境的综合体现。汇率的演进过程与该国的经济实力、产业水平、产业结构等因素密切相关。一国市场汇率所处水平与该国经济发展阶段密切相关。随着经济从不发达到发达，市场汇率会从远离购买力平价

（PPP）汇率逐渐向PPP汇率接近，这是世界各国汇率水平变化的一般规律。如果人为地过分干预汇率，在经济发展水平较低时，就使市场汇率非自然地提高到与PPP汇率更为接近的水平，则会给经济带来严重的不良后果。

近期人民币是否需要以较大幅度升值或贬值，取决于人民币汇率是否明显低于或高于合理均衡水平。测算均衡汇率的方法有几种，我们采用根据上述思路构建的一种国际上较广泛使用的模型，对人民币合理均衡水平进行估计。

在分析过程中，计算了人民币市场汇率与购买力平价所决定汇率之间的比率，以下称为EP比率，其中E代表市场汇率，P代表购买力平价所决定的汇率，分析时所用数据来自2016年10月IMF发布的2016全年预测数据，这是IMF以各个国家2015年（少数国家为更早年份）数据为基础进行的预测，反映了世界经济运行的最新情况和影响因素。

考虑到可能会由于不同国家货币的汇率被低估或高估，造成根据汇率法计算的各国人均国内生产总值（GDP）被低估或高估，这种方法容易出现偏差，在指标选取上，我们考察了各国按照购买力平价法估算的人均GDP与上述EP比率之间的关系，发现随着各国按照购买力平价法计算的人均GDP水平的提高，EP比率也逐步上升，两者之间存在一种较强的正相关关系。按照这一关系，中国的EP比率，并未明显偏离两者关系中存在的变化趋势，与中国的人均GDP水平大体吻合。

根据用189个国家截面数据所构建的不同国家人均GDP水平与EP比率之间的关系，我们估计了2016年中国人均GDP水平下应该达到的合理EP比率，结合IMF所用的购买力平价汇率折算因子，估计出人民币当前合理均衡水平为6.91元/美元。2017年1月美元兑人民币汇率大体上保持在每美元兑换6.90元人民币左右，与此水平已比较接近。据此判断，人民币汇率已接近合理均衡水平，既不需要明显升值，也不需要明显贬值。

有专家可能会提出质疑，是否可以用2016年的经济数据来推算下一年度汇率的均衡水平。实际上，汇率调整本身就需要一个过程。我们用2015年各国相关数据建立模型，来估计2016年的人民币汇率均衡水平，其结果为6.75元/美元，以此为中心上下浮动0.2元也就是3%的幅度，大体上与2016年人民币汇率波动的范围一致，说明这种方法是可行的。

## 二　前期人民币汇率贬值，消除国内价格水平下降压力的正面效应已明显释放，无须进一步贬值

一国货币的汇率无论是升值还是贬值，都会带来多方面的效应，这些效应有正面的，也有负面的。2016年人民币汇率的贬值过程，带来的正面效应是改善了国内外比价关系，帮助化解了工业生产价格下降的压力。

从2012年3月开始，我国工业品生产价格指数月底同比一直处于下降过程中，直到2016年9月，才结束了同比连续54个月下降的态势。这给我国工业企业的运营带来较大不利影响，工业企业利润在较长时间内出现了下降态势。工业品生产价格指数在2016年得以扭转下降走势，除了国内原因之外，外部环境变化及人民币汇率的变化是重要影响因素。2016年上半年，受美元阶段性贬值等因素影响，国际大宗商品价格出现回升。由于我国石油、铁矿石、有色金属矿等原材料进口依赖程度较高，国际大宗商品价格的回升很快传导到国内市场，推动了国内价格的回升。近期美国等重要经济体工业品价格扭转了前期同比下降的态势，也是同样的道理。这与多年以来中外生产资料价格变化基本同步的事实也相吻合。不过，在变化幅度上，近期我国工业品价格上涨幅度明显高于美国，从中可看到人民币汇率贬值的影响。

由于2016年12月我国工业品生产价格同比上涨幅度达到5.5%，已经消除了价格下跌的压力。从未来一段时间来看，世界经济形势出

现好转的苗头，美国再次加息的步伐可能会放慢，短期内美元呈现升值后回调的态势，这些都将有助于国际大宗商品价格回升。鉴于这种形势的判断，人民币汇率短期内没有通过进一步贬值、促进国内价格水平提升的需要。

## 三　通过人民币汇率升值无法消除我对美顺差，应力抗美国要求人民币升值的压力

美国一些机构和学者依据中国对美国保持较大规模的顺差，指责中国人为压低人民币汇率，并要求人民币兑美元汇率升值。

经济学理论告诉我们，影响双边贸易平衡状况的因素有很多，如双方国内的需求和经济结构、要素价格水平，汇率当然是其中一个影响因素，但在不同的国家，汇率影响程度的大小并不一样，单纯依靠调整汇率来消除双边贸易不平衡，实际上很难做到，效果也未必理想。

世界经济发展历史经验证明，单纯靠汇率升值是不能消除双边贸易不平衡的。以日本、德国的情况为例，从1985年初到1988年中期，当时日元对美元汇率升值超过1倍，马克对美元汇率升值几乎达到1倍，升值幅度不可谓不大，但结果是日本经常项目顺差占GDP的比重从1986年的4.3%下降到1989年的2.1%，德国经常项目顺差占GDP的比重不仅没有下降，反而从1986年的4.2%上升到1989年的4.6%。尽管日本经常项目顺差在1990~1991年因美国出现经济衰退、美国国内需求下降导致日本出口下降而曾经出现过下降，但1992~1993年在日元继续升值的情况下又重新上升到3%左右。汇率如此大幅度的调整，不仅没能消除日本和德国的经常项目顺差，反而成为造成日本经济长期低迷的重要原因之一，德国经济此后也陷入一段时间的低迷。

当时担任美联储主席的沃尔克和日本央行高级官员的行天丰雄，后来在反思和总结日元升值对调整美日双边贸易不平衡的经验时就曾经指出，1985年的广场会议中，焦点几乎完全集中到了汇率政策上，但

疲软的美元并没有带来所希望的国际收支迅速改善的效果。1986 年的东京会议和 1987 年卢浮宫会议把注意力转向了宏观经济政策上，但宏观经济政策也没能带来国际收支迅速而又充分的改善，从 1988 年开始，注意力又转向微观经济政策和结构改革。由此可见国际收支调整的复杂程度。

2008 年底以来，中国实行了积极的宏观经济政策，在扩大内需和结构调整方面采取了多方面的措施，这些措施已经对改善中国经常账户平衡状况产生了积极影响，对改善中美贸易不平衡状况也产生了一定效果。2009 年以来，中国经常账户顺差占 GDP 比例已经明显缩小，2013 年曾经下降到 1.5%，2014~2015 年尽管受国际大宗商品价格下跌的影响，进口金额出现下降，经常账户顺差占 GDP 比例有所提高，但仍在 3% 以下；根据美方统计，2009~2015 年美国对中国商品和服务出口额年均增长 9.5%，明显快于美国自中国进口额的年均增速 7.2%。美国一些机构和学者无视中国所做出的努力以及所取得的效果，再次在人民币汇率问题上向中国发难，是缺乏科学依据的。中国不能接受通过人民币大幅升值来消除中国对美贸易顺差的提议，中美两国应通过一系列宏观经济政策和改革，逐步调整经济结构，解决中美贸易不平衡问题。

基于以上分析判断，2017 年人民币汇率应以稳定为基调，以美元兑人民币汇率 6.91 为基点，浮动范围宜在上下 3% 以内，浮动方向上要重点观察美元汇率的走势，反其道而行之，以保持人民币实际有效汇率的大体稳定。

（张永军）

# 美联储缩减资产负债表的路径、影响与应对

2007 年美国次贷危机爆发后，美联储先后实施了降息和以三轮量化宽松（QE）为主的非常规宽松货币政策，导致美联储资产负债规模出现大幅扩张。随着美国经济逐步趋稳并确立向好态势，货币政策常态化势在必行。2014 年 9 月，美国联邦公开市场委员会（FOMC）发布《货币政策常态化的原则和计划》的报告，表示将根据经济复苏情况，先后采取加息和缩减资产负债表的方式使货币政策回归正常化。2015 年 12 月至 2017 年 3 月，美联储已加息三次，联邦基金利率目标区间从 0~0.25% 提高至 0.75%~1%。2017 年 1 月，费城联储主席哈克尔（Harker）表示，当美联储加息至 1% 左右时应考虑在适当时候缩减资产负债表。2 月，美联储主席耶伦也表示希望循序渐进地缩减资产负债表。3 月，FOMC 会议纪要显示多数美联储官员支持在 2017 年晚些时候采取缩表措施，这预示美联储缩表的“靴子”将要落地。鉴于美联储货币政策存在的巨大溢出效应，我国需尽早谋划，积极应对美联储缩减资产负债表对我国经济产生的影响。

## 一 美联储资产负债表扩张情况

2007~2016 年，美联储总资产规模实现了大幅扩张（见图 1）。

2007年底美联储总资产为9147.76亿美元，2016年底达到44533.37亿美元，占国内生产总值（GDP）的比重由6.32%上升至23.98%，同期总负债规模由8778.76亿美元上升至44128.95亿美元，总权益规模由369亿美元提高至404.42亿美元。从结构来看，美联储资产负债表中资产端的扩张主要集中在国债、美国政府和联邦机构支持的企业债券（包括抵押债券）两大项，两者分别增加了25674.22亿美元和10660.22亿美元；负债端的扩张主要集中在美联储未偿还票据净值（增加6712.48亿美元）、回购协议下出售的证券（增加6812.25亿美元）、储蓄机构存款（增加17389.08亿美元）、美国财政部一般账户存款（增加3830.7亿美元）和其他存款（增加584.13亿美元）等五大项目。

美联储通过大规模资产负债表扩张向市场注入大量流动性，避免了美国经济再次滑向类似20世纪20年代末30年代初“大萧条”的深渊，但大量流动性的存在也给经济稳定带来了隐患。美联储货币政策的基本目标是实现物价稳定和充分就业。当前，美国国内消费者价格指数（CPI）维持在2%左右，2017年3月官方失业率降至4.5%，为近十年新低，已接近充分就业水平。随着美国经济逐步向好，大量流动性的

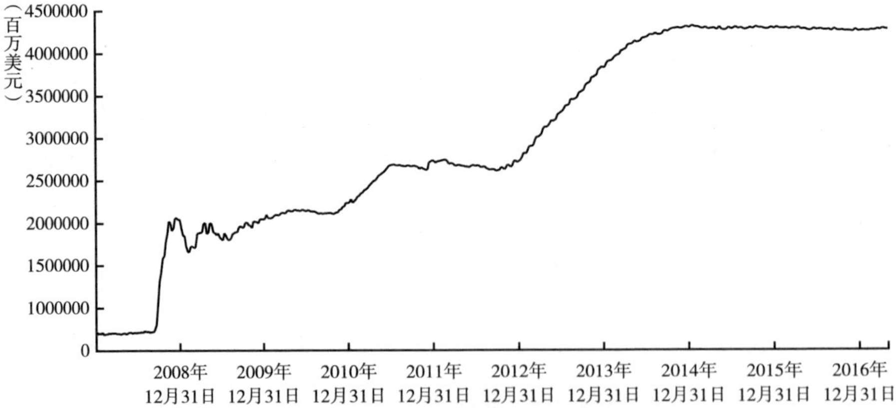


**图1 2007~2016年美联储总资产变化情况**

资料来源：Wind资讯。

存在可能导致 CPI 进一步走高并偏离美联储价格调控目标区间。此外，中长期资产规模过大也增加了美联储调控短期利率的难度，导致信贷资源错配。

## 二 美联储缩减资产负债表的路径

美联储缩减资产负债表的基本目标是回归以短期国债为主的资产结构，以便利货币政策的实施。美国目前的经济发展态势与美联储扩张资产负债表时相比变化较大，加之存在特朗普政府政策的不确定性及世界其他国家和地区经济状况的变化等因素，美联储缩减资产负债表不会沿着“原路返回”，而是根据国内外经济形势的变化不断调整缩表的节奏与力度。

### （一）美联储缩表将采取停止到期资产再投资与主动出售中长期国债和抵押支持债券（MBS）相结合的方式

停止到期资产再投资是美联储最理想的缩减资产负债表方式，且对资产端进行操作的便利性优于负债端。2014 年 9 月 FOMC 关于货币政策正常化的报告也明确提出，“未来美联储将以停止到期债券再投资的方式逐步减持债券，而不会直接抛售抵押支持债券”，但这一方案的现实可行性较低，原因在于，美联储通过三轮量化宽松购买资产的时间较为集中，且所购买资产的到期日也较为集中，这意味着仅通过让资产自然到期的方式缩减资产负债表，在未来某一时期将出现所持资产大规模集中到期，从而引发利率和汇率大幅波动。通过主动出售中长期国债和抵押支持债券，优化短期资产和中长期资产结构，可以有效平滑以停止到期资产再投资的方式缩减资产负债表给市场造成的冲击。预计美联储缩表初期将以停止到期资产再投资为主，通过测试这一缩表方式对市场利率和汇率等经济指标的影响程度再决定主动出售资产的节奏与力度。

### （二）美联储整个缩表进程将超过五年

根据国际货币基金组织（IMF）最新预测数据，2022 年美国 GDP

规模将达到23.76万亿美元，考虑到经济发展因素，若2022年美联储总资产规模占当年GDP比重为8%而非2007年底的6.32%，则当年底美联储总资产规模将达到约2万亿美元，这意味着未来5年美联储需要净缩减约2.5万亿美元资产，年均需净缩减约5000亿美元资产。从技术层面来讲，美联储通过停止到期资产再投资和主动出售部分资产相结合的方式可以实现这一目标，但从满足经济发展需要的角度，这一方案不具可行性，原因在于，美联储每年净缩减5000亿美元资产相当于回收等额基础货币并使其退出市场流通，这对市场货币供应量M2的影响会经货币乘数作用进一步放大。当前美国市场上的货币乘数约为3.0，如果今后5年货币乘数保持不变，意味着今后5年美国市场上的货币供应量M2总共将减少约75000亿美元，相对2016年底13.27万亿美元规模的M2，货币供应量的巨幅降低将对美国经济增速、物价、利率、汇率等产生全方位重大影响，不具有现实可行性，故美联储整个缩表时期将超过5年。

## 三 美联储缩减资产负债表的影响

由于美联储货币政策存在巨大溢出效应，其缩减资产负债表将会对美国及其他国家和地区经济发展与政策实施产生影响。

### （一）美联储缩减资产负债表将直接带动美国中长期国债收益率趋势性上行

美联储缩减资产负债表的一个重要内容是减少所持有的中长期国债，这将减少市场上中长期国债存量，整体推动中长期国债收益率趋势性上行。在美国货币政策步入加息通道的大背景下，美联储回归宽松政策的可能性非常小，即使通过购买中长期国债进行对冲，规模也将非常有限，不会再出现类似资产负债表扩张时期的大规模资产购买，因此，美联储缩表期间，美国中长期国债收益率在某些时刻可能会出现阶段性下行，但整体将保持趋势性上行态势。

### （二）美联储缩减资产负债表将加快部分国家和地区央行货币政策正常化步伐

除美联储外，全球主要央行在此次全球金融危机爆发以来均实施了宽松性货币政策，导致资产负债表大规模扩张。2008 年底至 2017 年 3 月，欧洲央行总资产规模从 2.08 万亿欧元上升至 4.13 万亿欧元，同期日本央行总资产规模从 12.28 万亿日元上升至 49.01 万亿日元。大量流动性的存在使这些国家和地区存在不同程度的货币超发，面临内在的货币政策正常化压力。美联储缩减资产负债表将产生示范效应，加快这些国家和地区货币政策正常化步伐。以日本为例，2017 年 3 月，日本 CPI 同比上升 0.2%，离 2% 的通胀率目标还有很大差距，但日本央行行长黑田东彦 4 月 11 日在国会会议首次提及退出宽松政策，并表示提高利率和缩减资产负债表将是主要的退出方法。可见，货币政策正常化已进入日本央行视野，货币政策正常化进程预计将有所加快。

### （三）美联储缩表可能加剧全球资本大规模跨境流动

随着全球金融一体化程度不断提高，世界主要国家和地区货币政策大的调整往往带来跨境资本的大规模流动。美联储三轮量化宽松政策的推出均曾引发跨境资本在发达国家和新兴经济体之间的大规模流动。美联储缩减资产负债表的过程同时也是货币回收过程，减少了美元供应量，带来货币市场利率和美元汇率走强，进而吸引外部资本流入美国。需要指出的是，如果 2008 年国际金融危机爆发后初期全球跨境资本大规模流动主要以避险为目标，此次美联储缩表引发的新一轮跨境资本流动则可以被视为以逐利为目标，通过缩表过程中美国与其他国家之间的利率差和汇率差进行跨国套利。

### （四）美联储缩表将增加我国实现跨境资本双向流动基本平衡的难度

完善人民币汇率市场化形成机制和进一步扩大资本项目开放需要维持跨境资本双向流动的基本平衡。受全球跨境资本流动总体格局变化的影响，2014 年下半年开始，我国的经常账户与资本和金融账户由先前的“双顺差”转变为经常账户顺差、资本和金融账户逆差的“一顺一逆”状态，且资本和金融账户逆差大于经常账户顺差，出现跨境资本净流出。近期，我国跨境资本流出压力有所缓解，国家外汇管理局数据显示，2016 年全年外汇储备额下降 3198 亿美元，降幅较 2015 年收窄 38%，2017 年 2 月和 3 月外汇储备余额分别为和 30051.24 亿美元和 30090.88 亿美元，连续两个月回升，显示我国跨境资本流动正逐步向均衡状态收敛。但同时，我国跨境资本流出压力仍然存在，2017 年一季度非储备性质金融账户逆差 215 亿美元，银行结售汇逆差 409 亿美元，涉外收付款逆差 252 亿美元。在人民币汇率水平仍缺乏弹性的情况下，美联储缩减资产负债表将扩大中美两国利率差异，加大我国资本流出压力，增加我国实现跨境资本双向流动基本平衡的难度。

## 四　中国应对美联储缩减资产负债表的政策建议

由于美联储缩减资产负债表是一个逐步推进的过程，其影响也将存续较长时期，我国应从短期和长期相结合的角度，统筹兼顾，积极加以应对。

### （一）密切跟踪美联储缩表进展并及时评估其影响

美联储预先向市场表明缩减资产负债表的立场，旨在通过与市场事先沟通以减少缩表政策正式推出时可能出现的震荡。为此，相关部门应密切关注美联储会议纪要中涉及缩减资产负债表的相关内容，研判美联储正式缩表的时间、规模等，及时评估美联储开始缩表后全球金融市场上出现的重大变化，如主要国家和地区利率和汇率水平的变化、跨境资本流动方向和规模的变化等。在综合考虑上述变化和保持我国货币政策稳健中性的基础上，相应调整中国人民银行的资产负债规模。

### （二）改进外汇管理，主动预防和积极应对因美联储缩表而来的外汇市场波动

针对美联储缩表可能带来的资本净流出压力和外汇市场动荡，当前

应加强对银行类金融机构业务真实性合规性审查，确保现有外汇管理规定得到有效执行。加强跨境资本特别是短期跨境资本流动监测，及时掌握跨境资本流动方向、规模、领域等情况，提高外汇管理的针对性和有效性，防范跨境资本无序流动可能带来的冲击。严厉打击以地下钱庄为代表的非法跨境转移资本行为，规范外汇市场运行秩序。

**（三）完善金融监管，扩大金融双向开放，主动应对美联储缩表的持续性影响**

完善宏观审慎管理框架下的外债和资本流动管理体系，继续实施全口径跨境融资宏观审慎管理，开放和便利境外机构投资银行间债券市场；改善预期管理，完善人民币汇率市场化形成机制；根据经济发展需要、金融市场状况和金融稳定要求稳步有序推进我国资本账户开放。

（信息部　谈　俊　綦鲁明；博士后站　胡　华）

# 亚洲部分国家和地区营商环境比较分析与启示

近年来，外商投资规模逐年增大，对我国经济发展产生了积极作用，实现了各方互利共赢。但同时必须关注，全球营商环境竞争加剧，外商对华投资正从关注政策优惠、要素成本为主，转向更为注重投资环境。联合国贸易和发展组织发布的2016年度《全球投资趋势监测报告》显示，2016年全球外国直接投资（FDI）下降13%，约为1.52万亿美元，我国已经连续两年保持了全球吸收外资排名第三的成绩。2016年，发展中经济体中，排名前十大FDI吸收国包括了中国内地、中国香港、新加坡、印度四个同属亚洲生产网络的国家和地区。世界银行《2017年营商环境报告：人人机会平等》显示，在统计的190个经济体中，营商环境便利度排名前5位的经济体依次为新西兰、新加坡、丹麦、中国香港、韩国。为此，对比分析新加坡、中国香港、韩国、印度等亚洲国家和地区营商环境，可为改善我国投资环境、提高营商环境的国际竞争力提供借鉴。

## 一 新加坡、中国香港、韩国、印度营商环境比较分析

新加坡、中国香港、韩国均属“亚洲四小龙”，自20世纪70年代起，就高度重视利用外资为本国（本地区）经济发展服务，在创建良

好营商环境方面积累了丰富经验。印度与我国资源禀赋存在较多相似之处，在吸收外资方面正逐渐成长为我国重要竞争对手。

### （一）新加坡

新加坡是全球优质营商环境缔造者的成功典范，曾连续 10 年蝉联由世界银行组织的全球营商环境评比榜首，2017 年被新西兰超越，排名第二。新加坡优良的营商环境主要体现在以下四个方面。

开放自由的投资政策。在投资准入方面，新加坡实行自由港政策，与中国、美国、欧盟、澳大利亚、新西兰、加拿大、印度、韩国等国家和地区签订了 20 多份自由贸易协定（FTA），承诺向这些国家开放多个产业，除了对污染环境及危害公共安全的行业严加管制，对其他外商投资企业限制甚少。在金融领域，新加坡具备自由、开放、宽松的外汇管理体制和金融制度，没有外汇管制，各种形式的合法收入均可自由进出自贸区。

鼓励生产经营的优惠政策。新加坡政府实施较低的税收制度，优惠程度位居全球第五。新加坡的企业所得税税率仅为 17%，其中，自贸区内的企业所得税税率仅为 5%~10%；个税起征点为 2 万新元，税率在 3.5%~20%；增值税起征点是 100 万新元，税率为 7%，外贸以及离岸贸易免征增值税或者可享受退税。此外，新加坡还通过各种计划鼓励投资，比如全球贸易商计划、企业研究奖励计划、国际总部或区域总部计划、并购计划等，给予企业投资不同程度的税收优惠。

高效便捷的政府服务。新加坡建立了世界第一个用于文件综合处理的全国性电子数据交换（EDI）网络，这个信息网络体系是政府高效服务的重要体现。企业注册方面，实现全程电子化，成立公司最快可在 24 小时内拿到执照。项目审批方面，成立负责审批的经济发展局，一项外国投资项目从申请到批准设厂，只需要 10~20 天。业务办理方面，由于贸易网连接了海关、税务等 35 个政府部门，与进口、出口贸易有关的全部手续均可通过网络进行处理，实现了一站式的“单一窗口服务”。便民服务方面，得益于发达的信息网络系统，可为市民提供医疗、商务、法律法规等200项以上的电子政务服务。市场监管方面，搭建了跨部门服务平台，为政府全面掌握企业信息，做好“简政”后的“严管”提供了重要信息基础。

廉洁透明的法治环境。新加坡制定了规范市场行为的《竞争法案》及与国际接轨的知识产权保护制度，配合健全和公正的司法审判系统，为知识产权保护、吸引人才、劳动者权利保护、鼓励移民等提供了有力的制度保障。国际非政府组织“透明国际”2015年公布的年度清廉指数报告指出：在世界178个国家或地区的排名中，新加坡排名第8位。2017年全球营商环境排名，执行合同这项指标新加坡位居第二。

**（二）中国香港**

2017年，中国香港营商环境位居全球第四，较2016年上升1位。优良的营商环境主要体现在以下三个方面。

与国际接轨的投资政策。中国香港是世界经济最开放的地区之一，商品、资本进出自由，连续17年被评为全球最自由经济体系，在全球经济自由度体系指数中排名第一。在投资准入方面，香港不存在投资贸易限制，对各地商家一视同仁，不设外汇管制，企业或行业的拥有权无国籍限制。在税收优惠方面，税制税种少，税率低，税制简单而稳定，征收管理严格。香港税制单一，只需缴纳16.5%的企业所得税，没有增值税、营业税等其他税种。其中，离岸收入、股息、利息、资本性收益都是无须缴税的收入。在市场执行方面，行业测试、检验和认证实现国际化。

高效周到的办事效率。香港实行“小政府、大市场”的不干预政策，将政府职能限定在尽可能小的范围。注册条件宽松，对注册资本无任何限制；企业注册手续简单，只需3个步骤就拿到公司执照；注册效率高，6个工作日内可发出公司注册证书，1个月内到税务局商业登记署即可办理商业登记证开业；企业设立银行户口、申请调派或在港聘请员工以及寻找办公地点均可寻求政府有关部门协助；企业投资监管规范方式多样，除了法治管理外，还通过同业公会和商会等民间组织进行自律。

廉洁政府与透明的法治环境。香港是全球公认的亚洲最廉洁城市之一，“透明国际”公布2015全球清廉指数，香港列第18位。香港不敢贪、不能贪、不想贪的反腐制度体系，是企业公平运行的制度保障。在香港所有版权和商标侵权不分情节轻重，都属于刑事犯罪。香港法制沿用英式普通法，司法完全独立，享有独立的审判权和终审权。各类调解及仲裁服务广受国际信赖，做出的各类裁决在全球多个不同司法辖区内具有效力。

**（三）韩国**

2017年，在世界银行组织的全球营商环境评比中，韩国居第5位。韩国优良的营商环境主要体现在以下三个方面。

全面自由化的投资政策。截至目前，韩国已与几十个国家和地区签署FTA协议，建立了覆盖全球的FTA网络体系。对涉及公共性的60多个行业禁止外商投资，农业、畜牧业、渔业、出版发行、运输、输电和配电、广播通信等领域有股权比例限制，其他领域对外商投资全面开放。对个人、企业及金融机构的大部分外汇交易都实行自由化，对资本项下的外汇交易实行“自由原则”的管理方式。

提升整体投资环境的“促进、支援”政策。根据韩国《外国人投资促进法》及施行令、实施细则和《税收特例限制法》等法规规定，“促进、支援”外商投资政策包括税收减免优惠政策、现金支援制度、外商投资地区制度、一站式服务等。韩国对投资包括高新技术产业467项以及配套服务产业111项等实行税收减免优惠政策；对外商企业专用园区、国家产业园区和外国人投资区内的企业，享受最长50年国有土地租赁费减免优惠。对规定行业外资占总投资比例超过30%的绿地型投资工厂，外商投资总额达到1000万美元以上的大型投资可享受

5% 以上投资额现金返还。凡符合条件的外资企业，如提出申请，其工厂所在区域即可被指定为“外商投资地区”，在通往企业的道路、自来水、供电等基础设施方面得到财政支持。韩国设有外国人投资支援中心，向外国投资者提供包括立项投资手续在内的一站式服务。

较为清廉的政府与较为高效的争端解决机制。“透明国际”公布 2015 全球清廉指数，韩国列第 37 位。世界银行公布的《2017 年全球营商环境报告》中，韩国在获得电力、执行合同两项指标上均列第 1 位，办理破产指标列第 4 位。

**（四）印度**

2013~2015 年，印度 FDI 占全球 FDI 流量分别为 2.0%、2.7%、2.5%，增幅分别为 16.5%、22.6%、27.8%，FDI 流入量增幅远高于中国。世界银行公布的《2017 年全球营商环境报告》对全球 190 个经济体调研分析排名中，印度总体排名第 130 位，较 2011 年（183 个经济体）的排名 134 位上升了 4 位。说明近年来印度营商环境在不断改善，竞争力在增强。

不断开放的投资政策。除涉及其国家安全及社会安全的行业，外资在其他行业均可涉足，绝大多数行业的投资执行自动批准程序。基础设施建设、采矿业、部分制造业和服务业等外商持股比例均可达 100%。印度政府允许外资在印度设立公司实体及非公司实体。印度效仿中国模式，以税收、土地、用电优惠等手段大力发展经济特区、出口定向型工业区、自由贸易仓储区，以促进本国出口，发展本国制造业。

相对复杂拖沓的行政效率。印度的立法和决策体系比较分散、复杂，中央和地方法律对外国投资都有重要影响。印度属于联邦制国家，各邦和大部分联合属地对本邦内部事务享有立法权。每项投资都需要在土地使用、环境保护、用水用电等方面获得地方政府审批，但各邦之间法律存在许多差异，提高了审批程序的复杂性与不确定性。《2017

年全球营商环境报告》中，开办企业、办理施工许可证、执行合同等指标排名分别为第155位、185位、172位，但获得电力较2016年上升了25位，印度改善电力条件的速度非常明显。

复杂多变的税收政策。印度在吸引外资方面也有以给予一定的免税期为主要形式的税收激励政策，但印度的涉外税收措施很复杂，不同地区、不同行业、不同投资额、不同的企业投资方案、不同的商业模式，实行不同的税收优惠政策，投资方可以与政府进行洽谈商定。同时，印度税收政策多变，通常每财年变化一次。此外，印度基础设施落后、政府寻租严重、行政效率低下等不利因素也是外商投资的壁垒。

## 二　主要启示与建议

当前，我国吸引外商投资正面临发达国家“再工业化”和低收入国家成本优势带来的双重挤压，在此背景下，可借鉴新加坡、中国香港、韩国营造良好营商环境的先进经验，对照印度营商环境存在的不足之处，按照法治化、国际化、便利化原则，为外资积极营造宽松有序的投资环境。

（1）尽快建设和完善与国际接轨的外商投资法律制度。要尽快推出对接国际高标准的外商投资负面清单；加快修订“外资三法”，出台完整的外商投资法；研究出台外资关心的金融、汽车制造和民航运输业等有条件领域的外商股权比例政策；研究推进外国人出入境、定居和工作便利化措施。进一步完善和修改知识产权保护的相关法律法规等。探索建设更为便捷且国际认可度高的纠纷调解机制。

（2）推进更加自由的投资环境建设。我国要在已经签署14个自贸协定基础上，进一步推进FTA网络建设，有序放松对外资的限制，提高市场准入度，推广自由贸易账户，保障外资企业合法利润正常汇出。根据经济发展情况，修正外商投资产业指导目录，鼓励地方政府因地制宜推行地方优惠政策，推行厂房租用机制、用电优惠等，吸引外商投资。

（3）进一步推进“放管服”改革，提高行政效能。要发挥大数据作用，统筹考虑简政放权、行政审批制度改革、“一门式一网式”政府服务模式改革、基层公共服务综合平台建设等工作，搭建政府统一的申办受理平台，加快网上办事大厅建设，与部门审批系统无缝对接，将部门审批系统整合到网上公共申办审批系统，建立前台综合受理、后台分类审批、统一窗口出件的服务模式，并设定便捷的审查技术手段和时限提醒功能，推进一网受理。构建跨区域、跨层级、网上网下一体化的政务服务体系。

（4）为企业“降成本”做足做好“减法”。我国企业税收负担较重，可考虑适当提高直接税比重，减少生产环节征税，更多转向最终消费环节征税，简化税率，促进企业税负公平。要加大力度清理各种不合理收费尤其是垄断性中介服务收费，正税清费，为企业减负，给企业打造低成本、高效率的发展环境。

（5）营造公平竞争的市场环境。消除政府采购、资质资格获取、招投标、参与政府战略与计划等方面的内外资企业过度差别化待遇，为外商投资营造公平竞争的市场环境。

（经济研究部　李　娣）

# 特朗普减税带来的挑战及对策建议

## 一　特朗普税改计划的内容

美国东部时间 4 月 26 日下午，美国总统特朗普的最新税改计划正式公布，该方案主要集中在降低企业税率、降低个人税负、增加海外税收三个方面。企业税收方面，将企业税税率从 35% 大幅削减至 15%；个人所得税方面，减少个人所得税级次和税率，将个人所得税从目前的七级简化为三级，最高税率从 39.6% 降至 35%，三级税率分别为 10%、25% 和 35%，大幅度提高起征点，将个人所得税免税额度翻倍，撤销遗产税等；针对海外美国企业加税，对美国公司的海外资产征收 10% 的惩罚税，海外利润汇回美国将被征收高达 35% 的税。

## 二　特朗普减税的目的

### （一）实现“让美国再次伟大”的目标

国际货币基金组织（IMF）按照购买力平价（PPP）计算，2014 年美国经济规模是 17.4 万亿美元，中国经济规模是 17.6 万亿美元，中国已超过美国，成为世界第一。也有机构按汇率计算，预测 2025~2027 年，中国 GDP 将超过美国。在中国战略布局引导下，世界正在悄然发生巨大变化，美国感受到了中国迅速崛起的步伐。长久以来美国一直享受世界第一强国殊荣，失去世界第一的危机感引发了改革的诉求，美国要通过改革实现持续繁荣。特朗普以“让美国再次伟大”的口号赢得大选入主白宫，这表明美国不甘心居于第二，这就需要把中国经济打压下去，提高美国经济的增长速度，其基本思路，一是通过大幅减税，减轻企业负担，鼓励美国的海外企业回到美国投资，同时鼓励国内企业加大投资，鼓励全球企业到美国投资，从而促进美国经济增长和扩大就业。经济规模扩大就会带来税收增加，进而缓解减税对财政收入带来的压力。二是特朗普认为美国承担的国际义务过多，通过减少美国承担的国际义务，由其他国家负担，为美国国内减税创造条件。例如，在《巴黎协定》中，美国每年只有20亿美元出资额，但美国冒天下之大不韪退出《巴黎协定》，目的是要从各方面减少财政的额外支出。

### （二）激发美国经济增长活力

如果美国企业税税率降到15%，接近部分避税天堂的税率，将显著提升美国竞争优势，吸引大量企业留美。个税改革方案会减轻包括企业主和农场主在内的中产阶级的税收负担，将促进消费增长和私人部门投资需求。加大对海外企业的征税力度，促进投资回流美国，将带动美国制造业和商业发展。企业所得税税率从35%降至15%，将使美企税负大大低于经合组织国家约25%的平均水平，从而大幅增加企业利润。据美国布鲁金斯学会与城市研究所联办的税收政策中心测算，2017年美国企业盈利预期将增加1080亿美元，2018年将增加2150亿美元。如果减税计划顺利实施，将令企业、中产和顶级收入者受益，显著增强美国竞争力，促进美国经济发展。

### （三）为美国创造有利的外部环境

美国税改将挑起全球性减税大战。一些有实力的国家会加入这场竞争，或竞相减税，或设立避税天堂。目前，在英、法等发达国家以及印度等发展中国家已准备采取趋同的行动，这将使全球税收秩序陷入混乱。以中国为代表的新兴经济体国家，既要面对大量资金流出的压力，还要防止资产价格泡沫破裂。显然，特朗普通过全面减税，力图刺激美国经济全面复苏，却给其他国家制造出更大的挑战和压力。

## 三　特朗普减税对中国经济的挑战

近几年中国海外投资增速快，而国内投资增速下降，经济下行压力仍然较大。当前，我国民间投资增速低迷，实体经济投资增速上不去，M1 和 M2 增速差距大，M2 增速比 M1 低 10 个百分点左右，此种情况下，美国减税计划的实施将对中国经济产生冲击。

### （一）中国税收结构存在的问题

首先，虽然近几年政府出台了大量减税措施，总量也相当可观，但总体上企业感觉减税力度不强。除了“营改增”以外，其余的税改措施进展非常缓慢，最为核心的企业所得税税率仍然是 25%，财产税、遗产税等个税改革还未提上日程。其次，企业税收负担重。中国税制以间接税为主，总税收的 90% 由企业缴纳，这是造成企业税费负担偏重的重要原因。再次，个税在税收总额中占比较低。美国个税税种覆盖面广，包括个人所得税、财产税、遗产税、财产赠与税等。中国开征的个人税种主要是个人所得税，没有资本利得税、财产税、遗产税、财产赠与税等税种。由于税制的差异，美国个税在财政收入中所占比重为 45%~50%，而中国企业纳税占绝大比重，而个人税收仅占 6%~8%。美国居民享受的社会福利远好于中国，这次美国个税的返还力度很大，非税收入在美国财政收入中不到 5%，且各年度较为平稳，而中国的非税收入占财政收入的比重是美国的 3 倍多，名目繁多的收费项目是中国企业负担重的重要原因。

### （二）特朗普减税对中国经济的冲击

一是导致中国产生要素、资金甚至财富外流。进入 2017 年，人民币汇率基本保持稳定，但是美国减税将使全球资金流向美国，人民币信心将受到影响，从而影响中国资金的流向。二是对中国产业转型升级形成挑战。减税将使美国的消费零售、通信、原材料、工业企业等行业受益最大。中国以间接税为主的税收体制使企业部门税费负担较重，特朗普的减税措施，将进一步提高中国企业的相对生产成本。

## 四　对策建议

特朗普的减税政策将对中国企业提升全球竞争力产生巨大压力。必须高度重视并积极应对特朗普的减税计划，及时采取大的战略和对策，靠修修补补是不行的。

### （一）调整税制结构

目前在宏观税负方面，中美差距不算太大，中国比美国略微高一些，关键在于税收结构差别大。中国以间接税为主，美国以直接税为主，中国的税收 90% 来自企业，10% 来自个人所得税。美国税收绝大部分来自个人，企业税占比小于 40%。必须加快落实党的十八届三中全会提出的“逐步提高直接税比重”的改革部署，抓紧制订从间接税为主向以直接税为主过渡的实施计划，在税收结构上进行大的调整，在保持宏观税负稳定或略有下降的前提下，使税种搭配有一个大的变化。要大幅度减少企业税等间接税，开征资本利得税、财产税等直接税，较大幅度提高直接税占税收总额的比重。推进这项改革，不仅有利于降低企业税负，提高我国企业的国际竞争力，而且有利于调节收入分配结构，缩小收入分配差距。

### （二）清理不合理涉企收费

近年来，国家出台了一系列治理涉企乱收费政策文件，违规收费问题得到有效治理，但收费项目繁多，收费不规范、不透明、不合理等问题依然突出，企业负担仍然很重。要进一步清理和规范涉企收费，落实出台的惠企政策措施，降低偏高的收费标准，从源头降低企业成本。按照2017年2月8日国务院常务会议要求，加大审计、督查力度，坚决取消事业单位不合理收费，坚决杜绝中介机构利用政府影响违规收费，行业协会商会不得强制企业入会或违规收费。建立收费目录清单制度，切实减少涉企收费自由裁量权。只有推动规范涉企收费各项工作有效开展，明显减少企业各种名目的收费，才能够为企业营造良好经营环境。

### （三）改善投资环境

上海自贸试验区实行负面清单制度吸引外资，试验成功后应尽快向全国推广。要扩大外资准入领域，包括扩大金融、教育、医疗、文化、信息、电商、咨询、旅游等服务行业的开放，鼓励外资在国内设立技术研发机构。努力改善服务水平，增强对外资的吸引力。通过吸引外资调整国内供给结构，促进经济转型升级。要努力控制好外资企业的税费负担，使来中国投资企业的税费负担不高于美国。

### （四）促进民间投资增长

2016年，我国民间投资增长3.2%，2017年前4个月，民间固定资产投资同比名义增长6.9%，虽然有所提高，但增速比前三个月低了0.8个百分点。民间固定资产投资中接近50%是第二产业投资，民间投资大幅下降，表明经济增长缺乏活力和内生动力，而且制造业投资上不去，经济增长就缺乏后劲。应进一步落实促进民间投资增长的各项政策。向民间投资开放垄断领域，如石油、石化、通信等领域。公共服务领域，如教育、医疗等，应鼓励民间资本进入。用政府和社会资本合作（PPP）方式，引导民间资金进入基础设施建设和公共服务领域。切实解决民营企业融资难、融资成本高的问题，努力使民间投资增速恢复到过去的正常水平，以有效促进税收的增长，缓解减税对财政收入增长的压力。

（经济研究部　徐　伟）

# 发达国家支持实体经济发展的政策比较

美国、德国、瑞典和日韩等发达国家支持实体经济有不同的经验和教训，通过对产业政策、金融服务实体经济、优势产业发展等几个方面进行分析，可以为我们支持实体经济的发展带来诸多启示。

## 一　以高新技术为先导产业的美国

美国作为制造业产值排在第一大国的位置虽然被中国取代，但其总体竞争力第一强国的位置依然稳固。

### （一）美国政府通过研发（R&D）引领了世界新技术、新产品和新产业

美国引领世界新技术变革的发明、开发和实施离不开美国政府的支持。美国国家科学基金（NSF）和美国国立卫生研究院（NIH）代表美国政府对美处于世界最前沿科技产业给予支持，互联网、生物技术等前沿科技产业都是在政府科研项目的支持下完成的，谷歌（Google）的计算方法就是 NSF 的项目成果。

### （二）通过政策手段确保实体企业的自由竞争

美国政府通过创造良好的竞争环境、投入大量科研经费和培养引入高端科技人才，提升了企业的国际竞争力。在资本市场高度重视对

市场主体的增信，包括为企业提供政府担保、创办与支持在银行贷款与资本市场之间的二级市场金融机构。与此同时，处理国有与私有经济竞争关系，自里根政府起，实体经济层面的国有经济成分逐步被私有化。

### （三）金融危机后“再工业化”战略促进实体经济回升

2009 年、2011 年和 2015 年美国出台三个版本的《美国创新战略》。前两个版本美国把先进制造业、生物技术、清洁能源等作为优先发展领域，持续推进这些领域的技术突破和产业发展。2015 年版本将精准医学、大脑计划和智慧城市等列入重点支持的领域。

## 二　支持制造业为主导产业的德国

德国经济之所以能依靠其强大的制造业而引领欧盟经济的发展，其根本原因在于有强大的以制造业为核心的实体经济。

### （一）坚持以促进制造业发展为基本理念的产业政策

德国政府根据国际市场的变化不断调整产业政策，在传统的汽车制造、机械制造、化工等产业保持优势，也在自动化工程、信息科学、生物遗传和环保等技术领域居于世界领先地位。金融危机后，德国开始培育新兴制造产业，2014 年通过的“创新为德国”高科技战略确定了数字经济与社会、可持续发展与能源、创新型工作环境、健康生活、智能交通、民生安全等六方面科研和创新主题。

### （二）德国政府坚定不移支持中小企业，促进实体经济发展

其立足点在于为保护企业间竞争和产业的协调发展提供相应的制度框架。2013 年德国新政府组阁的党派谈判文中进一步明确了要加强产业发展和提高中小企业构成比例的稳定增长的条约。

### （三）以国有银行为主的金融体系有效支持实体经济发展

德国国有银行相对私人商业银行居于主导地位，在应对金融危机、支持德国的实体经济发展方面，这种银行结构发挥了巨大的作用。根

据德国的银行法，国有银行不许跨区经营，只能发展存贷款业务，国有银行向本地区中小企业提供融资服务成为其承担的公共任务，其经营并不以营利为目标。

**（四）政府将房地产作为社会准公共产品来看待**

德国政府认为房地产的过度发展会对实体经济和社会公平造成冲击，为抑制房地产泡沫，德国政府采取的手段有：一是补贴供给机制，长期对房地产供给执行补贴；二是鼓励租房机制，在不妨碍住房市场供求关系前提下，租房市场有补贴、价格设定机制；三是抑制投机机制，德国购房首付比例高（40% 的首付比例），且对低收入家庭执行更高首付比例要求。

## 三　政府主导实体产业发展的北欧

瑞典等北欧四国以高端制造业和国际价值链顶端分工体系而备受各国的推崇，其经济发展被统称为民主社会主义模式。

**（一）政府主导产业发展方向，并适时调整**

瑞典的传统优势产业有机械制造、汽车、化工、通信等，高新技术产业有生物、信息通信、航天、医药等，在政府的支持下瑞典成为这些领域的世界高科技产业领导国之一。

**（二）政府强力打造优势产业**

采取政府创建科技园区推进科技与生产结合的方式，支持中小公司的创新研发，使瑞典成为全球 R&D 投入最大的国家之一，也有效发展了现代高新产业，促进了产业结构的优化升级。政府从采取倾斜性的产业政策改为创造良好的外部环境，实现了经济发展的新旧动能转换。如完善交通通信等基础设施、创造良好的研发条件，而不再直接对企业进行财政补贴。同时，为企业创新发展提供基础性公共服务。瑞典有专门政府机构为企业提供技术创新服务，主要为企业提供经济预测、科技的发展如何对企业产生影响。

## 四　由出口为导向转向以创新为导向的日本和韩国

### （一）日本和韩国政府在战后对经济进行强劲的干预，积极发展外向型经济

20世纪80年代，日韩实行“贸易立国”的出口主导战略，采取了出口—引进—扩大出口—扩大引进—赶上世界先进水平的发展道路。从长远看，政府对企业支持的边际效用在逐步递减，造成了企业集团对政府愈加依赖，削弱了企业竞争活力和技术创新能力，在以低成本扩张获取国际市场的同时，也扩大了产业投资的风险，同时引发了日本国内的资产泡沫。

### （二）日本创新能力正逐步唤醒实体经济复苏

日本迅速刺破了资产泡沫，同时海外实体产业的利润为日本进行产业整合、重组、创新和研发等提供了资金来源，在国际价值链分工体系中的角色和地位得以强化。金融危机后也积极应对新一轮的科技和产业革命，在汤森路透评选出的《2015全球创新企业百强》中日本以40家位居第一。

## 五　发达国家支持实体经济发展的启示

### （一）以产业政策为核心

除美国之外的上述发达国家支持实体产业的普遍经验是：制定适合本国的产业政策，在相关配套机制和法律法规的保障下，通过市场化的资源配置方式，促进资金向这些产业集聚，不断培育并壮大这些产业。金融危机后这些国家明确新兴产业发展重点，推动相关领域的技术突破，加快培育新的经济增长点，在促进经济复苏的同时努力抢占全球科技产业竞争制高点、培育新动能，纷纷出台国家层面的新兴产业发展战略。另外，虽然主流观点认为美国倡导自由与竞争，但美国任何一项足以引领世界新技术变革的发明、开发和实施都离不开

美国政府的支持，代表了美国政府对美国引领世界最前沿科技产业的支持。

**（二）实体经济做大做强是经济发展的基础**

德国、瑞典是发展实体经济并保持经济健康、持续、稳健发展的代表。美国金融业是主导产业，但美国“再工业化”战略如果能通过税改政策实施顺利推进，会推动下新一轮以新技术为特征的制造业发展，有可能形成美国实体经济与虚拟经济的新的平衡关系。日本 20 世纪 80 年代之前存在经济过度虚拟化的现象，但由于制造业领域的创新能力，目前实体经济正在复苏。

**（三）中小企业和创业企业是实体经济发展的关键**

德国支持中小企业的做法备受推崇。美国《美国创新战略》2011 年和 2015 年版本，都着重强调了对企业家创新提供支持，例如，对中小企业提供贷款支持和税收抵免，提供良好的资本市场，加快突破性研究从大学实验室到市场的转移。同时，为支持中小企业的发展，这些国家均设立专门服务于中小企业的金融机构。

**（四）良好的营商环境是实体经济发展的重要支撑**

一是有完善的制度与法律环境。美国的《美国复苏和再投资法案》和《制造业促进法案》推进了美国实体经济回归；德国的《国家高技术战略 2020》推动“工业 4.0”战略落实到具体实施计划。二是完善的基础设施是实体经济发展的重要组成部分，也是加快实体经济发展的“润滑剂”。

**（五）创新驱动力是实体经济发展的重要政策**

新的发展环境正推动政府角色的转变。金融危机后，发达国家开始重视构建创新型政府和社会环境，开始运用新思维、新方法支持实体经济发展。《美国创新战略》2015 年版本把创新型政府建设作为主题，通过正确的人才、创新思维和科技手段提供更好的服务。德国提出“创新德国”理想蓝图，政府要激发每一个人的创新潜能，汇聚经济、科技、社会及政治各方力量，促进持久繁荣。

（“加大支持实体经济发展力度研究”课题组

执笔：郭迎锋　梁云凤）

# 高度警惕未来中国可能面临的“四海危机”与“两洋困境”

## 一　特朗普政府会继续强化美国“重返亚太战略”

第一次明确提出美国“重返亚洲”政策的是美国总统里根，此后历届政府都延续了这一政策。奥巴马政府明确提出“亚太再平衡”战略，主要包括：军事上以中国为主要作战对象；经济上以“跨太平洋伙伴关系协定”（TPP）遏制中国；外交上以“前沿部署外交”体系孤立中国；文化上，推行以西方价值观为核心的意识体系，意在中国发动“颜色革命”。

美国外交政策具有很强的连续性，特朗普的外交政策也会遵循同样的历史轨迹。无论特朗普政府亚太战略和政策是否冠以“转向亚太”或“亚太再平衡”，他都不会轻易放弃对亚太地区乃至全球的经济领导权。因此，特朗普尽管宣布退出TPP，但仍会“以退为进”，伺机挑战中国的安全底线。

## 二　中国统一、安全与发展面临“四海危机”威胁

### （一）内部问题高度国际化的台海危机

“台湾不独立”“美国不介入”“大陆不动武”是维护台海和平的底

线，前提是台湾当局承认“九二共识”。

但是，特朗普上任之初，在“一个中国”问题上态度不明朗，甚至与蔡英文通电话。2017年2月10日，特朗普与习近平通话时，承认“一个中国”原则，意味着台湾靠向美国的图谋暂时破产。但由此也可以看出特朗普的让步可能是暂时或者说是策略性的，因此不排除今后将继续拉拢台湾。几乎可以肯定的是，台海危机将在特朗普新政时期出现，主要的诱因是两个。

一是2016年蔡英文上台后，对“九二共识”不予认可，“台独”势力增强，因此才给美日以可乘之机。此外，蔡英文近期表示把商签台美自由贸易协定作为台湾的新方向，表明台湾今后将加紧靠拢美国，这将迫使大陆不排除用武力的方式从“缓统”走向“急统”。

二是特朗普政府很可能继续挑战中国底线，比如以军售拉拢台湾，扩大成东亚的“小北约”，以及美国国务卿蒂勒森重申“与台湾关系法”和美国对台“六项保证”，加大了台海发生危机的风险。

**（二）中日战略信任缺失导致的东海危机**

东海危机包括中日钓鱼岛岛屿归属争议以及中日海洋划界争端。2015年以来，中日两国已经回归到双方均承认有争议的局面。但是，2017年2月10日，日本首相安倍晋三赴美国与特朗普面谈，美日安全同盟再度进入了“蜜月期”，并就如何应对中国安全问题达成了共识，表明特朗普欲把日本放出笼子，鼓励其加快迈向军事大国步伐。表面上看，东海危机是中日海权之争，但究其本质是中日两国之间的安全信任度问题，因此要警惕东海争端恶化为中日之间的“修昔底德陷阱”。

**（三）日益军事化的南海危机**

不仅包括中国，其他南海争议相关国家纷纷加快军事化步伐，政治协商空间日益狭小。近年来，中国在南海问题上采取积极作为的政策，包括建立三沙市、不承认国际海洋法庭的判决等，赢得了海洋利益。

中国在南海问题上面临的挑战主要是：中国的“九段线”划界主张不被国际社会完全承认；美国、日本、澳大利亚等区域外国家不同程度地介入南海问题，特别是 2017 年 2 月 18 日美国尼米兹级航母“卡尔·文森”号航母战斗群赴南海海域进行例行巡航，令人担忧南海可能成为中美军事对抗的“火药桶”，这种局面一旦形成，对中国极为不利。

### （四）触发东北亚地缘政治动荡的黄海危机

黄海危机历来是中国的战略大博弈，曾多次影响到中国的安全乃至政局走向，典型的例证是 1895 年中日甲午战争以及 1950 年朝鲜战争，都始于黄海。当前黄海危机主要是指朝鲜核问题，给中国政府带来极大的难题。

一是特朗普对朝核问题的态度倾向于强硬，迫使朝鲜加大对美国和中国的敌意。2017 年 2 月 12 日朝鲜发射一枚弹道导弹后，美国总统特朗普称将以“非常强硬”的态度回应朝核问题。倘若如此，金正恩迫于维护政权安全，会不惜以硬对硬，导致中国维持朝鲜半岛和黄海海域和平的多年努力归于失败。

二是韩国越来越靠近美国和日本，导致中国多年来打造中韩安全信任关系的努力付之东流。虽然在经济上中国和韩国已经签署自贸协定，由于感受到朝鲜核武器的巨大威胁，韩国对中国产生了不信任感，转而向美国兜售的“萨德”系统寻求保护。

三是由于朝鲜核问题恶化，中国在国际社会多年来积累的信誉受到一定程度的伤害。某些国际舆论认为，中国作为联合国安理会常任理事国，没有严格执行安理会对朝鲜进行制裁的第 2321 号决议。

## 三　“21 世纪海上丝绸之路”推进中面临“两洋困境”

随着“21 世纪海上丝绸之路”倡议纵深推进，太平洋和印度洋将会成为中国越来越重要的发展空间。但是，在美国主导的两洋同盟发挥广泛影响的背景下，中国可能面临“两洋困境”。

### （一）太平洋安全困境

太平洋安全困境是指太平洋地区缺乏一个确保各国安全的条约框架。太平洋区域呈现双重治理秩序，一种是由美国占主导的安全秩序，另一种有可能则是由中国占主导的经济秩序。美国在太平洋地区同日本、印度、菲律宾、中国台湾等建立一系列安全同盟，为全球贸易提供安全保障。太平洋地区是世界经济的重心和引擎，但也是安全问题突发的地区，问题在于美国在太平洋的安全同盟网络已经无法真正解决安全合作问题。中国虽是亚太经济引擎，在安全问题上虽然也积极开展国际合作，但总体仍然属于高度自助的体系，无法突破海外经济增长与安全赤字制约的困境。而近期特朗普政府加紧在亚太地区进行军事部署，将导致太平洋地区加剧军备竞赛，加深太平洋安全困境与军事冲突。

### （二）印度洋安全困境

在传统地理上，中国是西太平洋沿岸国家，但是随着中国海洋利益拓展，特别是“一带一路”建设的推进，涉及印度洋许多国家，印度洋与中国发展相关度越来越高。美国“印太再平衡”战略和印度对华的战略防范，以及美印日三方同盟浮现，未来可能加深印度洋的安全困境。

## 四　政策建议

航海家郑和有句名言：财富来源于海上，危险亦来自海上。目前，中国“四海危机”和“两洋困境”的出现，反映出中国作为一个新兴海洋大国不断扩展自己的海洋利益的同时，至少在两个重大问题上需要思考：一方面如何全面加强海洋战略管理能力；另一方面如何协调好与传统海洋强国美国的利益空间冲突，应对外部海洋制衡。因此，必须加强海洋战略顶层设计，构筑包容性国际海洋新秩序。

**（一）加快推进“一带一路”建设，形成战略对冲**

中国是陆海兼备型国家，具有对冲海洋霸权或者陆上强权的天然区位优势。如果中国通过渝新欧（重庆、新疆和欧洲）、中吉乌（中国与吉尔吉斯斯坦、乌兹别克斯坦）、中巴伊（中国与巴基斯坦、伊朗）等铁路项目的建设，从北、中、南三个方向全面打通亚欧大陆桥，就可以促进亚欧大陆的经济整合，使之成为与美国主导的环太平洋经济整合之间的战略对冲。亚欧大陆经济整合不仅不会使中国失去在亚太地区的利益，而且正好相反，最终将会促成中美自由贸易协定的诞生。只有把这两个地域整合中的地位作为筹码，中国才能获得最大的战略利益。同时，加快“一带一路”与俄大欧亚伙伴关系计划对接，可构建大欧亚区域经济板块，为国际新秩序构建增加经济话语权。

**（二）尽快出台国家海洋基本法**

党的十八大提出建设海洋强国战略以来，先后出台了一系列重大措施，比如组建中国海警局、成立三沙市等，另外中国在南海问题上不断积极作为，比如在南海种岛等。然而，随着中国海洋事务日益繁杂，需要尽快出台国家“海洋基本法”。作为我国海洋法律的根基，“海洋基本法”必须体现我国海洋战略的总体布局，统筹海洋维权、海洋主权范围划分、海洋公共服务政策、海事海商关系处理政策、海洋防务战略、国际海洋合作制度等，根本维护海洋权益。

**（三）全面完善海洋外交战略体系，积极参与全球海洋安全治理**

第一，尽快整合涉海部门，适时成立中国海洋部。目前中国中央层面主要的涉海部门是国家海洋局、国土部、外交部、海关、海军等，地方层面有海监等，部门多，“多龙治水”问题仍未根本纠正，要尽快形成海洋外交合力。

第二，适当与国际海洋法庭合作。2016 年，菲律宾就黄岩岛岛屿争议以及南海化解问题向国际海洋法庭提起诉讼，该法庭做出了对中国不利的判决。尽管该判决不具备法律约束力，但也使中国显得被动。

如果其他涉及南海争端的国家也学习菲律宾不断以国际海洋法要挟，这将会使中国在南海问题上由目前的相对有利转变为不利。因此，中国应推动派员参与国际海洋法庭事务，赢得主动权。

第三，致力于提供国际海洋安全公共产品，包括海洋生态治理、打击海盗、海上危机救助等。印度洋和太平洋两大洋都属于非传统安全问题的高发海域。中国破解“两洋困境”，需要从学会做一个有担当的海洋公共产品大国做起，而非仅仅局限于本国海洋边界内的战略安全利益。

（战略研究部　张茉楠　陈迎春）

# 不可遏制的经济全球化内在动力

经济全球化是不以人们意志为转移的、不可逆转的、持续演进的客观进程。正如习近平主席指出："经济全球化是社会生产力发展的客观要求和科技进步的必然结果。"经济全球化是在新技术革命和信息革命的时代，商流、物流、信息流、资本流和人的流动对阻碍其顺畅流通的冲击，这种导致经济全球化必然结果的内在动力不可遏制，并且在加快聚集、生发、放大、发展，产生着人们已经预料和难以预料的变化，乃至产生颠覆性技术革命、业态变革或商业模式创新，新全球化的经济形态、表征、链接和演化呼之欲出。

## 一　新全球化的经济形态：实体经济与虚拟经济，正在成为并将继续发展为现代经济的两种基本经济形态，成为现代经济发展并驾齐驱的两个轮子，成为经济全球化的趋势性特征

当前逆全球化思潮能否使全球化进程倒转，是人们担忧的一个现实问题。通过全球经济形态演化的历史，可以清晰地看到，从农耕社会到工业社会，其基本经济形态是实体经济，进入后工业化阶段，在原来实体经济发展的同时，服务经济、信息经济、智能经济、生态经济交互发展，推动现代经济形成两种基本经济形态：实体经济与虚拟经

济。世界经济从以实体经济为主的工业文明时代，进入由实体经济与虚拟经济共同构成的知识经济时代，人类社会赖以生存和发展的经济基础、技术基础、社会形态和上层建筑都在经历着一场伟大重塑。实体经济与虚拟经济两种基本经济形态并驾齐驱，互为表里、互为作用、互为溢出和转化的能量，导致有形要素禀赋与无形要素禀赋共同进入流通，有形市场与无形市场日益融合，有形国界与无形国界日益交错。因这两种基本经济形态发展导致的现代经济演化，使当前和未来的经济全球化从沿着单向车轨道前进，转而成为在双向轨道上加快前进，使之进入完全的、内生的“全球化”进程。在这样的世界，传统意义上的诸多“边界”日渐衰弱甚或消失，逆全球化思潮和行动，或许会暂时对此产生破坏或切割，但终将阻挡不了经济形态演化所产生的全球化趋势。

## 二　新全球化的经济表征：网络状态成为新经济的表征，随着互联网革命与万物互联，以大数据化、高度智能化、强融合化、移动化和泛在化，推动全球经济社会呈现更紧密的联系

“科学技术是第一生产力”，是生产力发展中最具活力的部分，是全球化的动力之源，科学技术水平的高低，决定着全球化发展规模的大小和速度的快慢。互联网革命与物联网发展，提高了全球的经济互联性，加快了产业和要素跨国界流通的速度，第一次成为直接驱动全球范围社会生产力与生产关系变革的内在冲动。互联网与物联网革命带来了新经济表征，其以云计算、大宽带、大数据、移动互联网等新一代信息技术为支撑，以全球范围内个人电脑、智能手机等设备普及为基础，以在全球范围实现智能化识别、定位、跟踪、监控与管理为保障，以可扩展性、可移动性、泛在性、异构性、复合性、增值性为特征，推动全球经济形成跨国界发展的新经济，并形成新经济的表征，即呈现万物互联的网络状态。这种新经济的表征，不仅以互联网、物

联网的网络状态存在或链接，且实体经济的表征也呈现网络状态，诸如高铁网、公路网、航空网、管道网、港口网、店铺网、自贸区网络体系等。在全球新经济表征——网络状态下，一个国家和区域、一个系统、一个领域网络体系越完善、越畅通、越有序，其产生的集成、集疏、集散、集约功能就越强，而这些网络体系一旦被切割或呈碎片化，则网络上的节点、环节或单体将失去其显在或潜在价值。

## 三　新全球化的经济链接：产业链、供应链、服务链、资金链、价值链等，成为现代产业特别是现代制造业的链接方式，这种产业之间的链接关系一旦形成，将产生直接冲破国界和行政区划的内在动力

经济全球化是科学技术和社会生产力发展到更高水平，各国经济相互依存、相互渗透程度增强，阻碍生产要素在全球自由流通的各种壁垒不断削弱，经济运行的国际规则逐步形成并不断完善的必然产物。新全球化不仅通过提供新技术手段实现对生产以及生活方式等诸多领域的影响和渗透，而且通过产业链、供应链、服务链、资金链和价值链等协同互动，创造新的生产模式、管理模式和服务模式，实现更深层次的融合发展，在产业存在特别是制造业关联的状态上，形成了一种链状的链接。从制造业来看，其产业形态已不局限于原来的一条生产线、一个工厂或者某几个工厂的联系或叠加，而是没有任何产权关系的产业链等虚拟链条的链接，这些虚拟链条，比传统的实际关联更具有黏性。供应链的链接、服务链的链接、资金链的链接和价值链的链接，之所以能成为一个链，就是因为在现代流通中，信息作为一种特殊要素禀赋进入流通，成为流通中的最大变量。信息与其他商品不同的一个规律是，一般商品完成交易过程进入消费端的时候，就走到了自身的终点，而信息成为流通的要素禀赋后，它被交易的次数越多、被使用的次数越多、被消费的频率越高，则信息流通的价值就越高。

或者说，信息的价值随着它在流通过程中被交易或消费的频率的提高而增加。因此，促使若干产业变成跨国界、跨区域、跨产业的链状链接或组合，是市场的潜在爆发力，是信息加入流通产生的变量，是产业跨国界或跨区域更优组合的要求。这种力量导致的全球产业不断调整与布局，是一种内在的需求和选择，任何行政力量或者思潮都奈何不了，人为地进行干预或阻挡，只能是“螳臂当车”，将被浩浩荡荡行驶的车队所“碾压”。

## 四　新全球化的经济主体：跨国公司继续成为跨国发展的全球性企业主体，若干大数据集成系统、平台经济、体现消费者个人主权意识的市场集成和若干体现个人价值的创业者，将成为跨国界发展的新经济主体

跨国公司既是全球化的产物，又是全球化的推动者，为经济全球化提供了适宜的企业组织形式。跨国公司在全球范围内利用各地的优势组织生产，大大促进了各种生产要素在全球流通和国际分工，并由此极大地推动经济全球化进程。其面向全球的采购体系、营销体系、研发体系、生产体系，形成强大的跨国流通和组织形式，成为利用全球资源、全球市场、全球比较优势的获益者。在跨国公司成为经济组织主导经济全球化的同时，大数据集成系统、平台经济、体现消费者个人主权意识的市场集成和更多自由创业的个人等迅速发展的新经济主体成为经济全球化的加速器或催化剂。如大数据集成系统，正在以前所未有的速度增长和不断产生累积效应，使数据不再仅仅是动态记录的过程，而成为独具价值和增值价值的资源，并逐渐成为直接交易物进入流通。信息流通由桌面互联网向移动互联网转变，成为“泛在互联网”，促使在任何时间、任何地点，任何人、任何要素禀赋都能顺畅地快速流通，而大数据集成系统本质特征是泛在和跨界，这种新经济主体跨国界的能量，高于由人组织而成的传统企业组织。再如，平台

经济也快速发展成为一种新经济主体，这种跨领域、跨行业、跨业态、跨国界的新经济主体具有极强的生命力与竞争力，具有准公共服务的功能，其规模越大，服务功能越强。平台经济将成为跨国界的消费者集成、生产商集成、供应商集成、市场集成的力量。

## 五　新全球化的贸易形式：E 国际贸易将与一般贸易、加工贸易、小额边境贸易和采购贸易渐次融合发展，并将成为下一代国际贸易的主要形式，跨境电商将成为一种历史过渡形式

经济全球化的显著特征之一，是生产的全球化、贸易的全球化、金融的全球化、投资的全球化和消费的全球化。其中，特别是贸易的全球化，使国际贸易成为世界经济发展的火车头，加强了资源和生产要素在全球范围合理配置，加快了资本和产品在全球流通，促进了科技在全球的应用和转化，有利于促进不发达地区经济的发展。国际贸易中的一般贸易、加工贸易、小额边境贸易和采购贸易等传统贸易方式，已经被各国采用。随着跨境电子商务的发展，国际贸易正在被 E 化，向着下一代贸易方式——E 国际贸易演进，而且势不可当。以科技革命和信息技术发展为先导，E 国际贸易涵盖了生产、流通、金融、投资各个领域，囊括了世界经济和与世界经济相联系的各个方面及全部过程。E 国际贸易的发展将推动国际分工从过去以垂直分工为主发展到以水平分工为主的新阶段；使国际资本流通达到空前规模，金融国际化的进程加快；促进世界市场不断扩大，使国际分工更加深化，各国可以从事能获得最大限度比较优势产品的生产，促进产业的转移和资本、技术等生产要素的加速流动。E 国际贸易作为下一代贸易方式，还将使国际经济关系更加复杂，要求以往的国别关系、地区关系发展为多极关系和全球关系，并要求强化国际经济发展的协调性与经济政策的趋同性，导致一系列全球性新经济规则的产生，国际组织、区域组织的作用更加重要。从这个意义上说，E 国际贸易——下一代贸易方式形成的

过程是一个全球性制度变迁的过程，是一个相关国家既相互竞争，又相互融合渗透的过程。可以预见，E国际贸易方式的发展，将大大快于其他传统贸易方式，而传统贸易方式，或者渐次被融合、替代，或者演化为下一代贸易方式。

综上所述，越是在逆全球化思潮抬头的时期，我们越要把握经济全球化的大势，顺应并发掘导致经济全球化发展的不竭动力。一些经济全球化、自由贸易倡导者走上保护主义、封闭主义和孤立主义的道路，意味着“双输”或“多输”。一国经济发展对全球经济发展的依赖程度越来越强，除国家利益外，共同地区利益和全球利益明显增多。“事有必至，理有固然。”不同意识形态、不同发展程度的国家，不管是否愿意，都将或早或迟、或主动或被动地卷入经济全球化进程中。

（陈文玲）

# 经济全球化发展趋势下的中国对外投资

## ——在庆祝香港回归祖国20周年高峰论坛上的发言

尊敬的主办机构岳毅会长、田国立董事长，

尊敬的各位主讲嘉宾、各位与会嘉宾，女士们、先生们：

很荣幸出席“庆祝香港回归祖国20周年高峰论坛”，听了梁振英副主席、田国立董事长致辞和几位演讲嘉宾的精彩演讲，也受益匪浅。下面我想从对外投资的宏观角度再讲点看法。

### 一　经济全球化是跨国投资的主要推力

回顾历史，中国对外投资的快速发展，完全符合经济全球化的大势。冷战结束后至国际金融危机爆发前，经济全球化成为国际经济发展大趋势，科技资本富集国、制造国、资源国之间分工协作，国际大三角分工体系基本确立，形成资本、原材料、制成品和服务的国际环流。发达国家依托跨国公司，在全球范围内配置价值链，新兴市场和发展中国家加快融入以世界贸易组织（WTO）为代表的全球经贸规则体系，信息技术的发展应用大幅降低了生产要素的流动成本，世界经济发展进入一个前所未有的黄金期。各经济体相互之间跨境投资也呈现加速增长的态势。据联合国贸发组织统计，世界各国跨境投资由1997年的4600多亿美元增加到2007年的21700多亿美元，年均增长

16.7%。2008 年的国际金融危机迄今已近十年，国际经济秩序发生了深刻变化，国际贸易增长缓慢，全球跨境投资停滞不前，这也是世界经济增长步伐放慢的一个重要因素。面对危机各国都认识到必须加快推进结构性改革，振兴实体经济，完善宏观监管政策。可以预料，跨境投资的继续扩大，有利于推进全球价值链、供应链的再造，并贯穿今后一个时期的世界经济发展进程。

毋庸讳言，经济全球化在促进世界经济繁荣发展的同时，也相应带来了不少问题。如国家之间、国内不同群体之间发展差距的增大，国际贸易失衡，宏观政策协调难度加大等，由此引发的社会问题也导致了逆全球化声浪泛起。但是我们相信，世界经济发展和科技进步的内生动力并未消失，即使短期内各种因素出现波折，其全球化方向仍然难以逆转。正如伟大的民主革命先行者孙中山先生所说，世界潮流，浩浩荡荡，顺之者昌，逆之者亡。实践证明，开放发展符合人类历史潮流，封闭保守没有出路。

面对经济全球化条件下带来的机遇与挑战，中央政府在世纪之交决定实施“走出去”战略，支持和鼓励企业积极开展对外投资。从国际经济发展和国际大分工的历史进程来看，一个国家从贸易大国到投资大国、从产品输出到资本输出，是开放经济体不断发展和参与国际分工的必然趋势和客观要求，这既是与世界经济融合发展，又是自身转型升级的需要。在短短十多年的时间内，中国企业紧紧抓住国家综合国力稳步提高、经济实力不断增强和对外开放不断深入的有利时机，对外投资取得了长足进步。这主要体现在三个方面。

一是投资规模迅速增长，近十年均保持了两位数的发展速度。截至 2016 年底，中国境内投资者在境外设立企业已经超过 3 万家，累计对外投资额已超过 1.2 万亿美元，2016 年当年对外直接投资额 1832 亿美元，年度流量已居世界第二位，存量居世界第八位。预测未来五年，对外投资总额将达到 7500 亿美元。二是投资结构不断优化，呈现宽领域、多层次的对外投资格局，在传统的矿产和能源行业之外，服务业、建筑业、高技术、先进制造业领域投资的步伐加快。三是投资主体和方式日趋多元，当前民营企业已经成为对外投资主力，占对外投资企业数的六成以上。投资方式除传统的“绿地投资”外，通过并购、参股、交叉换股，以及投资基金等方式开展的投资活动越来越多。中国对外投资的不断增长，来自多个方面的推动力量，包括国际市场存在大量投资需求，国内经济实力和对外投资能力显著增强，支持企业对外投资政策措施取得明显成效。

当然也要看到，中国企业在国际投资领域是后来者，同那些业已在国际投资领域深耕多年的跨国公司相比，还存在很多不足。比如，国内企业国际化专业人才匮乏，跨国经营和跨文化管理经验不足，应对市场变化、汇率波动的能力有待提高。对外投资中介服务体系还不够成熟，尤其是国内的金融机构和财务、法律及管理咨询等机构的经验和实力，还无法满足当前对外投资的需要，对此还要保持清醒认识。

## 二　我国深化对外投资管理体制改革取得明显成效

为了适应经济稳步发展和国际合作扩大的需要，最近几年我国不断深入推进对外投资管理体制改革，并取得积极成效，主要有以下几点。

第一是中央政府已将开放发展纳入新发展理念之中，不断提升对外开放水平，鼓励企业在全球发展。特别是中央政府积极推动“简政放权、放管结合、优化服务”的“放管服改革”，对外投资政策服务体系不断健全。

第二是对于对外投资项目和设立企业，除涉及敏感国家和地区、敏感行业外，一律实行备案制管理，并采取网上备案的方式，其办理进度随时可以查询，效率大幅提高。目前，98% 以上的投资项目实现网上备案管理，其余的核准事项限时办理和完成，对外投资便利化水平持续提升。

第三是通过进一步简化和改进对外投资的外汇管理，境内企业办理境外直接投资的外汇业务更加简便，大大便利了境内企业和机构的对外投资。

第四是健全政府的跨部门协调机制，中央政府有关部门对企业开展对外投资的宏观指导和服务水平不断提高，特别是着力强化境外企业和机构人员的安全保障工作，并与主要经济体开展投资保护协议、避免双重征税协议的谈判。

## 三　共建“一带一路”倡议是新时期我国对外投资和开展国际合作的行动指南

女士们，先生们！习近平主席2013年提出“一带一路”建设的宏伟倡议，国际社会广泛响应。四年来，在“共商、共建、共享”理念的引领下，产能合作和互联互通成果显著，人文交流特色鲜明，建设进度和成果超出预期，这当中对外投资作为有效载体和抓手发挥了重要作用。这次在北京“一带一路”建设高峰论坛上，对加强和扩大合作取得更广泛共识和丰硕成果，“一带一路”建设已进入全面务实合作的新阶段，我国和相关国家积极开展多元投资，推动一大批建设项目落地生根。

中国政府奉行互利共赢的开放战略，以“一带一路”建设为统领，深入推进国际产能合作，支持企业植根国内沃土、拓展对外投资。中国的对外投资坚持优势互补、合作共赢，这与近代殖民者的掠夺式行为有着本质区别。显而易见，中国对外投资有力地推动了东道国的经济发展和民生改善，带来了资本和技术，提供了优质产能和装备，增加了就业和税收。中国企业注重履行社会和环境责任，对于相关国家发展的贡献越来越显著。中国企业也获得对外投资收益，带动产能、装备、技术、品牌和标准“走出去”，改善能源资源供给，提升技术水平，拓展全球市场网络，为我国发展高水平开放型经济、推进供给侧结构性改革也发挥了重要作用。

展望今后一段时期，我们相信，在“一带一路”建设中，中国企业的对外投资将会进一步对接国际一流投资实践，继续保持较大规模，更加注重提升投资质量效益，根据需求和可能积极拓宽投资领域。

## 四 对外投资始终要注重防范和化解风险

党的十八大以来，进一步构建开放型经济新体制，对外投资的方针政策和管理原则更加明确，这就是坚持对外投资“企业主体、市场原则、国际惯例、政府引导”，鼓励企业参与国际经济竞争与合作，支持国内有能力、有条件的企业开展真实合规的对外投资活动。这就是说，对外投资既要坚持市场化原则，又要更好地发挥政府的作用。因为对外投资管理是中央政府管理宏观经济、保持国际收支基本平衡的重要手段。在推进对外投资便利化的同时，还要防范对外投资风险，两者是并行不悖，同等重要。经验证明，资本流动尤其是短期资本频繁而过快的进出，可能会扰乱一个经济体的国际收支平衡，进而可能引发汇率、利率和资本市场的连锁反应。特别是在世界经济复苏缓慢曲折、传统和非传统安全威胁相互交织的背景下，跨国投资面临的政治、安全、经济、金融和社会风险不容小觑。必须强化风险防范意识，完善风险防范体系。

2016 年以来，中央政府进一步强调对外投资真实性合规性，正是为了督促企业增强风险意识，规范企业“走出去”秩序。当然，不断完善对外投资管理体制机制是一项长期性的工作，需要在制度建设上下功夫，春华秋实，积微成著。可以预见，对外投资管理体制改革的方向将是监管不断优化，支持服务体系更加完备，制度保障逐步健全，风险防控水平显著提高，我们对此充满信心。

## 五 香港在我国对外投资中具有特殊地位和重要作用

香港资本市场发达，法律法规健全，发展前景美好，是内地企业对外投资一个最重要的目的地和运营枢纽。各地区、各有关部门在引导和推动内地企业实施“走出去”战略过程中，一直注重发挥香港国际金融、国际贸易和国际航运中心的作用，支持和鼓励内地企业根据市场导向和自主决策原则在香港设立区域总部或海外投融资平台，再由香港投资到其他国家和地区，在促进香港经济发展的同时，也提高了企业国际化经营水平。

我们认为，香港在这方面的优势很多，有几个方面很突出。一是规则“转换器”优势。香港作为国际金融中心，可以成为内地企业同国际通行规则对接的“转换器”，减少企业投资过程中的摩擦成本，以及减少对正常投资活动的政治炒作。二是产业契合优势。香港在金融、贸易、航运、专业服务等方面具有国际一流水平，与内地企业高度互补，并有多年合作的丰富经验，在对外投资尤其是“一带一路”建设重点合作领域，香港企业可以发挥融资和资本运作优势，提供定制化的金融服务、商业咨询等专业性服务。三是人才和多元文化优势。香港作为国际自由港，一直以来都是东西方文化交流的桥梁。内地企业国际化经营需要不断积累跨文化管理的经验，香港这方面具有雄厚的人才储备。在建设“一带一路”的进程中，香港同样也是实现内地与海外“民心相通”、联结世界华人华侨的重要桥梁。

女士们，先生们！

海阔汇千川，风好正扬帆。中国是建设开放型世界经济和跨国投资合作的坚定倡导者和积极推动者，未来中国对外投资的潜力巨大、前景可期。下一步，推动内地企业对外投资时，更会充分借助香港既融入全球市场又熟悉内地需求的优势，更好地“走出去”。我们相信，香港企业和金融机构在对接“一带一路”建设和国际产能合作、创新国际投资合作方式、构建全方位开放新格局中，一定能发挥独特和重要的作用。与此同时，香港也将获得更广阔的发展空间，惠及更广大民众，发展前景更加美好。

（王春正）

# 践行五大发展理念

# 推进城乡一体化：分类指导　精准扶贫

## 一　城乡一体化是精准扶贫工作的一种全新设计

我国农村贫困与返贫是由多种因素造成的，贫困人口自身发展能力弱，扶贫资源的不合理配置以及资源的不可持续利用，是农村贫困地区和贫困人口长期陷入贫困的主要原因。城乡发展一体化是党中央国务院在新时期新形势下针对经济社会发展新常态、经济短板凸显、城乡社会转型等问题做出的科学决策，是突破城乡二元壁垒、破解“三农”难题、实现社会公平与效率相契合的治本之策。

城乡一体化以协同融合为发展格局，围绕新型城镇化统筹规划贫困地区城乡基础设施网络，增强区域发展的支撑能力；以资源均衡配置为发展关键，可引导公共服务向贫困地区的农村延伸，稳步实现社会经济发展，巩固脱贫工作成效；以以人为本为发展核心，可通过高质量的教育和健康服务提升农村的人力资本，增强贫困人口自我积累和发展的能力；以生态文明为发展理念，可拓展农业的多功能性，促进贫困地区资源的高效利用，实现消除贫困和改善生态的双重目标；通过重构城乡关系，加快城乡间要素流动，强化贫困地区发展动能，促进贫困地区实现经济可持续增长和贫困人口自主稳定脱贫。因此，有必要将我国的扶贫实践置于城乡一体化视阈下，创新扶贫思路，构建精准扶贫模式。

## 二 贫困地区城乡一体化与精准扶贫结合的路径

精准扶贫作为扶贫攻坚进入新的历史阶段的重大战略性调整，必然要在发展生产、完善基础设施建设、保护生态环境、提高教育水平、健全社会保障体系等方面着手布局，这与城乡一体化的要求和目标是一致的。21 世纪以来，我国贫困地区城乡一体化水平保持了稳定上升，但不论是在空间的融合、经济的互动、社会分配的均衡还是生态环境的协调上，贫困地区城乡二元结构还没有得到根本改变。实现贫困地区城乡一体化必须与精准扶贫政策紧密结合，构建不同层面扶贫攻坚和城乡一体化的相关制度及改革配套政策保障体系，以实现贫困地区城乡一体化发展与扶贫开发双轮驱动。

### （一）精准调控城乡布局结构，推进贫困地区城乡空间一体化发展

城乡空间结构反映的是城乡间经济资源的地域配置，不同水平的资源配置决定了不同层次的城乡空间结构。调控贫困地区城乡空间结构，需要结合易地扶贫搬迁规划，针对不同区域的资源禀赋与城乡一体化发展现状，优化调整贫困地区的城乡空间布局。一是结合易地扶贫搬迁创新贫困地区城乡空间规划。形成“中心城区—中心镇——般建制镇—特色集镇—中心村——般建制村”多级聚落体系。二是根据贫困区域特点选择不同的城镇化模式。东北、华北乃至中部的贫困地区应突出重视中心镇、中心村建设，如河南省濮阳县、范县和台前县连片特困区，通过在黄河大堤外侧顺河势淤台建设中心镇和新型农村社区，对黄河滩区贫困居民实行集中搬迁，自 2013 年起，每年搬迁滩区人口 5 万 ~6 万人。几年实践取得了明显效果，预计到 2020 年可完成 70% 的滩区人口搬迁任务。华南、西南与西北的贫困地区应加快实施生态移民工程，依托产业园或城镇周边新建城镇移民社区和安置点。如广

西都安瑶族自治县，就根据“近园区、近城镇、近公路、近景区、近土地”的选址原则，确定了29个搬迁安置点，涉及土地7000亩，较好完成了全县5.3万贫困人口的易地扶贫搬迁。三是注重贫困地区基础设施建设的综合性与协调性，按照“规模适宜、功能合理、经济安全、环境整洁、宜居宜业”进行城乡一体化与易地扶贫搬迁过程中所涉及的水、电、路、网等基础设施的建设。

**（二）精准调配城乡要素资源，推进贫困地区城乡经济一体化发展**

产业发展是见效最快的脱贫办法，也是实现“五个一批”精准扶贫的重要组成部分。贫困地区人力资源、生产要素与资金要素错配，城乡产业分工不明确，布局层次低，不仅严重阻碍了城乡一体化发展，而且使产业脱贫缺乏重要的物质基础，呈现过度的行政路径依赖。因此，要加快城乡生产要素与产业融合，推动贫困地区的城乡经济一体化发展，必须解决促进城乡要素流动的制度缺位问题。一是实施贫困地区城乡一体化的就业促进政策。按照“农业内部消化一批，在工业领域安置一批，发展第三产业吸纳一批，通过各类企事业单位吸纳一批，鼓励自主创业带动一批”，开发适合贫困地区农村劳动力的就业岗位，形成就业培训和投入制度化机制，完善农业人口向市民转化过程中户籍、社会保障等配套制度，切实解决农民转移就业稳定性不高的问题。二是推动贫困地区城乡一体化的土地制度改革。深入推进贫困地区农村土地“三权分立”、农村土地整治和“城乡建设用地增减挂钩”的试点工作，确保农村家庭在土地承包经营权流转中的主体地位，扩大贫困地区失地农民的财产补偿份额，在农民土地承包经营权与宅基地使用权抵押上，通过制定与《农村土地承包法》相并列的法律制度来保护农民的财产权利。三是创新贫困地区城乡一体化的金融服务体系。积极探索适合不同贫困地区农村特点的担保抵押方式，健全和完善县域信用担保体系建设，探索建立政策性农业保险和商业性保险相结合的农村保险市场体系，支持银行等金融机构采取发行用于扶持贫困地区产业发展的“三农”金融债券等形式，参与贫困地区城镇公共基础设施的建设和运营。四是建设贫困地区城乡一体化的新型产业体系。将贫困地区城乡产业融合发展与新型城镇化建设有机结合，按照“三产融合、因地制宜”的发展思路，推进农业与旅游、教育、文化、健康养老等产业深度融合，紧抓“电商扶贫”的有利时机，探索“大数据 + 特色产业”的新兴业态。云南元阳县积极牵线阿里巴巴等知名企业，探索线上与线下互动的电商模式推广梯田农产品，对当地梯田、古村落、丹霞地貌、民俗文化等优势资源系统开发，让贫困地区的资源优势迅速转化为现实的生产力。2016 年全县接待国内外游客超过 150 万人次，实现旅游总收入 20 亿元，同比增长 15%；同年 10 月，“元阳红”品牌梯田红米销往全国的电商通道开始正式上线运营；此外，通过梯田认养的众筹模式，全县流转土地达到 2520 亩，预计可创造经济效益超过 5 亿元。互联网时代的到来，让贫困地区追赶现代化的步伐空前加速，带给当地经济社会跨越发展更多可能。

### （三）精准覆盖城乡贫困主体，推进贫困地区城乡社会一体化发展

提升基本公共服务均等化水平是加快城乡统筹协调、缩小区域发展差距、实现精准扶贫脱贫的迫切要求。贫困人口因得不到平等的教育机会与全面的医疗卫生服务，缺乏自我积累和自我发展能力，是其难以摆脱贫困的重要根源。精准扶贫将“教育扶贫”与“社会保障兜底”作为实现全面脱贫主要路径，因此，在贫困地区城乡社会一体化过程中，应率先在城乡教育与城乡社会保障一体化领域突破。一是要切实提高贫困地区农村基础教育质量，根据贫困程度划拨财政资金建设乡、村两级普惠性民办幼儿园，落实城乡统一的学校教育布局和义务教育办学标准，通过有质量的住宿制学校建设以及有保障的校车系统，解决农村儿童上学远的问题，探索“城乡教师双向交流轮岗制度”，扩大城乡学校“对口支援”的合作范围。二是提升医疗卫生服务能力。构建以大病预防和分类治疗为特征的三级卫生保健和医疗服务体系（县

级医院—乡镇卫生院—村卫生室），做好乡村医生队伍建设和全科医生队伍建设的衔接，落实医疗卫生机构用人自主权，并先行探索制定公立医院绩效工资总量核定办法，推进贫困地区城乡先诊疗后付费的医疗支付方式改革，降低大病保险起付线，提高保险报销比例，从全国遴选能力较强的三甲医院与贫困地区县级医院建立一对一帮扶关系。三是建设基本社会保障体系。按照《关于整合城乡居民基本医疗保险制度的意见》，统一贫困地区城乡居民基本医疗保险制度，使保障范围覆盖所有农村贫困人口，推动城镇救济和农村扶贫体制融合，扩大政府代缴养老保险费托底救助范围。

**（四）精准利用城乡生态资源，推进贫困地区城乡环境一体化发展**

在推进贫困地区城乡一体化的过程中，应该充分考虑贫困地区生态环境保护实现减贫与城乡统筹。一方面，要进行区域性生态脱贫规划的顶层设计。以现行的主体功能区为基本区域类型单元，以相对贫困的农村地区、资源枯竭型城市地区等作为补充区域类型，制定具有针对性的区域发展政策体系，整合生态建设、土地利用、新型城镇化等不同规划，发挥规划的基础性和约束性作用。另一方面，要促进贫困地区生态系统稳定与良性演化。要把解决人口超载问题作为长期方针，实现异地发展，降低生态压力，可率先实施“生态补偿到人”的新机制，积极实施生态修复；未受资源环境综合约束的贫困地区通常具备一定的发展条件，可以探索以自然资产确权为基础，将一定比例的所有权或使用权划分给贫困人口，创造稳定的收益渠道。建立自然资源资产产出效益的评估与税收分配机制，健全资源开发的生态环境保护责任追究和赔偿制度，以确保资源开发经济效益、生态效益与社会效益的统一。

（“贫困地区的城乡一体化发展研究”课题组

执笔：聂振邦　詹　琳　王福强）

# 关于尽快出台“能源法”的建议

我国是能源生产和消费第一大国，但作为基础性法律的“能源法”一直未能颁布。2014 年，习近平总书记在中央财经领导小组第六次会议上强调，要加快推进“能源法”制定工作。在当前推进能源革命、应对气候变化和深化重大能源改革的形势下，“能源法”缺位带来诸多弊端，立法进程亟须提速。

## 一 “能源法”缺位带来诸多弊端

### （一）“能源法”缺位不利于保障能源安全

2016 年，我国能源消费总量达到 43.6 亿吨标煤，能源消费增长连续 16 年居世界第一位，原油对外依存度高达 65%，目前已成为全球最大原油进口国。为构建“以我为主”的国际能源新秩序，加强国际能源合作，需要尽快明确我国能源政策取向和规则。“能源法”缺位导致能源发展方向不清，市场预期不定，企业“走出去”与“引进来”均受阻碍。因此，亟须出台“能源法”，确定企业权责义务，积极开拓国际能源市场，形成供给多元、储备完善、节约高效的能源安全保障体系。

### （二）“能源法”缺位阻碍能源革命

习近平总书记 2014 年提出“四革命、一合作”的能源革命战略思想，旨在通过推动能源消费革命、供给革命、技术革命、体制革命和全方位加强国际合作，保障能源安全，需要在基础性法律中明确。特别是推动能源体制革命，单靠出台文件和规章力度不够，必须用法律强制力，全面深入推进改革，努力构建统一开放、竞争有序的现代能源市场体系。将能源革命战略上升到法律层面，为其有效实施提供保障。

### （三）“能源法”缺位阻滞能源法治体系建设

党的十八届四中全会提出全面推进依法治国的总目标，我国能源革命战略中的体制革命也要求建立健全能源法治体系，实现依法治“能”。这要求我国形成以综合性法律为统领，以若干单行法为主干，以行政法规和规章为重要组成部分、完整系统的能源法律制度体系。过去虽已出台了一些专门法，但能源法律体系不健全。比如，《电力法》《煤炭法》久未修订、脱离实际，《可再生能源法》关键条款落地无力。尤其是“能源法”缺位，导致已出台的专门法缺少根基，相互交叉和缺位现象并存。能源管理长期以部委出台的“红头”文件为主，缺乏稳定性和系统性，抑制市场主体积极性。

### （四）“能源法”缺位影响能源体系绿色转型

全球能源大国均出台了能源基础性法律。如美国的《能源政策法》，日本的《能源政策基本法》，韩国的《能源基本法》，英国、巴西、挪威等 20 多个国家也都出台了《能源法》。这些法律均明确提出能源转型战略，解决能源长远发展中的重大问题。我国正处于应对气候变化和能源转型的关键时期，必须将能源绿色发展明确写入“能源法”，从顶层设计上明确我国能源未来发展方向。

## 二　“能源法”出台仍面临体制障碍

“能源法”立法旷日持久、难以出台的根本原因在于能源多头管理、部门利益难以协调。能源产业链条长，管理职责分散于发改委、能源局、国土资源部等16个部门，部门利益之争使立法工作一再搁置。从2006年初组建起草小组以来，“能源法”立法已经十二载，数易其稿，两报国务院，目前还在部门间征求意见、协调问题。

目前，我国经济法立法均采取部门立法方式，其优点是部门熟悉行业情况，立法针对性和操作性较强，缺点是易陷入部门间的利益纠葛，协调推进困难。国家能源局虽然做了大量工作，但立法工作陷入征求部门意见→修改上报→返回征求意见→再修改上报的“死循环”，久拖不决。一方面，国家能源局是委管局，在协调部门意见时位势不够；另一方面，作为行业主管部门，在立法中也难以突破自身利益局限，增加与其他部门沟通协调的难度。因此，“能源法”出台必须构建超脱部门利益的高层次工作机制。

## 三　出台“能源法”时机成熟、条件具备

### （一）立法共识高度一致，“求同化异”前景可期

“能源法”立法已列入《国家安全立法规划（2015~2020年）》、2015年和2016年《国务院立法工作计划》，作为保障国家安全和深化改革亟须项目。十二届全国人大常委会也将“能源法”列为需要抓紧工作，条件成熟时提请审议的法律草案，这表明“能源法”出台不存在认识障碍。从征求意见情况看，各部门对出台“能源法”一致赞同，意见分歧主要集中于操作性条款和部门职责。

### （二）立法基础良好

十多年来，“能源法”立法倾注了主管部门、专家学者和企业的大量心血。2015年重启修改工作以来，主管部门再次对法律定位和重点问题进行全面梳理，并对主要国家能源立法进行系统研究，充分借鉴国外经验，征求各方意见，形成《能源法（送审稿）》修改稿。修改稿紧扣能源发展形势和亟待解决的问题，框架明晰、内容全面、法理依据充分，为“能源法”的出台奠定良好基础。

**（三）当前是出台良好时机**

能源革命理念已深入人心，电力、油气等重点领域改革相继启动，能源“十三五”规划以及各专项规划也已陆续推出，《能源生产和消费革命战略（2016~2030 年）》对事关我国能源发展的方向性、战略性问题均明确，可无障碍地写入“能源法”。目前，国内外能源供需趋于宽松，能源价格较为稳定，国内居民消费价格指数平稳，此时出台“能源法”，有利于凝心聚力，稳定市场预期，为能源发展注入新动力。

## 四　相关建议

**（一）建立高规格工作机制，全力推进“能源法”立法**

“能源法”涉及面广、协调难度大，应借鉴《证券法》《国家安全法》等立法经验，建立超脱部门利益的高规格工作机制，就矛盾冲突的焦点问题协调一致，确定立法路线图、时间表。

**（二）建议由全国人大牵头，推动具体工作**

十八届四中全会提出，“健全有立法权的人大主导立法工作的体制机制，发挥人大及其常委会在立法工作中的主导作用。建立由全国人大相关专门委员会、全国人大常委会法制工作委员会组织有关部门参与起草综合性、全局性、基础性等重要法律草案制度”。“能源法”属基础性、综合性法律，全国人大集中了大量优质立法资源，人、财、物力充足，体系健全，有条件、有能力、有权威推动立法工作。因此，建议采取“人大牵头、部门配合”的立法模式，请全国人大对现有《能源法（送审稿）》修改稿进行梳理和完善，确保法律顺利出台。

（“推动能源生产与消费革命战略研究”课题组

执笔：景春梅　王成仁）

# 前三季度经济形势分析及建议

经济运行保持稳中有进态势，结构持续优化调整，新动能不断累积，供给侧结构性改革深入推进，市场预期逐渐改善，经济表现超出年初预期。展望第四季度及以后，支持经济平稳运行的有利条件仍然较多，但潜在风险和矛盾仍不可小觑。

## 一 前三季度宏观经济呈稳中趋缓态势

2017 年前三季度经济增速为 6.9%，比上年同期加快 0.2 个百分点。其中，第三季度为 6.8%，工业生产、投资等部分经济指标呈稳中趋缓走势，具体表现在以下几方面。

### （一）生产侧运行基本稳定

一是供给侧结构性改革扎实推进，“三去一降一补”进展顺利。二是工业生产高位回落。规模以上工业增加值增长 6.7%，高于上年同期水平 0.7 个百分点。三是服务业运行平稳。服务业生产指数同比增长 8.3%，比上年同期加快 0.2 个百分点。

### （二）需求结构出现分化

一是投资稳中趋降。前三季度，固定资产投资增长 7.5%，较 2016 年同期回落 0.7 个百分点。二是消费实际增速减慢。前三季度，社会消费品零售总额名义增速达到10.4%，增幅与上年同期持平，扣除价格因素，实际增长9.3%，增幅同比回落0.5个百分点。三是进出口快速增长。前三季度，进出口总额202930亿元，同比增长16.6%。其中，出口111630亿元，增长12.4%；进口91299亿元，增长22.3%。

### （三）物价水平温和可控

前三季度居民消费价格指数（CPI）同比上涨1.5%，比上年同期回落0.5个百分点。工业生产者价格同比涨幅高位运行。前三季度，生产者价格指数（PPI）同比上涨6.5%。

### （四）增长质量与效益不断提升

一是新动能引领作用增强。服务业主导作用增强，消费成为经济增长主要驱动力，前三季度工业战略性新兴产业增加值同比增长11.3%，比规模以上工业快4.6个百分点，新模式蓬勃发展等。二是经济发展质量效益提升。绿色发展稳步推进，前三季度单位国内生产总值能耗同比下降3.8%。环境治理成效逐步显现。企业效益明显增长，财政收入有所好转。三是就业形势持续改善。前三季度全国城镇新增就业1097万人，比上年同期多增30万人。

## 二　存在的问题与风险

经济保持好中趋稳的同时，国内外环境依然错综复杂，财政、金融政策要处理好防风险和稳增长的关系，利用外资、民间投资、经济新动能培育面临诸多体制和政策障碍，稍有不慎，将会危及经济平稳健康发展的基础。

### （一）市场机制作用发挥不够充分

政府与市场的关系仍未理顺。一方面，“看得见的手”越界冲动仍很强烈。如许多领域仍然存在严格的准入限制，市场竞争不充分；建设项目审批手续繁杂、耗时长、成本高；政府直接干预项目的冲动强烈，造成大量过剩低效产能等。另一方面，一些需要政府积极介入的领域却存在缺位现象，如完善市场规则、保护公平竞争和知识产权等。市场机制作用发挥不够的一个主要后果，就是当前的经济增长仍然是政策主导型的，转变经济发展方式仍任重而道远。

**（二）培育经济新动能面临体制和政策障碍**

这两年新动能的培育成效明显，但在核心技术、产品质量、品牌建设等方面还存在较大差距，更多的进步集中在商业模式创新等方面。影响新动能培育的主要因素包括：研发投入增速落后于经济增速，投入偏向开发性研究，基础研究和通用共性技术领域获得资源相对较少；以公平竞争、知识产权保护等为主要内容的创新环境建设滞后；国有企业改革尚未完全到位，创新动力和压力不足；创新人才的创造性和潜力仍然受到较多体制和政策压制等。

**（三）金融去杠杆导致社会资金面收紧**

2017 年以来，货币政策中性趋紧叠加金融强化监管和去杠杆，导致社会资金面收紧。一是货币供给收紧。广义货币（M2）供应量余额同比增速逐月放缓，9 月末 M2 同比增长 9.2%，比上年同期低 2.3 个百分点。二是非金融企业融资成本上升。根据 Wind 数据，8 月公司债、企业债、中期票据和短期融资券加权平均发行利率分别为 5.12%、6.09%、5.50% 和 4.83%，与 2016 年 12 月相比分别升高 0.28 个、0.56 个、0.64 个和 0.63 个百分点。2017 年 6 月，非金融企业及其他部门贷款加权平均利率为 5.67%，比 2016 年 12 月上升 0.4 个百分点。三是房贷收紧，房贷利率持续攀升。资金面收紧将在一定时滞后对经济增长带来一定下行压力。

**（四）地方债风险需引起重视**

地方政府债务底数不清，地方政府杠杆率由升转降，但潜在问题仍较多。一是融资平台无序扩张、政府购买服务异化、基金融资“明股实债”等隐性债务风险不容忽视。二是财预〔2017〕87 号文落实面临政策前后不一致、按时整改难度较大、政府购买服务与财政规划期限不匹配等问题。87号文的出台使项目的顺利开展面临较为突出的融资难题。地方政府亟须中央出台更加明确的实施细则。同时，还存在按时完成存量融资整改难度较大、基础建设项目政府购买服务与财政规划期限不匹配、已开工项目面临资金链断裂风险等问题。

### （五）民间投资信心仍然不足

民间资本投资意愿普遍较低。去产能的有关政策对部分民间资本产生一定的挤出效应。企业融资成本偏高、国企改革进展缓慢等因素也制约民间资本投资增长。尽管采取了促进民间投资的政策和措施，但落实效果难言乐观，民间投资信心回升还有很长的路要走。

### （六）营商环境存在一定的问题

据商务部统计，2017年1~9月，我国实际使用外资金额6186亿元人民币，同比增长1.6%；按美元计为921亿元，同比下降3.2%。在利用外资整体较为稳定的前提下，美、欧、日等主要经济体对我营商环境提出一些负面反馈。主要是：开放度不够，限制外资进入的领域仍然较多，允许进入的领域，也存在隐形壁垒；法律和政策过于原则，缺少实施细则，落实不到位、地方政府执行有偏差等；公平执法有待完善；舆论环境不够客观。

### （七）地缘政治不确定性需引起高度关注

委内瑞拉的政局动荡，对我方在该国的大量投资构成潜在的威胁。中东地区热点此起彼伏，叙利亚和也门内乱、伊核协议、库尔德人独立等，对我国能源供应影响较大。朝核和南海问题如何演变，依然受到内外不确定因素的干扰。这些对中国的影响都是直接和难以预料的。

## 三　政策建议

第四季度，工业结构将继续优化，服务业将保持稳步运行；投资增长稳中趋缓，消费需求继续发挥对经济发展的基础性作用，外部需求保持较快增长难度较大。初步判断，第四季度国内生产总值（GDP）增长 6.7% 左右。

面对前三季度经济的超预期表现，应冷静对待，正视潜在的风险和问题，保持政策连续性和稳定性，加快推进重要领域和关键环节的改革，并采取切实措施确保落到实处，下决心处置一批风险点，防止系统性风险出现。

**（一）保持宏观政策的连续性和稳定性**

在财政赤字风险和税收压力加大的情况下，积极财政政策要在优化支出结构、提高使用效率上做文章。一方面，压缩行政方面的开支，减少对竞争性领域的直接投入。另一方面，财政支出的重心转向补短板，包括民生、创新以及公共产品和服务等领域。要综合运用价、量工具和宏观审慎政策加强预调微调，保证流动性稳定和融资成本不出现大的回升。

**（二）加快推进重要领域和关键环节改革**

把简政放权推向更深层次，尽快把影响市场活力和创新的审批事项取消。同时，协同推进政府监管和服务体系建设。建议在党的十九大召开后，由中央亲自部署，对十八届三中全会提出的改革措施进行全面梳理和回顾，特别是国有企业、财税、金融、价格、投资、产权、市场准入等重要领域和关键环节，认真总结成绩、深入查找差距、全面分析原因，有针对性地加大力度，力争尽快取得突破，并保证落到实处。

**（三）坚决守住不发生系统性金融风险的底线**

保持金融稳定运行，有效支持实体经济发展。一是有效防范金融风险，促进金融更好服务实体经济。完善监管制度，防止部分政策在实际操作过程中出现偏差。有效降低不合理杠杆，优化杠杆结构，把握去杠杆节奏。二是高度关注重要时点金融市场的流动性状况，在金融监管趋严或关键考核时点适时微调政策，平滑可能出现的金融市场大幅波动。三是加强“一行三会”信息共享，开展联合监管，消除监管真空，严控潜在金融风险在楼市、债市、股市、期市间交叉传导。

**（四）深入推进供给侧结构性改革**

运用市场机制、经济手段、法治办法，实行严格的环保、能耗、安全、技术、质量标准，继续化解过剩产能。分类推进企业兼并重组、债务化解乃至破产清算。继续促进钢铁、煤炭等行业脱困和转型升级，把去产能拓展到煤电、造船、有色等行业。努力降低企业成本，主要包括制度性交易成本、融资成本、物流成本和税费成本等。防止金融系统杠杆率过快攀升，积极化解地方政府债务风险。重视房地产市场平稳发展，因城施策、分项指导，防止部分热点城市房价涨幅过大，推动三、四线城市房地产市场建造、销售、商业、住宅、租赁等业务跨界发展，探索新型发展模式与业态，在保证市场稳定运行的前提下控房价、去库存。增加对生态、创新等公共产品和服务领域的投入，特别是教育、基础研究、设备改造升级、人力资源培训等。

**（五）提振民营资本信心**

加大督查力度，切实保证国家关于促进民营经济发展的政策措施落到实处。加快拓宽民营资本准入领域，集中查处一批侵犯民营资本合法权益的案件。增强对民营企业的金融支持，确保民营企业在发行债券、首次公开发行上市、再融资和换汇用汇等方面与国有企业享有同等权利。

**（六）大力改善营商环境**

制定路线图和时间表，放宽金融、汽车、医疗、信息技术和服务等领域的外资股权比例。完善税收、海关、工商、质检、外管等方面的监管标准，杜绝选择性执法。清理和取消内外资企业在政府采购、资质资格获取、招投标、权益保护和参与政府战略、计划等方面的过度差别化待遇。尽快推出“外商投资负面清单”，加快“外资三法”的修订工作，出台一批外国人出入境、定居和工作的便利化措施等。

### （七）应对国际政治经济不确定性要有完备预案

制定相关预案，维护国家正当利益。尽管 2017 年以来人民币贬值和外流压力有所减轻，但仍应密切关注美元加息和美联储缩表动向，加强人民币预期管理，促进汇率稳定。高度关注中东局势、委内瑞拉政局等如何演变，对朝核和南海形势要估计充分一些，应对预案准备周到一些，必要时主动出击，维护国家主权和利益。

（经济研究部　杨绪珍）

# 金融改革要抓住利率这个“牛鼻子”

## ——学习党的十九大报告重要精神心得

学习了习近平总书记在党的十九大上所作重要报告后深受鼓舞。现就报告中关于深化金融体制改革、利率市场化和守住不发生系统性金融风险的底线等重大命题，谈一点粗浅的学习心得。

### 一　利率是经济运行中最受关注的变量之一

银行存贷款利率是资金使用的价格。利率影响着是把钱更多地用于消费，还是拿去储蓄；是去购买住宅、债券、股票，还是增加存款等个人经济决策。利率更影响着是将资金用于投资购买新设备、开办新企业，还是存入银行等工商企业的经济决策。由此可见，利率关系到经济生活的方方面面。

### 二　利率市场化的本质是国家对银行存贷款利率由行政指令转向间接调控

货币确实具有商品的属性，但货币并不等同于实际财富，而只是代表实际财富的一种标志，是用来进行商品交换和支付各种服务费用的媒介和工具。记得新中国成立之初那会儿，孩子们用国民党留下的金圆券折纸扇或三角包玩，因无论其面值有多大也只是一张质量较好的废纸而已。所以，不能将货币等同于一般商品看待，其使用价格即利率也不能简单地按供需关系的原理完全由市场自由决定。发行货币是国家主权的重要标志之一。利率和货币供应量是国家货币政策的两大核心内涵，也是宏观调控的重要手段。美、欧、日等成熟市场经济国家的央行都有其基准利率，实质是市场平准和平衡的工具，用以指导市场利率。我国利率市场化改革的本质是国家对银行存贷款利率要由行政指令的直接调控转向间接调控，而不是完全由市场说了算。

### 三　我国亟须建立和完善央行基准利率这个“定海神针”

我国于 2015 年全面取消了银行存贷款利率管制，但至今还没有建立起一个富有权威性和较强影响力、可以及时有效调控市场利率的中央银行基准利率。美联储基准利率只要调整 0.25 个百分点，就会引起全世界金融市场的关注和波动。而中国人民银行网站发布的存贷款基准利率实际作用很有限，不仅承担不了资源优化配置和宏观调控的重大使命，而且也难以在国际金融市场产生影响。目前，我国有两个指导市场利率的体系，一个是央行的政策利率体系，包括短期利率和中长期利率。另一个利率体系是市场利率，由三部分组成：①上海银行间同业拆借利率（SHIBOR）；②贷款基准利率（LPR），是商业银行对其最优质客户执行的贷款利率，其他客户的贷款利率则在此基础上加减点数生成；③各金融机构根据资金松紧情况和客户信用度以及同业竞争的需要而自行确定的存贷款利率。这三条实质上是存贷款利率都由商业银行说了算。中央银行的政策利率体系和市场利率体系都过于复杂，两大利率体系之间的关系也说不清楚。

英美央行的基准利率管理办法已有一两百年历史，我国利率市场化改革才几年时间，建立和完善央行基准利率确实需要一个过程。我们可以借鉴国外的成功经验，并结合我国国情尽早完善央行基准利率。

## 四　贷款利率失控孕育了金融风险

我国银行存贷款利率全部放开之后，由于多重原因贷款利率出现了某种程度的失控，一是存款利率一直较低，而贷款利率上升较多，使得存贷款的利息差扩大了；二是商业银行为了提升业绩，还把公共存款拿出一部分放在表外转变为各种理财产品，同时也通过其网点直接向社会公众推销理财产品，形成一个以商业银行为中心，银行分别与信托、证券、保险、基金等合作共同构成的庞大复杂的“影子银行”体系。理财产品的销售价格比存款利率要高很多，以吸引社会资金，此后每发生一次交易都要提高一次利息，到最终用钱的客户手里年息就涨到 10%~20% 甚至更高了，放高利贷的行为明目张胆，肆无忌惮。民间借贷者和中小企业受害尤其严重。

2016 年底，我国影子银行的总规模约为 60 万亿元，2017 年 4 月底银行理财规模约为 30 万亿元。还有几十万亿元资金是在金融系统内空转，形成了大大小小的“金融堰塞湖”，沉淀在里面了。这就是在我国广义货币供应量（M2）与国内生产总值（GDP）之比已达 209.1%，比美、欧、日高出近 100 个百分点，1~9 月金融机构新增贷款高达 11.16 万亿元的背景下，企业还是反映贷款难、贷款贵的主要原因。我国金融业增加值占 GDP 的比重，2006 年为 4.5%，2015 年为 8.5%，2016 年第一季度达最高峰为 9.5%，而美国这一比例 2015 年仅为 7.1%。2017 年上半年非金融上市公司实现净利润占上市公司整体利润的 46.91%，而金融上市公司净利润占上市公司整体利润的 53.01%，虽与 2016 年同期相比已下降 6.76 个百分点，但金融业的利润仍占大半壁江山。此消彼长，物质不灭，可见金融业对实体经济利润的“虹吸效应”是很强的。

从另一方面看，2016 年底我国实体经济部门（剔除地方融资平台重复计算部分）债务余额达 168.8 万亿元，杠杆率（与 GDP 之比）高达 226.9%。全年利息支出为 8.24 万亿元，为当年 GDP 增量（5.5 万亿元）的 1.4 倍，也就是说 2016 年 GDP 的全部增加量用来支付债务利息还远远不够。

金融业高杠杆与实体经济高杠杆并存，互相影响，不仅加剧了两大部门的失衡，而且酝酿了整体性的金融风险。

## 五　对贷款加息说“不”，确保经济平稳健康发展

遵照习近平总书记关于金融工作的一系列重要讲话精神，“一行三会”和金融系统为防范金融风险开展了大量工作，经过半年来的整治，同业、理财、表外等领域的乱象得到初步遏制，金融业的大多数指标得到明显改善，只是人民币贷款利率还在上涨。6 月末金融机构人民币贷款加权平均利率（不含表外的理财产品等利率）为 5.67%，较 2016 年同期上升 0.41 个百分点；9 月末，上海银行间同业拆借利率（SHIBOR，一年期）为 4.40%，比上年同期上升 1.38 个百分点；2017 年 9 月末债券市场中各期限品种的平均发行利率均较 2016 年同期上升，五年期债券的发行利率约为 5.4%，十年期约为 6.2%。

当前特别值得关注的是，世界主要经济体出现了同步复苏的增长局面，美、欧、日等各大央行货币政策开始做出重大调整，进入了缩小资产负债表规模和加息周期。美国 9 月通胀率已上升到 2.2%，超过 2% 的宏观调控目标，二、三季度经济增长率均达 3%，其年内再加一次息将变得非常现实。对此，国内外市场都很敏感，加息的预期正在升高。这对我国经济会有什么冲击和影响建议好好研究。但是，必须看到我国货币政策与西方国家的重大区别。2008 年美国金融危机爆发以来，美、欧、日等西方国家都实行了量化宽松货币政策，而且是增加货币供应量和降低基准利率双管齐下的。例如美联储的资产负债表从 2007 年的 8000 多亿美元增加到目前的 4.51 万亿美元，主要是通过收购企业和政府债券的方式向市场投放大量基础货币。我国 2016 年末央行资产负债表总规模达 34.37 万亿元人民币，按 2016 年年均汇率折合 5 万亿

美元，比美、欧、日央行都高。但在过去较长时间，我国央行主要是通过外汇占款的方式发行基础货币，央行资产负债表的 5 万亿美元中，有 3.1 万亿美元是外汇储备，所以基本不会出现中国央行抛出手中债券以收回市场货币的情况。同时，十年来美、欧、日都实行了低利率政策，其央行基准利率长期保持在零甚至负利率水平。而这个时期，我国正在推进利率市场化改革，贷款利率并未下降反而是升高了。所以，一定要从中国实际情况出发，我国的商业银行绝不应该因为美国等央行要提升基准利率，也乘势再上调贷款利率。只要充分发挥我国的制度和体制优势，这件事是完全可以掌控的。

我们面对的现实是，由于贷款利率居高不下而且还在上涨，1~8 月规模以上工业企业的利息支出同比增长 4.5%，企业财务成本的不断上升已经明显影响到制造业和民间资本的投资热情。前三季度，制造业固定资产投资同比只增长 4.2%，民间资本同比增长 6%，分别比上半年回落 1.3 个和 1.29 个百分点。如果贷款利率问题处理不好，很可能影响 2018 年我国经济增长，高利率也会传导到消费品的价格上去。弄得不好，可能出现经济增速明显回落而通胀率出现较大上升的局面，经济学上叫作“滞胀”。这是绝对不能允许发生的。

（李德水）

# 关于制定“企业债务重组条例”的建议

习近平总书记提出要“健全市场化、法制化违约处置机制”，但目前违约债务处置缺乏法律依据。建议国务院有关部门尽快颁布实施“企业债务重组条例”，创造条件制定“企业重组法”。

## 一　主要发达国家债务重组法律

债务违约是市场经济常有的现象。清偿违约债务有两种方式：一是当债务人资不抵债生存无望时，由债权人向法院申请实施破产清偿；二是当债务人资不抵债但有望起死回生时，由债权人与债务人协商，或由司法裁定实施债务重组。总体上，债务重组有利于保护企业和社会整体利益。欧、美、日、韩等国的债务重组法律体系较为完整系统，并呈不同特征。

### （一）美国债务重组法律简介

美国债务重组法律以债务人复兴为立法中心，以促进债务人复兴来保护投资者、就业者和社会的总体利益最大化。《美国破产法》第 11 章对该制度进行了系统规定，包括自动冻结制度、债务人经管制度、提出债务重组计划优先权和强制批准制度等内容。一是自动冻结制度。当事人向法院提出破产申请后，对债务人和破产财团财产的任何行为均应中止。债务人可利用此机，制定债务重组方案或者与债权人达成协议。二是债务人经管制度。在债务重组过程中，债务人原管理层继续承担企业经营管理责任，负责协商制定和执行债务重组计划。三是债务人有制定债务重组计划优先权。在债务重组程序启动后的120天内，债务人享有提出债务重组计划的专有权。四是强制批准制度。在一般情况下，债务重组计划需经债权人和股东一致同意后，方可得到法院批准，但在特定条件下，即使债权人和股东未能达成一致意见，法院也可强制批准该计划。

**（二）日本《公司更生法》简介**

二战后初期，日本经济形势严峻，金融秩序混乱，安置就业举步维艰。为应对相关局面，日本制定了《公司更生法》，并确立了“再生优先”和“多方参与”原则。

“再生优先”主要体现在三个方面。一是企业可优先申请更生程序。即使破产趋势已定，企业也仍可优先申请更生程序。如更生失败，可再转向《破产法》或《议和法》程序处置。二是法院优先受理再生申请。当再生申请、议和申请和破产申请同时并存时，法院优先受理再生申请。三是处于清算或破产阶段的企业，也可有条件地申请更生程序。在征得2/3以上股东同意后，处于清算或破产阶段的企业，可申请实行更生程序。更生程序一经启动，相关破产程序、议和程序及其他民事程序均应中止。

“多方参与”是指《公司更生法》允许多方参与更生程序。按照《议和法》与《破产法》规定，参与议和程序、破产程序的主体仅限于债权人和债务人，而《公司更生法》则允许债务人、股东、董事和监查人员等向法院提出更生申请，并参与相关讨论和表决，允许持有典当和抵押等的担保者参与公司更生过程，而法院则全程参与公司再生流程。

## 二 制定“企业债务重组条例”势在必行

2006年，我国颁布《企业破产法》并引入重组制度。受客观因素制约，该法立法倾向不够清晰，内容不够完善，行政干预执法现象相当普遍。经十余年探索后，我国今天的经济、社会和法制等条件已发生巨变，《企业破产法》已不完全适应现实。例如，大量债权人和债务人有多种所有制成分，甚至是上市公司，用政策性方式处置非国有成分经济的债务违约问题，已无法律和行政条件，特别是缺乏预防破产功能。

截至2016年12月末，全国已成立12836家债委会，涉及信用额度14.85万亿元。中国人民银行银发〔2016〕118号文，银监会银发〔2016〕51号文、银发〔2016〕15号文，虽然对债务重组提出意见，但内容不够具体，权威不够充分。

调研表明，在债务重组工作中，大量债权人和债务人因缺乏处置依据而彼此观望；部分地方政府无视债权人权益，行政指定债委会主席，干预债务重组具体方案；部分债委会主席怯于决策，一味等待政府或银行监管部门审批重组方案。上述问题导致债务重组工作进展缓慢，并有偏离市场化、法制化和规范化方向的现象。目前，颁布实施“企业债务重组条例”已势在必行。

## 三 我国“企业债务重组条例”应包括的主要内容

### （一）债务重组的定义和适用范围

包括债务重组的释义、性质、程序、生效时间、适用范围，行政与司法管辖、上诉、公告、传讯、立案等。

### （二）债务重组的发起

包括债务重组发起人、申请程序、申请书载明事项、手续费标准、申请调查、申请驳回、财产保全与保全管理人、处在运输过程中的物资调回、监察员职责、相关文件整理与供览、公司行为、法院处置权和上诉等项。

**（三）债权人委员会设立、性质和职责**

包括债权人委员会的人员选任与辞退、债权人委员会性质界定。债权人委员会的主要职责包括：调查、取证、鉴定、监督、评估财产、编制财产目录和借贷账目表、汇总整理有关法律文件、责成财产管理人提供调查报告、聘请法律顾问、召集协商会议、编制债务重组方案、将债务重组方案提交债权人与债务人讨论、就公司债务重组计划方案听取主管行政部门等部门意见、修改和议定债务重组计划与方案等。

**（四）债务重组的主要方式**

包括与变更合同条款有关的全部内容。例如延长还款期限、降低利率、免去应付利息、减少本金、发行权益性证券清偿全部或部分债务、转换债务形式（含债转股）等。上述债务重组具体方式可组合使用。

**（五）不同债权人之间利益协调**

在遵守同等性质债权人享有平等权利原则的基础上，明确债权人权利边界，明确未参加债务重组程序股东的权利，明确在法院驳回债务重组计划情况下，债权人利益处置原则与方式等。

**（六）债务重组的协商、协议要素和审批**

债务重组协商工作内容包括：确认各类协商主体的资格，界定各类协商主体的权利与义务，明确不同类型协商主体间的协商流程、全体协商主体间的协商流程以及协商决议等文本标准。

债务重组协议要素包括：债权人、债务人拥有的权利和义务，债务重组工作进度表，债务偿付期限，担保人和担保权的权利义务约定，对以发行股票和公司债等方式筹措债务重组资金的规定，对运用各种具体债务重组方式的规定，对董事选任变更、委托经营、公司合并、新设公司等做出规定。

### （七）债务重组协议的签订及其监管执行

主要包括：签订重组协议的流程、协议合同文本的准备、协议签订后的执行过程监管等内容。

## 四　尽快制定“企业债务重组条例”

加强领导和协调，用两年左右时间颁布我国“企业债务重组条例”。第一步，在总结现有债务重组典型案例的基础上，由国务院法制办会同银监会等部门，于2018年4月前，制定“推进违约债务处置市场化、法制化、规范化的若干意见”，并由国务院颁布实施。第二步，用两年时间，到2019年底，由国务院法制办会同银监会等部门起草“企业债务重组条例”，由国务院批准公布执行。第三步，争取2021年颁布实施我国“企业债务重组法”。

（“供给侧结构改革中化解金融风险”课题组

执笔：戴相龙　王冠群　张　瑾）

# 设立支持中小企业政策性银行的建议

中小企业是我国企业主体，解决了大多数人员的就业，但目前融资难、融资贵问题依然存在，设立中小企业政策性银行是解决这一问题的重要举措。

## 一　融资难、融资贵问题主要集中在中小企业

据第三次全国经济普查数据，我国第二产业和第三产业有小微企业785万个，占全部企业法人单位的95.6%，从业人员14730.4万人，占比为50.4%。随着我国金融业成熟度不断提升，大中型企业的融资渠道不断丰富，除传统银行信贷外，还有企业类债券、国内外股票、信托等方式，融资难、融资贵问题主要集中在中小企业。中小企业获得的银行信贷支持相对少，按照银监会的统计口径，2017年第三季度末，商业银行小微企业（含个体工商户）贷款余额占比为32.6%。债券市场和股票市场融资门槛高，按照工信部等部委印发的企业划型标准，参与中小企业私募债、中小企业集合债、新三板等的企业大多是业务规模较大、信用风险较低的中型企业。近年来，银行更加重视信用风险，信贷资金更多进入政府类项目、大型企业集团、个人贷款等信用风险相对较低的领域，中小企业融资供给不足更加突出。在这种情况下，

中小企转而寻求民间借贷、网络借贷等资金，提高了财务成本，增加了整个社会的潜在违约风险。

## 二　现有支持中小企业发展的金融体系难以满足需求

中央高度重视中小企业融资难、融资贵问题，近年来，各级政府、金融监管部门、金融机构等在下大力气解决中小企业融资难、融资贵问题。中国人民银行积极利用再贷款、再贴现工具，支持城市商业银行和农村合作金融机构发放中小企业贷款；银监会对银行机构开展小微企业贷款增速不低于各项贷款平均增速，户数不低于上年同期户数，申贷获得率不低于上年同期水平的“三个不低于”考核。各地方政府积极建设政策性融资担保体系、政策性保险体系、企业信用信息平台等。经过多方努力和大力投入，现有政策对解决中小企业融资难、融资贵问题发挥了积极作用，但从实际效果看，仍然存在商业银行动力不足、考核机制“一刀切”、信息不对称等问题，商业银行的中小企业支持更多是应付上级指派，资金安排很多流于形式，无法使中小企业融资问题得到根本性改善。

## 三　借鉴美、德、日等国经验，设立政策性银行

设立小企业政策性银行，发挥银行信贷渠道覆盖面广的优势，统一实施国家中小企业扶持政策，成为解决中小企业融资难问题的突破口。可以借鉴美国、德国和日本小企业融资的经验和做法，设立政策性机构，形成三方面政策性功能。一是政策指导功能，主要是研究提出中小企业融资的国家政策和提供信息服务。二是贷款功能，主要是为中小企业提供直接贷款和间接贷款（通过与商业银行合作，进行转贷）。三是担保功能，为中小企业从商业银行的贷款提供担保或者为承担小企业贷款的担保提供再担保。美国、德国和日本是世界范围内中小企业融资难题解决得比较好的国家，大体有以下三类模式。

### （一）美国模式：以小企业管理局为核心的“政策指导+担保为主+转贷为辅”模式

美国政策性融资的规模占中小企业融资的比例约为5%，中小企业大部分融资是由社区银行等地区性银行承担，美国小企业管理局（SBA）提供担保功能。SBA是专门负责实施小企业融资政策的联邦政府独立机构，在全美设有100多个地方分支机构。除担保业务外，SBA的主要职能还包括：制定小企业发展政策，帮助小企业制定发展规划，为小企业提供培训、咨询服务和市场信息。为了方便总统和国会及时了解和掌握小企业发展中的重大问题，美国设有白宫小企业委员会和国会小企业委员会，与SBA协同开展工作。另外，SBA也通过小企业投资公司对小企业提供风险投资，向企业投资公司提供最多达投资额2/3的贷款或投资。项目成功，小企业投资公司向SBA支付利润；项目失败，两者共同承担相应的损失。

### （二）德国模式：政府机构提供“政策指导”+德国复兴信贷银行提供“转贷”+州担保银行提供“担保”+联邦政府和州政府提供“再担保”的模式

德国联邦政府经济部、财政部、科技部都下设专门负责中小企业的机构，各州政府、德工业协会、工商会也设有专门负责中小企业的促进部门，提供政策指导功能。德国复兴信贷银行是一家政策性银行，主要靠发行债券募集资金，其最大的业务是支持本国中小企业和初创企业，主要以转贷模式将资金以优惠利率提供给地区银行、储蓄银行和信贷合作社等商业性银行，并由后者对客户放贷。担保功能主要由德国18家州立银行承担。担保银行是由各州设立的非营利经济自助组织，不吸储，也不放贷，资金主要来自政府长期低息贷款。再担保功能由联邦政府和州政府一起承担。

### （三）日本模式：中小企业厅提供“政策指导”+政策金融公库提供“引导性直接贷款”+中小企业信用保险公司提供“再担保”的模式

日本中小企业厅针对中小企业融资提供政策、意见和指导。日本政策性贷款机构主要包括中小企业金融公库、国民生活金融公库和商工组合中央金库。前两个机构是政府所有，资金来源是财政吸收银行资金进行再分配，商工组合中央金库则由政府和各地中小企业团体共同所有，大部分资金来源于中小企业团体。这三家机构主要通过直接贷款的形式为中小企业贷款，占小企业贷款的10%，主要是发挥引导性作用。90%小企业贷款还是来自信用合作社、劳动银行等地区性银行。商业性的中小企业信用担保公司提供担保功能。同时，日本还建立了政策性的中小企业信用保险公司承担信用担保公司代偿的70%~80%，发挥再担保功能。

## 四　政策建议

在国家层面设立中国中小企业发展银行（以下简称“中小企业发展银行”），作为政策性银行统一落实国家中小企业扶持政策。

### （一）出资方

中小企业发展银行由财政部全额出资，以发行政策性金融债和接受央行补充抵押贷款（PSL）等作为主要资金来源渠道。

### （二）具备三大功能

一是政策指导功能。服务国家中小企业发展战略，研究和提出促进中小企业发展的金融政策，并为中小企业提供咨询、培训和市场信息等指导服务。二是贷款功能。与商业银行合作，为中小企业贷款提供转贷资金；同时，通过投资或贷款方式，支持风险投资公司为创新型小企业提供风险投资。三是担保功能。加强与现有地方政策性融资担保公司合作，为中小企业贷款提供再担保。

同时，也承担其他服务小企业融资的功能，例如，对重点领域大型企业为中小企业开具的承兑汇票提供承兑补贴和优惠信贷，承接中央财政中小企业发展专项资金的管理工作。

### （三）组织体系

参照国开行、进出口银行的组织形式，中小企业发展银行也采取总

行 + 省（直辖市、计划单列市）分行的体系构建。适时加快建立小企业发展银行省级分行体系，支持其适当收购重点扶持地区的城市商业银行、农村合作金融机构、邮储银行分支机构、村镇银行等。

（经济研究部　张焕波　孙晓涛）

# 将福建自贸区打造为两岸经济社会融合发展先行区

国家赋予福建自贸区最重要的战略定位就是“充分发挥对台优势，率先推进与台湾地区投资贸易便利化、自由化进程，把自贸试验区建设成为深化两岸经济合作的示范区”。福建自贸区要积极贯彻落实中央大政方针，服务“祖国和平统一”大业，充分发挥对台窗口作用，打造两岸经济社会融合发展先行区，为全面推动两岸经济社会全面融合探索积累经验。

## 一 建设两岸经济社会融合发展先行区是贯彻落实十九大精神的重要举措

### （一）是新时代推动祖国和平统一的新方略

两岸经济社会融合发展是推动两岸关系由和平发展向和平统一演进的新方略，是新时代习近平总书记对台工作的新思想，是祖国和平统一的必然要求。两岸经济社会全面融合实质上就是一种渐进的、全方位的、和风细雨式的和平统一进程。三十年来，两岸人员交流与往来不断深化，两岸人民福祉和利益联系更加紧密，两岸同胞感情不断加深，这为两岸经济社会全面融合奠定了坚实基础。

### （二）是“两岸一家亲”理念的具体体现

三十年来，大陆经济高速发展，而台湾经济发展缓慢，两岸经济社会融合发展，可以使台湾更好地分享大陆发展机遇，增进台湾同胞福祉，这正是“两岸一家亲”理念的具体体现。从更大范围来看，两岸经济社会融合发展，有利于两岸形成一个整体，共同面对全球竞争，维护中华民族整体利益。

### （三）是促进两岸人民心灵契合的重要路径

两岸经济社会融合发展强调的不仅是经济和物质层面，而是逐渐深入扩展到两岸文化、思想、精神等社会领域，只有在更深层次实现融合，才能加深两岸同胞相互信任，增进感情联结，真正实现两岸人民“心灵契合”，也才能为两岸统一奠定最牢固的民意基础。

### （四）是对“台独”分裂图谋的有力反击

2016年“520”之后，台湾新执政当局拒不承认“九二共识”，导致两岸关系发展陷入低谷。岛内部分“台独”分子趁机兴风作浪，以各种方式在经济、文化等领域全面推动“去中国化”，企图疏离两岸同胞感情。促进两岸经济社会融合发展，能够在新形势下进一步提升两岸交流效果，增强民族认同、文化认同以及国家认同，化解分歧和误会，增进同胞亲情。

## 二　条件和基础已经具备

两岸分离多年，从社会基本制度到经济社会各领域的规制多有不同，从现实操作来看，需要选择一个条件和基础比较好的地区先行先试，为在全国全面推开积累经验。综合来看，福建自贸区优势比较明显。

### （一）对台区位优势

福建是大陆地区最靠近台湾的省份，传统的“五缘”优势给福建自贸区与台湾合作带来了诸多有利条件。福建自贸区平潭片区是我国大陆距离台湾岛最近的地方，自古就是大陆对台贸易和海上通商的中转站。福建自贸区的设立又提供了一个体制机制先行先试的平台。此外，福建也是我国“一带一路”核心区，推动两岸经济社会融合发展可享有多重政策叠加优势。

### （二）对台工作始终处于前沿地带

福建在两岸交流合作中一直发挥“桥梁”和“窗口”作用，在长期的对台工作中，福建坚持“先行先试”，不断推动对台合作体制机制创新，在两岸经贸、文化、社会诸领域交流中均取得了显著成绩，形成了“台商投资区”“两岸农业合作试验区”“两岸金融合作试验区”“两岸现代服务业合作试验区”等经贸交流合作的平台和载体，还拥有“小三通”、海峡论坛等途径和渠道。

### （三）改革创新优势

2014 年 12 月 12 日，国务院决定设立中国（福建）自由贸易试验区，赋予先行先试权力，重点是深化两岸经济合作。福建自贸区设立两年多来，以对台合作为重点，大胆试、大胆闯、自主改，制度红利加速释放，开放效应日渐凸显，多项改革成果在全国复制推广，提供了前沿性的参考样本。

## 三　主要建议

### （一）明确主要思路和任务

全面贯彻落实习近平总书记推进祖国统一大业的新理念、新主张、新要求，毫不动摇地坚持一个中国原则和“九二共识”，坚持“和平统一”“一国两制”方针，充分发挥福建自贸区区位优势、对台优势以及改革平台优势，进一步解放思想，打造两岸经济社会融合发展先行区，推动两岸之间货物、服务、资金、人员流动更加便利，形成“你中有我、我中有你”的融合发展格局。扩大对台开放合作，以开放促融合、促发展、促统一。为全面推进两岸经济社会融合发展探索新途径、积累新经验，为实现中华民族伟大复兴的中国梦做出贡献。

（二）全面试行同等待遇政策

自 1987 年底两岸同胞隔绝状态被打破以来，随着两岸交往与合作的加深，对台胞的管理政策不断演进，从“比照外资”“同等优先”到目前加快推动的“同等待遇”，台胞在大陆生产生活的环境不断优化。台商一度抱怨的“政治上是中国人，经济上是外国人”已有很大改观。自贸区作为对台工作窗口，要率先贯彻落实习近平总书记“加快给予台湾企业与大陆企业同等待遇”，以及“为台湾同胞在大陆学习、创业、就业、生活提供与大陆同胞同等的待遇”的指示精神。着力解决台胞在闽创业融资、医保对接、子女教育等问题，支持在自贸试验区就业、生活的台胞在医疗、融资、购房、住宿等方面享受大陆居民同等待遇。鉴于同等待遇涉及各行业、各领域，范围广，影响大，因此在全国全面推开之前，在自贸区先行先试很有必要。

（三）把服务业开放合作作为重点领域

台湾已经进入后工业社会，服务业增加值占地方生产总值的比重超过 70%；而大陆也已进入服务经济创新发展的新阶段，2015 年大陆服务业增加值占 GDP 比重首次超过一半。两岸的服务业发展具有很强的互补性。鉴于当前两岸关系发展进入低谷，过去以金额大、影响广为特点的制造业项目合作必然受到岛内制约，未来几年两岸产业合作的重点将在服务业领域。服务业合作更易增进两岸民众的交流与了解，促进融合发展。可重点推动两岸金融、物流、科技服务、文化创意、健康养老等领域合作。加强与台湾健保、长期照护等机构合作，支持推动设立两岸健康养老试验区。深化两岸在研发创新、品牌打造、标准制定、市场开拓等生产性服务业方面的合作，促进两岸产业深度融合。

（四）率先推动厦门—金门、马尾—马祖融合发展

率先推动福建自贸区内厦门、马尾地区与台湾金门、马祖融合发展，发挥带头示范作用。拓宽厦门—金门、马尾—马祖合作领域，做

大做强“海峡旅游”，探索为厦门、福州、平潭常住居民试点签发赴金门、马祖地区个人游一年有效多次往返签注，将省外来厦暂住人员赴金旅游延伸至澎湖、马祖；对厦门赴台湾离岛邮轮旅游签证实行异地办理，探索推动厦金游艇自由行。

**（五）深化金融业合作**

研究出台支持福建自贸区深化金融开放创新和对台金融合作专项实施方案，实行对台金融负面清单准入模式。支持厦门两岸区域性金融服务中心建设。支持自贸区银行业金融机构与台湾同业开展跨境人民币业务创新合作。对于台胞在福建购房租房提供金融支持，帮助他们在大陆安居。加快全牌照证券公司、两岸合资基金公司等对台率先开放措施落地实施。争取把台资看作“特殊内资”，支持筹建两岸合资的全国性股份制“台商银行”。支持区内台资企业的境外母公司或子公司按规定在境内银行间市场发行人民币债券。允许大陆台资企业在海峡股权交易中心上市交易，试点“闽台通”。

**（六）打造融合发展新路径**

在自贸区两岸征信查询系统的基础上，进一步探索建立两岸企业信用库，优化信用服务。加强两岸专业智库、商（协）会的交流合作，推动在自贸区设立常设机构和固定交流机制，打造对台融合发展新平台。在平潭、厦门开展台胞社区试点，聘请更多台湾村里长及专业管理人员，共同参与社区规划、建设及后续运营管理，探索社区自治新模式，构建两岸融合示范社区。扩大台湾专业人才在自贸试验区内行政企事业单位、科研院所等机构任职范围，在社会管理服务、中介机构等领域吸引台湾地区专才执业。

**（七）深化两岸青年合作**

完善配套政策，做大做强厦门两岸青年创业创新基地、平潭台湾创业园、福州台创园等“三创”基地，积极吸引台湾青年创新创业。推进自贸区内创业园、创业社区、创业家庭等创业载体建设，扩大创业带动就业的倍增效应。建立台胞创业支持服务中心，积极吸引台湾创业服务团队、平台。试行直接采认台湾地区学历和职业技能水平证书。

（产业规划部　窦　勇）

# 解决债务链问题须建立国家级大数据清债平台

## 一　建立大数据清债平台的必要性和重要性

### （一）利用“互联网+”思维和大数据技术建立的“大数据清债平台”能够有效厘清债务链

目前我国企业间付款周期加长，形成连环债务，影响到大型国企和较小的供应商，并波及企业员工。在产能过剩行业，债务链问题更为突出：钢铁企业没钱还煤矿的煤钱，煤矿没钱还煤炭机械企业的设备钱，煤炭机械企业没钱还钢铁企业的材料钱，相互间的“三角债”越积越多。企业“应收未收款”与“应付未付款”大幅度上升，债权不能变为现金流，导致大面积债务风险暴露。因此，消除债务链，是化解债务风险，让企业“起死回生”的重要措施。

从历史经验来看，解决债务链问题，实际操作中主要有两种方法：一是把债权转化为股权，二是成立“清债中心”。

第一种做法债转股，目前正在积极推行。这种方法的效果立竿见影，可以使部分债务迅速消失。但如全社会都采取这种方法，则会产生两个问题：一是对于净债权企业来说，其出借债务的决策并不等于投资决策，如让债权转化为股权，会引起资源错配，因为出借债务决策与投资产权决策遵循不同的规则与约束；二是变债权为股权的方案，并不能缓解流动资金被占用的问题。债务链中被拖欠的款项多是企业的流动资金，债权转化成股权，净债权企业仍然没有得到其急需的流动资金。

第二种做法能够大范围使债务链系统性消失，并解决流动资金被占用问题。20 世纪 90 年代初，国务院清理“三角债”领导小组解决三角债问题，实际就是采用这种方法。经过约半年时间，全国共注入清欠资金 330.5 亿元，清理欠款的基本建设、技术改造项目 9026 个，连环清理拖欠款 1150 亿元。前清后欠、欠大于清的势头被遏制。企业资金紧张的状况得到缓解，资金周转加快，企业经济效益提升。一些省市也曾通过这样的方式解决本地区国有企业三角债问题。

第二种方法效果好，但是要摸清企业底细、撮合企业平账，交易成本大，在涉及的市场主体数量不多的情况下，相对容易实施。目前我国经济体量大，企业数量 7500 多万家，用传统的办法难以进行有效撮合。利用“互联网 +”思维和大数据技术，建立“大数据清债平台”，有利于解决这一难题，可以几乎“零”交易成本清理债务链。

**（二）大数据清债平台不仅能化解三角债、还可以促进信用体系建设，提升市场整体信用度**

总体看，大数据清债中心可以发挥四个功能，一是清理债务链的功能，降低企业杠杆率，化解债务风险，盘活企业债权资源；二是统计分析功能，既能从微观又能从宏观掌握全国、各地区、各行业债权债务情况；三是信用监督功能，将企业的债权债务账户作为信贷参考依据，与其他信用评级工具结合，能够实现精准投放，降低违约风险，有效调控银行资金流向实体经济；四是信息创造和融资功能，通过构建大数据债务链，债权既可以作为支付工具直接支付，也可以很方便地在平台上获得变现。

## 二　大数据清债平台的运作模式

### （一）原理

大数据清债平台实际就是“互联网 + 传统清债中心 + 大数据”模式。以互联网技术、大数据算法为支撑，结合传统清债中心的办法，构建债权债务网络平台。债权债务金额以双方在平台上信用确认为基础，不依赖线下传统手续和程序，具备大范围推广的基础。

小世界现象是数学领域的一个猜想。其本意是假设世界上所有互不相识的人只需要很少中间人就能建立起联系。债务链其实就是一个以债务关系为链条的“小世界”，一旦这个“小世界”中的一家企业资金链条断裂，其风险就可能沿着债务链条引发“多米诺效应”。反过来，一旦链条上的一家企业还清债务，这笔款项就可能沿着债务链条一路清理债务。

在实际操作中，一家企业往往知道别人欠自己的和自己欠别人的，但不了解链条的状况。如果企业都在同一网络平台建立债权债务账户，通过大数据优势，就能按照一定规则抓取债务链条，上线企业越多，能提取出来的债务链条也会越多。

### （二）清理模式

债务链有两种，一种是形成封闭的环，另一种就是敞口链条。通过对 1500 家企业财务数据进行模拟试验，可以提取出 600 多个债务环、28 万多个债务链。无论是环还是敞口链条，都可以进行整条债务链的清理。由于所有的交易都通过网络平台完成，交易成本会很低。

债务环的清理不难理解，就是典型的三角债。A 企业欠 B 企业，B 企业欠 C 企业，假设一直到 Z 企业，共 26 个节点，Z 企业又欠 A 企业，形成环。假设 26 个节点上相互间债务最小数 100 万元，那么链条上任何企业不需要真正拿出 100 万元，只需要缴纳一定的交易费用（假定 1%，每个节点交 1 万元），确认相互债务债权关系，并愿意清理，就可以完成债务清理工作。结果就是整个链条付出 26 万元交易费用，清理了 2600 万元债务总额。

债务敞口链的清理稍复杂，同样假设 A 企业欠 B 企业，B 企业欠 C 企业，假设一直到 Z 企业，还是 26 个节点，Z 企业与 A 企业没有直接债务关系。那么 A 企业可称为链头，Z 企业可称为链尾，B 企业、C 企业等为链的中间节点。假设 26 个节点上相互间债务最小数仍为 100 万元。链尾企业 Z 为了获得应收账款 100 万元，通常愿意打折收款，比如愿意收 95 万元，而 24 个节点企业每家仍会拿出 1 万元，共有 24 万元，假设大数据平台只留取 4 万元作为运营成本，其余 20 万元就可以付给链尾企业，而链头企业 A 只需要拿出 75 万元就能还清原来的 100 万元债务，有非常大的动力。全链条通过 95 万元的现金启动清理了 2600 万元债务，链尾企业获得了 95 万元现金流，链首企业通过 75 万元还清了 100 万元债务，中间节点企业通过 1 万元清理了 100 万元债权债务。

## 三　推进建立大数据清债平台的建议

目前，国内有少数企业自发研究大数据清债平台技术，已基本成熟，并尝试商业化运作。由于债务问题涉及企业隐私，如果缺乏政府层面的推动，单靠商业化的大数据清债平台效果不理想。为此，建议以政府推动、企业运作的方式建立大数据清债平台，为债务链上的经济主体解套，有效化解经济风险。

第一，系统性论证研究和技术支撑。建议由国家发改委牵头，会同财政部、中国人民银行、中国银行业监督管理委员会、国资委、最高人民法院等相关单位成立专家组，请前期开展大数据清债平台的企业参加，对建立大数据清账平台做进一步论证，提出细化方案。

第二，进行地区或者行业试点。在地级市范围内，依托有相关基础和技术的企业，建立地级市级别的大数据债务清理中心，主要在该市进行推动，引导各行业企业加入该平台，如金融行业、非金融行业、国有企业、民营企业、外资企业、政府投资平台等。

第三，在总结试点经验基础上，建立国家级大数据债务清理中心。由国家发改委牵头，组织财政部、中国人民银行、中国银行业监督管理委员会、商务部、工信部、国家统计局、国资委、最高人民法院、全国工商联、住建部等部门成立推进工作组，推动组建中国清债中心，建立国家级大数据清债平台。

（经济研究部　张焕波）

# 当前我国银行体系三大潜在风险及其应对

近年来，在守住不发生系统性金融风险底线的前提下，主动处置一些金融风险点，中国人民银行和中国银监会出台了一系列加强银行体系风险防控的政策措施，开展了将表外理财业务纳入宏观审慎评估体系（MPA）考核，治理违法、违规、违章的“三违反”行为，查处监管套利、空转套利、关联套利的“三套利”业务，整治不当创新、不当交易、不当激励、不当收费的“四不当”现象等工作，取得了积极效果，使得银行表外风险得到了有效控制，跨行业、跨市场的复杂同业业务的快速增长势头得到了有效遏制。但是，目前我国银行体系仍存在一些较为严重的风险隐患，主要表现在不良贷款居高不下、债券市场承压和资管业务交叉等三方面。

## 一　不良贷款居高不下，导致银行资金难以流向实体经济，未来形势不容乐观

### （一）目前，银行不良贷款持续恶化势头得到了一定程度的遏制，但绝对水平仍处在高位

2017 年一季度末，我国商业银行不良贷款率为 1.74%，与前一季度持平，连续 20 个季度持续攀升的势头得到了遏制，但不良贷款

余额仍高达 1.58 万亿元，同比增长 13.5%，绝对值和增速均处于高位。2017 年第一季度末，关注类贷款余额为 3.42 万亿元，为不良贷款的 2.2 倍。从工、农、中、建四大国有银行的关注类贷款迁徙率来看，2016 年分别为 23.5%、24.86%、19.39% 和 21.23%，仍处于高位，其中农行和建行分别比 2015 年提高了 6.6 个百分点和 1.6 个百分点。总体来看，我国商业银行不良贷款未来仍面临较大的上升压力。

### （二）处置不良贷款支出增加，侵蚀了银行利润

我国这一轮银行不良贷款问题从区域性爆发迄今已有 5 年时间，其间企业经营状况始终未能得到根本改善。在此情况下，不良贷款率得以维持在目前的 1.74% 水平，且持续恶化势头得到了一定程度的遏制，实属来之不易。客观地讲，监管部门加强监管和银行大力处置不良贷款起到了积极作用。但是，银行也为此付出了代价。其中，打包转让和核销等处置方式实际造成银行利润直接损失，而维持当前 178.8% 的平均拨备覆盖率也大幅压缩了银行当期利润空间。

### （三）不良率高间接影响银行资金流向实体经济

出于趋利避害的考虑，在目前不良贷款居高不下的情况下，银行普遍提高了风险控制力度，主动避免涉足较高风险行业。目前我国制造业和批发零售业是不良贷款高发区。以中国工商银行为例，2016 年末不良贷款率为 2.2%，其中制造业和批发零售业分别为 4.3% 和 9.3%，分别比 2015 年末提高了 1 个百分点和 2.7 个百分点。与之相比，政府类项目、房地产项目、个人消费贷款等信贷需求规模较大、不良率较低，因此成为银行积极营销的对象，但是当遭遇信贷调控政策变化后，此类业务便出现大幅调整，促使银行利用通道业务，将表内资产搬到表外，导致银行潜在风险上升。同时，不良率居高不下还导致传统贷款业务萎缩，迫使部分中小银行更加依赖金融同业业务。

## 二 银行资金大量流入债市，部分机构采取高杠杆操作，增加了市场的脆弱性

### （一）银行资金大量流入债市，增加了银行的经营风险，其中小型银行尤为突出

同业存单、同业理财、委外机构、债券投资等形成了银行资金流入债券市场的业务链条，各类银行根据自身特点寻找合适位置，赚取相应收益。具体表现为，小型银行发行同业存单和同业理财投资或委托外部机构投资于债券市场，大型银行通过存款和非同业类理财产品募集资金投资小型银行发行的同业存单和同业理财产品，也存在较大银行通过同业存单募集资金投资于较小银行的同业理财产品。从相对风险来看，小型银行面临的风险更大一些。一是由于小型银行处于业务链条末端，直接承受债券市场风险，充当了大型银行的风险缓冲。二是业务链条的不断膨胀使得小型银行承担与自身规模不相适应的较大风险敞口。以同业存单为例，2017 年 1~6 月，同业存单余额新增 1.72 万亿元，是政策性金融债的 5 倍，其中城商行和农村合作金融机构等小型银行发行余额占比为 55%。三是期限错配严重，流动性风险突显。一般而言，银行的流动资产应以投资短期债券为主，但为了提高资产端收益，现在银行投资债券的到期期限被拉长到 2 年左右，而负债端的同业存单和同业理财期限通常为半年，受连续发行同业存单、同业理财面临利率走高和同业理财忠诚度不高的影响，小型银行面临较大的流动性风险。

### （二）高杠杆操作推高了债券市场风险

部分金融机构采用高杠杆博取高收益，回购交易和分级模式被普遍采用。从数据来看，证券公司和基金类机构在银行间市场用已有债券抵押，融入资金后再购买新的债券，2014 年通过回购操作净融入资金合计为 14.8 万亿元，2015 年和 2016 年分别达到 34.3 万亿元和 50.6 万

亿元，增速为131.2%和47.5%。2017年上半年，证券经营机构通过回购操作融入资金虽然有明显下降，但仍然高达20.2万亿元。高杠杆操作增加了金融机构自身脆弱性，容易造成债券市场利率风险和流动性风险的叠加，从而形成系统性风险。

### （三）未来企业类债券到期量较大，对市场形成压力

2014年以来，我国企业类债券发行规模快速增长，期限以5年期居多，3年期次之，未来一段时间到期数量将大幅增加，中期票据、公司债（不含私募债）、企业债三者的总偿还量将由2016年的11400亿元上升至2017年和2018年的14600亿元和15500亿元。大量到期的发行债券企业需要再融资，将对债券市场造成较大压力，会抬高利率水平，同时高利率也会增加企业再融资成本。

## 三　规模庞大、业务交叉、创新不断，资管业务风险突出

### （一）传统金融领域的资管业务规模庞大，且存在大量交叉

目前，我国传统金融领域的银行、证券、保险等均衍生出相应的资管机构。2016年末，可统计的管理资金高达102.7万亿元（未排除业务交叉导致的重复计算），同比增长31.2%，资金管理规模达到银行总资产余额的44.6%，资管业务在传统金融体系中的重要性越发突出。而且，资管机构间存在大量业务交叉，从资金来源方至资金最终使用方之间链条过长、业务环节过多，加之不同类型机构对资管产品存在或明或暗的担保责任，业务过于复杂，增加了金融系统的脆弱性。

### （二）类金融领域的资管业务创新不断、监管不足

随着资管行业发展，各类机构纷纷涉足。一是互联网金融公司。网贷公司线上募集资金、线下寻找项目，互联网消费金融公司线上推销消费贷款、线下寻找资金，目前网络借贷公司（P2P）管理的资金规模已突破1万亿元。二是线下财富公司。整个行业参差不齐，几乎未受到应有的金融监管。三是区域性金融资产交易所。理财产品大量通过

线上进行代理销售，且借助自身平台优势投资相关项目，业务创新不断，目前我国通过地方金融办批准成立的区域性金融资产交易所有30家左右。类金融机构的资管业务依靠互联网大幅提高了受众面，使其业务更便捷地向传统金融业务靠拢，但类金融机构自身实力有限，抗风险能力严重不足，其资管业务资金募集和使用缺乏有效监管，风险问题突出。其受众面广，易导致风险事件难以处理。

## 四　应对建议

一是坚持全面监管原则，对金融创新业务实行全覆盖。所有金融活动都要纳入监管范围之内，所有信息监管机构都要能看得到，避免监管套利和监管真空。对于新出现的金融业态和业务，监管部门要主动了解其运作机制，及时给出监管红线，引导市场健康发展；并根据业务发展情况逐步更新监管红线和相关规则，达到金融创新与金融监管的平衡。

二是优化央行货币政策工具结构，从源头上降低融资成本。在当前银行利差持续收窄的情况下，央行要优化货币政策工具结构，有效降低银行资金成本，提高银行服务实体经济的能力。目前银行大量资金以存款准备金形式被“锁定”在央行，从央行得到1.72%的利息；但银行通过回购操作从央行借入资金的利息为2.5%左右，因此银行多支付了0.8个百分点的成本。建议央行通过逐步下调金融机构法定存款准备金率替换公开市场逆回购操作，从源头上降低银行资金成本，引导银行为实体经济提供长期资金，同时也缓解央行公开市场滚动操作的压力。

三是强化功能监管，形成资管业务统一监管规则。我国金融监管应由机构监管为主向功能监管为主转变，以适应金融机构混业经营的发展趋势，避免监管真空和监管过度。应明确集团内部各金融功能相互独立，对资管业务等已成型的金融功能进行必要的拆分，成立子公司独立运营。充分发挥刚成立的国务院金融稳定发展委员会的协调领导作用，建立包括综合统计、业务规则、监督检查在内的资管业务统一监管框架。

四是深化体制机制改革创新，提升银行抗风险能力。减少对银行信贷规模、信贷投向、贷款利率、不良贷款率的行政干预，提高银行在处理不良贷款方面的自主权，更多利用财政政策和 MPA 考核等逆周期调控手段引导银行业务发展，提升银行化解风险的能力。在风险可控前提下，有序打破刚性兑付，使信用风险溢价真正得以体现，进而优化金融资源配置效率。

五是强化同业业务监管，引导同业存单市场健康发展。继续支持同业存单业务发展，充分发挥其公开、透明、高流动性特点，将其打造为银行同业业务的主力产品。但为避免同业存单业务发展过快，造成部分银行机构主动负债水平过高，加大市场风险和流动性风险，建议将同业存单和同业理财共同纳入现有同业业务管理体系，即单家银行同业融入资金余额不得超过该银行负债总额的 1/3。

（“当前及今后一个时期金融风险与应对研究”课题组

执笔：徐洪才　孙晓涛）

# 农村集体资产股份权能改革的天长经验

——天长农村产权制度改革调研报告

近日，中国国际经济交流中心课题组赴安徽省滁州市调研，在走访座谈中发现，天长市农村集体资产股份权能改革进展突出，经验值得借鉴。

## 一　农村集体资产股份权能改革的主要做法

2015 年 5 月，天长市被农业部、中央农办、国家林业局确定为全国积极发展股份合作赋予农民对集体资产股份权能改革试点单位。试点以来，天长市按照国家相关要求，积极探索，稳步推进农村集体资产股份权能改革。截至目前，全市 151 个村全部完成股份合作制改革，共确认集体经济组织成员 50.7 万人。其中，127 个有经营性净资产的村成立了集体经济股份合作社，量化资产 8332.4 万元，其余 24 个村成立了集体经济合作社。总的看，天长市改革主要采取了以下措施。

### （一）完善制度保障和政策激励

改革启动之初，部分村干部思想有顾虑，还有一些市、镇、村干部认为村级资产量小，改革没有实际意义。为此，天长市出台了《关于加强村干部队伍建设的实施意见》《治理“不作为、慢作为”，鼓励“善作为”实施办法》等一系列文件，对村干部实行目标管理，进行星级评定。同时，按照边试点、边总结、先入轨、后提升的思路，出台了《农村集体经济组织管理办法》《农村集体经济组织股权证书管理暂行办法》《农村集体经济组织证明书管理办法》等一系列规章制度，确保改革扎实规范推进。并成立由市委书记任第一组长、市长任组长的领导小组，形成市、镇、村“三级”书记推动改革的局面。

**（二）细化步骤流程，把握关键环节**

总结提炼了将股份合作制改革过程划分为成立组织制定方案阶段、清产核资资产量化阶段、成员确认股权配置阶段等6个阶段，并细分成18个工作步骤，实行递进推进。同时，在试点中严格把握清产核资、成员确认和股权设置三个关键环节。严把清产核资关，以2015年6月30日为基准日，开展“村级集体资产清产核资月”活动，摸清全市村级集体经营性资产4300万元、未承包到户的资源性资产3.1万亩。严把成员确认关，出台指导意见，各村按照发布公告、摸底登记、审核公示等步骤严格操作，做到程序规范、群众认可。严把股权设置关，将经营性净资产全部折股量化到成员，设置“个人股”，不设“集体股”。

**（三）开展股份合作制，释放集体资产股份权能**

指导有经营性净资产的村成立股份经济合作社；没有经营性净资产的村成立经济合作社。完成改革的村由市政府统一颁发组织证明书，赋予其市场主体地位。依托天长市公共资源交易中心现有的交易场所、服务设施和机构人员，借助安徽省农村综合产权交易所成熟的软硬件平台和信息化手段，设立了农村产权流转交易市场，确保农村产权流转交易顺畅有序开展。在村集体经济组织股份价值不高的情况下，试行农村集体资产股权与农村土地承包经营权捆绑抵押贷款做法，创设“农权贷”融资产品，允许农民用集体资产股权作抵押，最高可获得股权价值8倍的贷款，最长贷款期限为5年。目前累计发放163笔1588.5万元。

**（四）实施“政经分离”，支持集体经济发展壮大**

全市 151 个村全部实行村委会与村集体经济（股份）合作社的账务分设，将原来由村委会代管的各类所有资产收归合作社统一管理，经营性收益也由合作社统一支配，形成了“一班人马，两套账目，三块牌子”的政经分离新模式。指导各村制定增收路径规划，通过发展物业、盘活资产、资本运作等方式壮大集体经济。天长市财政连续三年每年拿出 3000 万元，设立发展壮大村集体经济专项基金，基金收益与涉农项目资金整合，用于扶持村集体经济项目。2016 年，共整合各类资金投入集体经济项目 1340 万元，全市村级经营性收益达 1411 万元，较上年增长 61%，有 12 家合作社向成员分红，总分红金额 121 万元。

**（五）完善农村集体资产监管平台**

注重对农村“三资”监管系统进行升级改造，在原有单一的财务监管功能基础上，增加农村集体经济组织成员管理、股权管理、合同管理等模块，形成新的农村经济财务与股权管理平台，加强了对农村集体资产的管理。

## 二　改革取得的成效

通过农村集体资产股份权能改革，天长市初步实现了农民对集体资产由“共同共有”到“按份共有”的转变，创新了集体经济运行机制，由此形成了“农民有动力、干部有压力、农村集体资产有活力、基层组织建设有合力”的新格局。

**（一）群众对集体资产“看得见、摸得着、管得住”了**

明晰了农村集体产权关系，把知情权、参与权、决策权和监督权交到群众手中，集体资产与成员之间建立起利益共享联结机制。群众对集体资产关注度极大提高，从以前“不在意”到现在“很留意”。群众对集体资产管理有了话语权，村干部压力大了，从以前“不尽心”到现在“很上心”。

### （二）“群众放心了，干部省心了，干群也同心了”

各村均成立了合作社，并由市政府颁发“组织证明书”赋予其市场主体地位。各村实行村委会与合作社账务分设。群众不再对集体资产有疑心，干部不再为经费操心，干群关系也更加贴心。

### （三）“一块钱也是钱，一分钱也是情”

按股分红让农民从集体领到了第一笔红利，虽然钱不多，但群众说“一块钱也是钱，一分钱也是情”。除分红，农民还能通过股权抵押，更为便捷地获得贷款支持；按照章程约定，农民所持股份还可以在户内继承、社内流转。农民的各项权益得到了充分保障，“获得感”明显增强。

### （四）“40年前包干到户，40年后折股到人”

40年前包干到户，建立了以家庭承包经营为基础、统分结合的双层经营体制，极大解放和发展了农村社会生产力。40年后，通过将集体经营性资产折股到人，发展股份合作，建立了农村集体经济运行新机制，唤醒盘活了农村“沉睡”资产。

### （五）农村集体资产在阳光下顺畅运营

农村财务在原“三资”监管系统中，增加了成员管理、股权管理等模块，所有村级资产全部纳入新系统监管；设立农村产权交易中心，农村集体产权全部进场公开交易，交易更加规范；集体资产晒在了阳光下，促进了党风廉政建设，加强了基层组织建设。

## 三　存在的问题

通过调研发现，天长市农村集体资产股份权能改革的深化任务仍复杂艰巨，当前最为突出的问题有两个。

一是集体经济发展缺乏物质基础。长期实施家庭承包责任制过程中，绝大多数农村只强调“分”的一面，而忽视了“统”的作用，一些适宜集体统一经营的项目也平均分包到户，村集体经济退回到近乎空白的境地，失去了发展经济的重要物质基础。

二是集体经济组织市场主体地位不清。《宪法》《农村土地承包法》《土地管理法》《物权法》《民法》等相关法律规定，农村集体所有的资产归集体所有或归农村集体经济组织所有，但并未对“集体”和“农村集体经济组织”进行统一明确的界定，集体经济组织的职责也不明确。

## 四　启示及建议

一是完善集体经济组织成员土地权利制度。土地制度是农村的基础制度。当前必须解决集体土地所有权主体过于抽象、农民权利虚化的问题。近年天长紧紧围绕落实集体所有权、稳定农户承包权、放活土地经营权，相关改革使农民的土地财产权得到落实。农民作为集体经济组织成员，除了拥有土地承包经营权，还拥有宅基地的用益物权，以及对各种类集体土地的知情权、参与权、监督权等。因此，应抓住农村土地“三权分置”改革的有利时机，完善我国农村土地权利制度。

二是以土地流转盘活农村各种经济资源。天长市的改革着重使土地资源转变为资产，使农民以土地入股等多种形式拿到财产性收入。另外，将财政投入村的发展类资金，转变为村集体和农民持有的资本金，投入企业、合作社或其他经济组织，形成村集体和农户持有的股金，村集体和农民按股比分享收益。这些改革有效盘活了农村资源、资金、资产，促进了农业适度规模经济发展和农民增收致富，为全国各地农村土地流转及农村发展提供了有效借鉴。

三是壮大村级集体经济。在当前农村土地“三权分置”改革的情况下，村级集体经济决定着农村土地流转能否顺畅进行，改革能否顺利实施。发挥好村级经济的作用是重点。天长市通过项目扶持、财政资金支持、企业帮扶等途径，发展物业经济、乡村旅游等，打造集体经济新的增长点，到 2017 年底，可实现“村村超五万、百村达十万”的目标。在此基础上，应加快推进农村集体经济组织立法，明确农村集体经济组织的主体地位、成员资格、权利义务、组织机构、资产经营和法律责任等内容。同时，可通过设立发展村级集体经济项目建设财政奖补资金等方式，加大对村级发展集体经济项目的扶持力度。增强集体经济的物质基础，增进“分”与“统”的有机统一。

（“完善我国所有制结构重点任务研究”课题组
执笔：綦鲁明）

# 因企施策，推进军工行业资产证券化

军工行业资产证券化主要是针对军工企业资产进行产业化重组，以股份或者债券的方式在市场上出售，增加军工企业资产的流动性，使国防工业企业经营机制更加市场化，进一步拓宽国防工业融资渠道、减轻政府财政负担、提高企业资产管理能力，解决制约军工产业发展的资金瓶颈，推动军民融合深度发展。

## 一　内涵与意义

军工行业资产证券化是指军工企业以自身资产为基础，从资本市场上融资，可以分为增量资产证券化和存量资产证券化两种形式。前者发行的有价证券包括股票、债券等，后者发行的有价证券一般为债券，期限较长。

军工企业资产证券化对加大军民融合程度、促进军民融合式发展战略的实施具有重要意义。一方面，军工企业发展需要强大的资金支持，通过资产证券化可以拓宽投资领域，获得稳定的融资渠道。通过合理利用资本市场，鼓励民间资本参与军工企业改组改制和国防科技工业投资建设，吸引国际资本参与军工企业发展，实现投资主体多元化，获得丰富资金来源。另一方面，军工企业通过发展混合所有制，大力推进资本层面的“民”参“军”，推动国防科技工业的军民深度融合，为军工企业体制机制创新提供一个平台。

## 二　现状与问题

作为金融创新重要工具之一，企业资产证券化在国内的通信、基础设施建设等领域已有成功案例，但军工资产重组受诸多限制，军工资产证券化步伐不大，主要是增量资产证券化，且证券化率偏低。

党的十八大以来，新一轮国有企业改革稳步推进。我国军工企业推进投融资体制改革，以市场为导向的多元化融资模式取得新进展。但是我国军工企业实行资产证券化仍处于探索阶段，在破产隔离与真实出售、相关法律法规、会计税收制度、中介机构、金融监管等方面都有待健全。从 20 世纪 90 年代开始，我国军工企业就进行了资产证券化的尝试，经过十多年发展，取得了一定成效，军工企业资产证券化也进入快速发展期，但是还存在不少问题。一是资产证券化率低，数值明显低于国外军工企业资产证券化率。目前十二大军工集团的资产证券化率平均不足 40%，航天科技和航天科工的资产证券化率只有 23.5% 和 24.2%。而全球排名前 100 的军工企业，80% 以上是上市公司，资产证券化率大多在 70%~80% 的水平。二是证券化的资产质量不高。三是军工企业资产证券化动力不足。四是缺乏相关政策法规与可操作性指导措施支撑。

## 三　路径设计

### （一）政府层面基础工作

制定军工企业资产证券化的政策、法规与操作细则。针对实际需求，从环境营造、政策引导、加强监管、操作细则等方面构建军工企业资产证券化政策体系。包括出台《军工企业资产证券化指导意见》，从各部门协调、资格审批、信息披露与豁免等方面，对军工企业资产证券化过程进行指导，协调资产证券化过程中各参与方的利益。在加强监管方面，出台《军工企业资产证券化监督管理办法》，确定监督管理实施机构的主要职责、监督管理范围、监督管理方式与手段以及相应问题的处罚管理措施，确保整个资产证券化过程的顺利实施以及后续运营过程的有效进行。在操作细则方面，出台《军工企业资产证券化实施指导办法》，针对不同的资产证券化途径，从军工企业资产证券化的组织机构、人员保证、企业运营状况等基准条件以及资产证券化实施过程等方面进行详细说明。

**（二）企业层面基础工作**

军工企业资产证券化模式可分为政府主导型、市场主导型和混合型三种。在实施证券化的过程中，可以根据可证券化资产的性质进行选择。

首先，对从事战略武器生产、关系国家战略安全和涉及国家核心机密的少数核心重点企业，保持国有独资。可以选择政府主导模式，采取利用国内投资银行和债券市场发行企业债券、企业之间交叉持股的方式，在禁止核心保军资产进入股份制企业的前提下，对通用设备和辅业资产进行证券化。

其次，对从事关键武器装备总体设计、总装集成以及关键分系统、特殊配套件生产的重点企业，可以选择混合型。通过债转股及企业在行业内部或跨行业利用资本市场平台实施由市场主导的重组、联合或兼并等方式来完成。

最后，对军民两用产品、一般武器装备及配套产品生产的企业资产证券化，可以采取与一般企业资产证券化相同的方式，根据企业自身特点和发展要求，在国内外资本市场上按照市场主导模式实施资产证券化。

根据可证券化资产的不同，企业实施证券化的方式有所区别。有的实行增量资产证券化，发行股票上市。如果企业以缺乏流动性、但能够产生可预见的稳定现金流的资产为基础资产进行存量资产证券化，就需要对可证券化资产界定方法及其定价模型、SPV（特殊目的实体）设立方式、信用增级模式以及资产证券化会计核算处理规范等内容进行深入研究。

## 四　建议

### （一）加快完善资产证券化法律法规

对军工行业资产证券化相关法律法规进行完善，特别是要增强政策的指导性和可操作性。宏观层面上，加快制定相关指导文件、激励机制和支持条件，为满足条件的军工企业进行股份制改造营造良好政策环境。微观层面上，一要明确武器装备研发生产的市场交易规则，包括可进入市场的主体资格、交易流程、交易标的物等；二要建立军工企业资产并购评估审批制度，除按照市场规则进行运作外，针对军工上市公司间的并购重组，需要增加政府行业主管部门的评估环节，就其是否妨碍军工行业竞争、影响国防安全及国家利益等出具评估意见；三要严格保密管理，赋予军工企业在涉及国家秘密、国防安全等方面的特殊规定；四要在军工上市公司中推行“金股”制度，通过“金股”赋予政府一定的特殊权利，加强管控，包括对公司章程修改的决定权、规定董事会成员的任职资格、对其他投资者持股比例的限制等。

### （二）加快股份制改造

国有军工企业进行股权多元化的股份制改造包括两种方式，一种是吸收非国有资本，另一种是不同企业的国有资本相互投资持股。首先，根据关系国家战略部署的核心程度、涉及国家机密的重要程度、对国家安全的影响程度等对军工企业进行分类，按国有独资、国有绝对控股、国有相对控股等模式进行股份制改造。通过适度降低国有独资、绝对控股的比例，引入社会资本，实现投资主体的多元化，促进军工企业国有资本合理流动和重组，实现资源的优化配置。其次，通过股份制改造促进军工企业建立规范的现代企业管理制度，转换经营体制机制，引入与市场接轨的激励及约束机制，激发军工企业的内在活力和自主发展能力，增强企业竞争实力。

**（三）鼓励军工企业上市，借助资本市场优化资产配置**

军工资产直接上市或者以增发方式注入上市公司是提高军工上市公司质量较为有效的办法。要力争以军工企业股份改造为基础，以上市公司为平台，推进军工企业资产的集中与整合，包括军工资产规模化和专业化的集中与整合。首先，推动同行业、同类型军工企业资产的集中，以提高规模化效益，打造具有国际化竞争力的军工企业集团。其次，推进军工企业，尤其是中小型军工企业的专业化重组与整合，走“专、精、特、尖”的发展道路，以提升军工企业的专业化能力和水平。

（“国有企业资产证券化研究”课题组　执笔：任海平）

# 吸引外商直接投资的政策建议

近年来，外资在华裁撤员工、关闭机构时有发生，外资撤离中国的声音也时有出现，并引发中国投资环境变差、对外资吸引力下降的担心。从数据来看，我国吸引外商直接投资增速有所放缓，结构有所优化，并未出现外资大规模撤离现象。未来，应对国际国内经济形势的深刻变化，我国需要深化在服务业开放、投资便利化、知识产权保护等方面的改革，打造良好的营商环境，在新一轮对外开放中赢得主动和优势。

## 一　外商直接投资流入出现新变化

2008 年国际金融危机爆发以来，全球外商直接投资（FDI）增长乏力，一定程度上影响了我国吸引 FDI 规模。2008 年之后，我国 FDI 流入整体呈现下降趋势。2010 年增速出现反弹，但幅度有限，此后甚至出现 2012 年和 2016 年两次 FDI 流入增速为负数的情况，增速分别为 -3.70% 和 -0.21%。

与此同时，FDI 流入结构出现变化。一方面，制造业领域 FDI 流入规模逐步降低。2009 年我国制造业 FDI 流入经历短暂的下滑后，于 2011 年上升至 521.01 亿美元的历史高点，此后逐年下降，2015 年为

395.43 亿美元，降幅达 24.1%。另一方面，部分行业近年来 FDI 流入规模明显上升。2008 年以来，批发和零售行业以及租赁和商业服务业 FDI 流入延续之前的上升势头。2015 年分别流入 120.23 亿美元和 100.5 亿美元，较 2007 年分别增长了约 350% 和 150%。2013 年以来，金融业 FDI 流入出现快速增长，从 2013 年的 23.3 亿美元跃升至 2015 年的 149.69 亿美元，增幅达 542.45%。

我国 FDI 流入结构性变化的重要原因是 FDI 流入目的发生了改变。2005 年前，外商投资企业更多看中的是中国低成本投资环境；2012 年前，外商投资企业更多看中的是中国快速增长的市场环境；2012 年以来，外商投资企业更多看中的是中国高技术制造业和服务业新增长点。过去外商直接投资 70% 进入制造业，现在则是 70% 进入服务业，尤其是知识、技术和人才密集型服务业。

## 二　我国营商环境持续改善

世界银行 2017 年营商环境报告显示，在全球 190 个经济体中，我国营商环境综合排名 78 位，在新兴经济体和发展中国家中居于前列，与发达经济体仍有明显差距，但我国一直在积极努力改善营商环境。

### （一）我国市场准入限制一直在降低

经济合作与发展组织汇编的市场准入限制指数显示，2016 年中国的数据为 0.327，是世界上限制境外投资者准入最严格的国家之一。但历史地看，我国一直致力于减少各种市场准入限制，并取得了切实效果，市场准入限制指数从 1997 年以来稳步下降。

政策方面，我国对境外投资者的特殊限制已从 2015 年《外商投资产业指导目录》的 93 项减少到 2017 年的 63 项，并提出适用于外商投资准入的负面清单。受限制行业包括关系国家安全的电视、新闻出版和内河航运业，以及部分倾向于中资占市场主导的金融、电信和研发部门。对不受限制行业，政府已简化程序，一般外商投资项目，企业仅需向政府登记或备案。

2017年8月，我国发布《关于促进外资增长若干措施的通知》，在一些具体行业明确对外开放时间表和路线图，加强知识产权保护方面的承诺，对在华工作的外国人才建立全国工作许可制度和提高签证便利等，这些举措可望进一步降低外商准入限制。

**（二）我国一直致力于改善公平竞争的市场环境**

长期以来，很多外商企业担心中国政府对某些国内企业（特别是国有企业）的显性或隐性优惠政策和补贴，带来潜在歧视，阻碍了市场公平竞争。但布鲁盖尔研究所数据显示，2016年，中国制造业中民营企业占比已达到61%，同期国有企业和外商独资企业占比分别为28%和11%，房地产业和餐饮业也呈现相似占比。近年来，我国加快了土地管理、信贷管理和能源管理等领域的市场化改革，不断完善法律法规，降低市场准入门槛，营造公平的市场竞争环境。

## 三　我国吸引外商直接投资面临的挑战

我国吸引外商直接投资仍受国内外诸多因素制约，面临一系列挑战。

**（一）来自其他国家招商引资优惠政策的竞争**

在全球直接投资规模显著下降的背景下，各国纷纷出台促进投资自由化和便利化的政策，加快签订各类投资协定，以增强对外商投资的吸引力。联合国贸发会议统计显示，近三年来各国出台的投资自由化和便利化政策措施占全部投资措施的比重在82%左右，大大高于危机后初期不到75%的水平。特别是美国特朗普政府正在掀起以减税为核心的新一轮投资政策竞争，各国对有限投资资源的争夺将日趋激烈。

**（二）国际产业布局深刻变化，我国利用外资面临“上压下挤”态势**

主要发达经济体一改过去鼓励资本输出的态度，力促再工业化、力推资本回流、力争抢占新一轮科技革命和产业变革制高点，我国在先进制造业和现代服务业的招商引资中面临发达经济体的压力。2016 年美国制造业利用外资额占其利用外资总额的比重达 41.1%，较 2009 年提高 7.4 个百分点。当年美国直接投资流入 3850 亿美元，居全球第一。东南亚、南亚等不少发展中国家利用低要素成本优势大力承接国际产业转移，成为全球重要的加工组装基地，在吸引劳动密集型产业投资方面对我国形成挤压。

### （三）我国营商环境与企业诉求和国际高标准仍有差距

整体开放水平仍有提升空间，特别是金融、教育、文化、医疗等部分服务业领域有待继续扩大开放。不少服务业领域大门已开放，但从事各项具体业务仍需行业主管部门核准，“企业可以设、业务不能做”的现象时有发生。项目前置审批时间偏长、环节偏多，绝大部分项目已经实施投资备案制管理，但真正开工建设或实际运营，还要获得诸多部门许可，在获批前处于“能进不能干”状态。税负仍有下降空间，如赡养父母支出、抚育子女支出、房贷支出等发达经济体通行的抵扣项目尚未纳入个人所得税抵扣。企业社保缴费支出在全球处于较高水平，成为用工成本高企的重要因素。

## 四　政策建议

### （一）进一步明确利用外资的战略思路

一是从世界工厂向世界市场转变。系统设计政策框架，通过提高中低收入群体收入水平、推进新型城镇化等措施，通过打造世界最庞大的中产阶层消费群体，释放巨大的内需潜力，使广阔市场空间成为吸引外资的核心竞争力。

二是从引资为主向引资、引技、引智有机结合转变。充分利用国内良好人力资本和产业配套优势，提升对跨国公司地区总部、研发中心、财务管理中心等高端环节的吸引力，注重吸收搭载在国际投资中的技术创新能力、先进管理经验和高素质人才，推动产业转型升级和制造业强国战略实施。从产业开放、税收政策等入手，打造承接研发等服务外包的优良营商环境，从世界工厂转变为世界办公室。

三是从优惠政策为主转向制度规范为主。以自由贸易试验区和开放型经济新体制综合试点建设为抓手，与国际高标准贸易投资规则接轨，形成市场配置资源新机制、经济运行管理新模式，通过向全国复制推广相关经验，完善法治化、国际化、便利化营商环境，显著降低市场主体面临的制度性交易成本，释放制度红利。同时，照顾各地开放基础的差异性，允许地方政府在法定权限内制定出台招商引资的优惠政策，调动地方积极性，形成规范制度为主、优惠政策为辅的优良营商环境。

**（二）政策建议**

一是以扩大中等收入群体为重点，打造充满活力的需求环境。健全居民收入增长和经济增长同步机制。适应性提高社会保障水平，建立养老、医疗等基本保障随经济发展动态调整的机制。探索国有企业上缴利润和增值收益直接惠及中低收入群体的体制机制。加快行政事业单位工资制度改革，贯彻实施以增加知识价值为导向的分配政策，引导社会和用人单位在分配中向研发人员、技能工人等倾斜。

二是以减少和规范部门许可为重点，打造不断开放的市场准入环境。加快放开育幼养老、建筑设计、会计审计、商贸物流、电子商务，以及一般制造业和服务业等竞争性领域对外资准入限制和股比限制。尽快在全国范围内推行负面清单投资管理制度。在上海自贸试验区扩大“证照分离”政策涉及的准入许可范围，条件成熟时在全国复制推广，更好解决企业“办照难”问题。提高各部门许可审核程序和判断标准的透明度，减少部门自由裁量权，实现内外资一视同仁。建立以环保标准、技术标准、安全标准等标准体系为主的行业准入机制，推进事中事后核查，减少各部门特殊许可数量。

三是以降低用工成本和税费负担为重点，打造有竞争力的成本环境。进一步降低企业养老保险缴费比例，同时提高中央和地方国有企业利润上缴比例以弥补缺口，保证职工养老金待遇不降低。在保证劳工权益和坚持自愿前提下，适当提高加班时间、劳务派遣工占比等的灵活性。进一步优化研发费用税收加计扣除的核算管理和申请程序，适当提高税收加计扣除比例。提高个人所得税起征点，对赡养父母、抚育子女、偿还房贷利息等支出予以适度抵扣。

四是公平执法和完善事中事后监管。坚持内外资企业一视同仁，避免“守法者吃亏、违法者获益”。加强企业遵纪守法激励机制建设，对遵纪守法的企业予以表彰或奖励。鼓励企业实名举报侵犯知识产权、垄断等不公平竞争和违法行为，依法及时处理。按照属地管理原则，由地方外资主管部门不定期但每年至少一次对当地外资企业进行全面监督核查。明确外资企业违反法律法规的惩罚标准，并赋予外资主管部门执法权限。明确特别管理措施和完全备案制两类外资企业的事中事后监管程序差异。时机成熟时，加强外资、税务、环保、质检等部门合作，建立全方位的事中事后监管机制。

（“国际经济形势跟踪研究”课题组

执笔：谈　俊　杨长湧　李大伟）

# 推动『一带一路』倡议与区域经济发展

# 依托香港设立“一带一路”国际板的建议

习近平总书记在2016年8月17日推进“一带一路”建设工作座谈会上，特别强调要“切实推进金融创新，创新国际化的融资模式，深化金融领域合作，打造多层次金融平台，建立服务‘一带一路’建设长期、稳定、可持续、风险可控的金融保障体系”。习总书记的讲话高屋建瓴，指出了“一带一路”倡议实施中的一个关键——融资问题。如何贯彻落实习总书记讲话精神，特别是结合深化金融改革的实际需要，在服务“一带一路”建设的同时加快推进人民币国际化，进一步增强我国经济的国际影响力和竞争力，需要有创新的思路和办法。本文建议依托香港联交所筹建面向“一带一路”、以人民币计价和交易的证券交易平台，就是一个兼顾多重战略目标的方案。其基本思路是：由联交所设立以人民币计价和交易的证券交易平台，提供人民币债券、股票以及交易型开放式指数基金（ETF）等产品发行、挂牌和交易等服务，为“一带一路”沿线项目上市融资、风险管理和资本退出畅通渠道和机制。谋划筹建这一证券交易平台，其重要意义不亚于亚投行和丝路基金的设立。

## 一　战略意义

### （一）有利于促进“一带一路”倡议实施

“一带一路”建设从无到有、由点及面，进度和成果超出预期。然而，到目前为止，围绕“一带一路”倡议实施的绝大多数政策设计都是侧重于“投入”，即投资于基建和园区以及为这些投资而设计的融资机制，如亚投行和丝路基金，但这些投下去的资金如何“退出”则显得谋虑不足。而且目前的投资主体以代表国家意志的开发性金融机构（如国开行）和部分央企为主，侧重于打基础、搭平台。但“一带一路”是一个长期的、管总的世纪标志性工程，仅依靠国开行、部分央企、亚投行和丝路基金可能是杯水车薪、难以为继。“一带一路”要真正能够落地见效、生根开花，则需要大量的民间资本尤其是全世界的多类资本持续跟进。而民间资本尤其是各路国际资本虽然热情很高，但犹疑于“一带一路”国家和地区存在的国别风险、各类商业风险及缺少有效的投入平台，目前尚未形成大规模投入的态势。这就需要研究考虑投资新平台及退出机制的设立。有了良好的平台和顺畅的退出机制，才会有持续不断的资金投入，“一带一路”倡议才会有更强的经济动力。在香港推出以人民币计价和交易的证券交易平台，筹备“一带一路”国际板，其核心就是为庞大的资金投入提供良好的退出机制。有关项目可以到这一平台发债、IPO 挂牌、交易和退出。资本市场也将会根据市场需求主动开发出有关规避风险、对冲风险的产品。“一带一路”项目本身面临的国别风险、商业风险将得到有效管理和缓释；而且香港的国际金融中心地位和全球影响力也可以对项目本身形成强有力的市场规制。这实际上是引国际资本市场之活水，灌“一带一路”之良田。

### （二）有利于加快推进人民币国际化

人民币国际化是当前和今后我国对外金融战略的一个工作重点。在香港设立“一带一路”国际板，将有效促进各有关主体持有和交易离岸人民币，特别是对那些通过贸易项下结算而形成的离岸人民币将有新的投资渠道。同时，由于香港是货币自由兑换的金融中心，国际资本无论是出于自身资产配置的需要还是参与“一带一路”项目建设的需要，也将不得不兑换为人民币，这实际上从需求侧为离岸人民币的供给创造了条件。进一步，从目前人民币国际化进程看，已相继在伦敦和香港等地形成了一定规模的离岸市场，但这些离岸市场仅仅停留于货币市场，尚没有相应的资本市场与之相匹配，以致其定价机制不得不锚定于我国的在岸市场，锚定于我国进出口和外汇储备。这也对在岸市场的汇率稳定造成了巨大压力。如果有一个以人民币计价和交易的离岸资本市场与离岸货币市场相匹配，将为离岸人民币的价格形成提供资产基础。无论国际市场如何变化，只要离岸人民币对应的离岸资产价值没有出现大幅贬损以及相应的在岸市场保持基本稳定，离岸人民币的价值也将会保持基本稳定。更重要的，一旦有了这样的离岸资本市场，将有效促进“一带一路”沿线国家和地区的货币当局将人民币作为储备货币。因为这些国家和地区的项目一旦在香港上市，融来的人民币资金将被兑换成当地货币，人民币将成为这些货币当局的储备货币；而当这些上市项目盈利后，又要兑换成人民币进行分红，这也要求货币当局保留一定的人民币储备以备兑换之需。这也与我国目前与“一带一路”沿线国家和地区达成的货币互换协议形成了有效的战略协同。

**（三）有利于巩固香港国际金融中心地位**

受多次金融危机冲击、世界经济持续低迷影响，香港近年来经济增长乏力；再加上当前香港社会出现了一定“乱象”，已引发外界对香港国际金融中心地位和未来前景的质疑。香港迫切需要寻找新的增长动力。而国家“一带一路”倡议则给香港发挥其自身优势提供了前所未有的机遇。支持在香港设立“一带一路”国际板体现了中央对香港在国家对外战略中所处地位的新认同，也是对香港国际金融中心地位的新提升。事实上，与内地其他城市相比，香港拥有不可比拟的优势。一是国际化程度全世界公认。货币自由兑换和资本自由进出，让香港成为世界上少有的几个国际自由港之一，可借此成为“一带一路”倡议对接国际资本的金融枢纽。二是法治秩序全世界公认。香港现行的监管体系相对健全、法治秩序深入人心，这有助于“一带一路”国际板获得“法治信用”，从而更容易得到国际社会尤其是“一带一路”沿线国家和地区的认同。三是专业机构和人才资源丰富。香港聚集了一大批国际化、高层次的金融机构和专业从业人士，无论是工作语言还是专业能力，都是“一带一路”倡议实施不可多得的资源优势。四是香港已经是全球最大的离岸人民币市场，在香港推出以人民币计价和交易的“一带一路”国际板不仅有利于丰富离岸人民币市场的投资品种，还可以通过发挥在港中资机构的积极作用，助力香港成为离岸人民币的定价中心，有效管控人民币资本项下可兑换改革所带来的风险。总之，香港作为中国内地与世界特别是“一带一路”沿线国家和地区经贸关系的“超级联系人”优势，一定要利用好、发挥好、发展好。

**（四）有利于助推粤港澳大湾区协同发展**

根据国务院《关于深化泛珠三角区域合作的指导意见》（国发〔2016〕18号文，以下简称《泛珠指导意见》）精神，要“打造粤港澳大湾区、建设世界级城市群”。在香港设立“一带一路”国际板将为此提供强有力的支撑。一方面，香港“一带一路”国际板的设立，将有利于促进和带动整个大湾区的协同发展。在国务院《关于印发中国（广东）自由贸易试验区总体方案的通知》（国发〔2015〕18号）中，已明确提出要“研究探索自贸试验区企业在香港股票市场发行人民币股票”，《泛珠指导意见》则进一步明确提出要“支持泛珠三角区域内企业在香港发行人民币债券”。香港“一带一路”国际板的设立是对这两个重要文件精神的贯彻落实，将为粤港澳大湾区乃至泛珠三角区域的企业拓宽更加便捷的人民币直接融资渠道，有利于增强其跨境经营和参与全球竞争的能力。另一方面，从目前中国企业“走出去”的情况看，来自粤港澳大湾区的企业和资本多。他们凭借勤劳和智慧在东南亚和“一带一路”国家及地区开工厂、建园区、做贸易、搞投资，对大湾区有着天然的地缘、乡缘和亲缘，在香港建设“一带一路”国际板，他们的企业和项目将最先受益。不仅有利于促进此类企业和项目在当地加快发展，还必将有助于增强其对大湾区的认同感和归属感，加深大湾区与“一带一路”国家和地区的经济联系，进一步提升大湾区的辐射带动力和全球影响力。

## 二　操作建议

建设“一带一路”国际板要在路径安排、政策设计和体制机制方面统筹谋划，做到积极稳妥、合力推进。

首先，在路径安排上，建议按照“债券—股票—衍生品”的顺序逐步推出。先鼓励“一带一路”的项目和企业在香港发行人民币债券或人民币特别提款权（SDR）债券，在联交所设立独立的板块进行挂牌交易；其后，择机推出人民币股票产品，逐步拓展这一国际板的影响力；最后，视需要推出有关衍生品交易品种，鼓励各类人民币交易型开放式指数基金（ETF）进场交易，为市场提供风险对冲工具。

其次，在政策设计上，在沪港通和深港通的基础上，探索内地资金投资香港“一带一路”国际板的通道。建议在额度控制的前提下，重新启动人民币合格境内机构投资者（RQDII）业务，并优先鼓励粤港澳大湾区的机构发起设立 RQDII 基金，待成熟时逐步放宽额度限制。还要发挥在港中资机构的“压舱石”作用，鼓励此类机构在初始阶段积极参与、适度托市、培育人气，逐步吸引全球资本投资“一带一路”国际板。

最后，鉴于香港联交所的特殊地位和有关法律法规的限制和要求，为了顺利推进试点工作，建议由深交所与香港联交所达成战略合作，探讨双方联合成立独立法人，负责这一板块的筹备和后续运营工作，以确保“一带一路”国际板按照预设的方向发展，不走样、不走偏，真正成为“一带一路”倡议实施的重要支撑。

总之，谋划“一带一路”国际板是关乎新时期我国对外战略的一个重要问题，需要高度重视。2017年是香港回归二十周年，中央也将举行“一带一路”国际合作高峰论坛，如能宣布在香港设立“一带一路”国际板，不仅是有利于香港稳定和发展，也将推动“一带一路”倡议实施更上一层楼。

（“粤港澳大湾区合作发展规划研究”课题组，
执笔：李金波）

# 智库服务“一带一路”建设的建议

“一带一路”国际合作高峰论坛是我国举办的具有重大历史意义的全球性盛会。按中央要求，峰会高级别会议环节在按“五通”分设平行主题会议的同时，专门加设了智库交流平行主题会议板块。本次智库交流主题会议有包括美国、日本、澳大利亚以及巴基斯坦、捷克等国前政要在内的40余国200多位中外智库嘉宾参加。会议紧密呼应习近平主席《携手推进“一带一路”建设》主旨演讲，聚焦“携手打造智力丝绸之路”主题，各位智库人士深挖丝路精神内涵，畅谈全球发展大道，研讨当下现实问题，探寻智库合作路径，形成了丰硕的成果。

本次智库交流平行主题会议，对于建立智慧云涌、思想迭出的“智力丝绸之路”仅是开端。习近平主席宣布2019年将继续举办“一带一路”国际合作会议，届时智库交流板块的作用将更加凸显，我国智库责任重大、使命光荣。

## 一　本次智库交流主题会议显示智库在推进“一带一路”建设中可以发挥重要且独特的作用

本次智库交流平行主题会议，是中国智库围绕国家重大战略的首次集体行动，总体效果很好。

### （一）可以在最短时间形成携手推进“一带一路”建设的强大舆论场

与会嘉宾发言有力配合习近平主席开幕式主旨演讲，提出“一带一路”是具有里程碑意义的伟大倡议和构想，为全球化发展提供强大正能量和推动力，“一带一路”体现的和平目的、发展指向、开放姿态和共赢精神，将中国梦与世界各国人民的梦想紧密相连。一些代表点名或不点名批评了某些国家的冷战思维、孤立主义、保护主义等错误做法，从道义制高点上为“一带一路”做了有力的论证和阐释，极大地增强了各方对建设“一带一路”的理解、认同和信心。这些观点、想法经具有广泛代表性的智库权威人士现场“同波段”讲出，旋即形成了与习近平主席主旨讲话相谐共振的和声，一时间携手推进“一带一路”建设，共同推进全球发展聚合成强势国际主流民意，产生了由单纯我方智库宣讲难以企及的效果。

### （二）通过智库交流可以形成强大的助力“五通”集成效应

与会智库代表专业广泛，涉及各领域各方面，对本国发展中长期无法解决的“痛点”感受甚深。很多代表发言提及“五通”中具体领域，提出了有价值和见地的意见和建议。智库交流平行主题会议创新性地在“五通”中找到新的、可操作性的“榫卯”接口，很多智库代表结合当前蓬勃发展的新技术、新业态、新模式，提出了下一步拓展各国相通的新接口。阐明在携手推进陆上丝绸之路、海上丝绸之路的同时，可以进一步拓展建设空中丝绸之路、网上丝绸之路。在“一带一路”建设美好愿景逐步变成现实的过程中，智库将发挥强大、持久的影响力。

### （三）建设“智力丝绸之路”可以大有作为

本次智库交流平行主题会议代表来源的广泛性，从一个侧面体现了“一带一路”建设的共商、开放和包容。近年来“一带一路”沿线国家陆续成立智库机构，很多智库机构紧密联系本国决策，有很好的民意基础和很强的政治影响力。本次智库交流平行主题会议也是一次成功的“一带一路”建设智库宣传交流会，它将发挥重要的“宣传队”和“播种机”的作用，有利于引导各国公众认知和社会舆论，助力“一带一路”建设规划对接、方案设计、项目推进，特别是参与解决建设中出现的分歧和摩擦，推进“一带一路”建设同心聚力相向而行。

会上，中外智库形成《构建多彩丝绸之路的共识》，各国智库机构愿意携手共进，做“一带一路”建设最大公约数的探寻者和共赢发展成果的推进者。各方商定共同推进“一带一路”智库经常化、机制化交流平台和网络建设，就“一带一路”顶层设计、规划论证、民间调查、风险预警、效果评估等开展联合研究。

### （四）本次会议的成功举办是中国特色国家高端智库建设的一大成果

本次智库交流平行主题会议，中宣部作为主办单位精心筹划和组织，国经中心作为承办单位紧密配合，国内各家高端智库通力协作。国内智库“国家队”齐动员全上阵，各家智库主要负责同志参加讨论，是一次国内高端智库研究交流能力和水平的集中展示，较好地发挥了服务国家决策、引导国际舆论、谋划发展大计的作用，展现了中国特色国家高端智库建设的成果。

此次活动的举办，为国家高端智库发展进一步明确了发展方向，增强了加快建设中国特色国家高端智库的紧迫感，增加了建设服务大国崛起需要、建设与大国地位相适应的国际一流智库的信心和决心。

## 二　对标“一带一路”建设新目标，需要审视我国智库当前服务“一带一路”建设中的不足

本次国际合作高峰论坛标志着“一带一路”建设进入新阶段。前一时期国内各智库学者做了很多“一带一路”宣介、阐释工作，取得积极效果。立足“一带一路”这一宏大国家战略和世纪工程需要，智库

在服务能力和水平上还存在许多不足，亟待改进。

一是智库“一带一路”研究总体还处于一般性宣介阐释阶段，具有相当深度的学理性研究不多见，出现了一定程度的作风漂浮、浅尝辄止倾向。一些智库研究课题雷同，结论大而化之，缺乏实际价值。二是智库国际交流存在“嫌贫爱富”倾向，去美、欧等发达国家智库交流的多，与发展中国家智库交流较少，对不发达国家很少涉足。三是作为思想品供给方，智库的“一带一路”研究成果与需求方脱节，地方政府、“走出去”的企业、金融机构等尽管急需，但很多时候得不到有切实指导作用和参考价值的研究成果。四是目前由于处于起步阶段，智库“一带一路”建设专业人才队伍相对分散弱小。五是政府相关管理部门对智库发展的特殊要求关注不够，在思想方法和实际工作上基本等同于一般性事业单位，国内智库交流“出国难”问题没有很好解决。

## 三　提升智库服务“一带一路”建设能力的建议

有关部门和各智库机构应以此次会议成功举办为契机，立足服务于国家总体战略需要，向未来发展要求对标，切实加强智库改革、建设和管理，全面提高服务“一带一路”这一国家战略和世纪工程的整体水平。

### （一）推动智库“一带一路”研究向深入化、学理化、实操化发展

“一带一路”是中国梦与世界各国梦想连接的伟大工程，智库服务于“一带一路”建设，必须要在学理上回答“一带一路”倡议所涉及的全球发展、世界经济、国际政治、历史文化等各方面问题，要把“一带一路”相关问题学理化研究列入中国特色哲学社会科学的重大课题，作为讲好中国故事的重大任务。同时深入研究具体战略与规划对接、项目推进实施、总体效果评估等更具实操化的课题，增强服务“一带一路”建设的针对性、实用性。

**（二）加强对智库建设推进和协调力度**

推进国内高端智库在“一带一路”研究方面的协调，从专业方向和对象国范围方面实行大致侧重和分工，防止出现“一窝蜂”“一阵风”现象。配合“一带一路”倡议对接、规划和“五通”重点，扎扎实实地进行智库合作研究，提出先于行动的方案和谋略。

**（三）建立政府部门、国内智库与“走出去”企业、机构的对接合作机制**

为服务于“一带一路”建设需要，目前中央政府部门与国家高端智库已着手建立起机制化的对接机制，解决决策需要和智力咨询服务脱节问题。要推动国家高端智库与参与“一带一路”国际合作的地方政府、“走出去”的企业、金融部门、科研机构等各类机构的联络和合作。解决目前存在的智库出国难问题，推动国内更多智库能够“走出去”做工作，使智库研究、交流、咨询服务“接地气、用得上、有效果”，实现智力产品“供给侧”与“需求侧”的充分有效对接。

**（四）加快建立一支服务于“一带一路”建设的智库专业化人才队伍**

要提高队伍建设的组织化程度，有计划地培养一批政治素质高、业务能力好、交流能力强的“一带一路”智库研究和交流梯队。要学会和掌握国际会议惯例和表达方式，提高国际交流水平。要创造条件推动智库人员到政府涉及“一带一路”部门、驻外商事机构、涉外大型企业等锻炼培养，促其加快成长并早日发挥作用。

（战略研究部　徐占忱）

# 加快推进“一带一路”建设中的中日产业合作

5月22~26日，中国国际经济交流中心课题组对日本政府部门、企业界、学术界等进行了调研，就日本参与“一带一路”建设等内容进行了交流。就调研情况看，日本企业界和学术界认为，日本政府应当积极参与“一带一路”建设。从调研情况看，目前日本政府的态度由谨慎开始向积极逐步转变，各界对参与“一带一路”倡议所选择的路径也不相同。

## 一　对“一带一路”倡议，日本政府保持谨慎，而企业界和学术界表示应积极参与

### （一）日本企业界和学术界对“一带一路”倡议下中日合作持非常积极态度

全球基础设施基金会（GIF）理事长山元顺雄认为，“丝绸之路”一词在日本普及程度很高，中国推进“一带一路”建设对发展日本经济非常有吸引力。此前，日本前首相鸠山由纪夫、日本前驻联合国大使谷口诚等均认为，日本应尽早加入亚洲基础设施投资银行（以下简称“亚投行”），积极在“一带一路”建设中发挥重要作用。日本产业经济研究所副所长森川正之认为，“一带一路”倡议的推进将引发中

国对外投资上升，带动国内服务业发展，日本企业应增加对华服务业投资。

**（二）日本政界对参与“一带一路”倡议持谨慎态度，但近期有所转变**

日本政府对加入亚投行和参与“一带一路”倡议比较谨慎，内阁并未进行积极表态。5月15日，参与中国“一带一路”国际合作高峰论坛的日本自民党干事长二阶俊博表示，对中国提出的“一带一路”倡议表示赞赏，并持续关注其今后的发展。日本各界尤其是企业界对“一带一路”的积极态度，促进了日本内阁对参与“一带一路”合作态度的转变。6月5日，日本首相安倍晋三表示，如果条件成熟，日本愿意参与“一带一路”合作。日本内阁对“一带一路”的态度虽有所转变，但提出了前置条件，意味着现在还不是最佳时间窗口期。究竟达到什么条件才算成熟，还有待日本官方进一步表态。

**（三）日本一些机构和企业参与“一带一路”建设已取得积极进展**

近日，日本在华企业组成的“中国日本商会”已设立“一带一路联络协议会”，以共享中国“一带一路”倡议的相关信息，积极对接“一带一路”相关合作项目。此外，不少日本企业在积极寻求参与“一带一路”基础设施建设工程，包括道路、铁路、港湾、输电网、通信网等方面的建设项目。如日本国际协力银行已与中国国家开发银行和中国进出口银行签署合作备忘录，共同参与“一带一路”投资。

**（四）中日“一带一路”合作尚面临政治、法律等风险**

一是中日在与“一带一路”沿线国家开展合作仍将面临很多困难。山元顺雄认为，中国推进“一带一路”建设的沿线国家多是欠发达国家或不发达国家，在这些国家进行海外投资会面临风险，这些风险导致“一带一路”倡议推进过程中将面临很多困难，日本企业也很少在这些国家开展投资布局。二是两国合作仍然存在政治、政策和法律等方面的问题。三菱商社中岛治男认为，目前不仅两国政治因素对日本企业在华投资和参与“一带一路”建设有一定影响，两国政策与法律制度一致性和连贯性、技术转移壁垒问题也对日本企业参与投资有影响。三是日本政府政策不确定性也会对日本企业海外投资和实体经济发展产生负面影响。四是中日企业投资决策程序不同，也导致两国企业合作方式存在一些障碍。

## 二　在“一带一路”建设中，中日企业正深化节能环保、大型基础设施工程建设、科技创新、现代服务业等方面合作

据调研，在“一带一路”建设中，中日产业具有互补性和各自比较优势，可以加强在节能环保、大型基础设施工程建设、科技创新、现代服务业等多个领域的商业合作，共同开拓第三方市场。

### （一）节能环保领域将能有效发挥各自优势，实现双赢合作

中日两国政府在环境保护领域合作具有共识，并且已经开展这方面的合作。据日本协力银行调查，日本企业在节能环保领域具有丰富的技术优势和长期运营经验，愿意与中国开展该领域的合作，以达到互利双赢效果。

### （二）日本工程设备企业愿意参与大型基础设施工程投资项目

从目前“一带一路”基础设施建设项目库来看，沿线国家的大型基础设施项目建设是一个重要的领域，日本大型工程机械和设备技术水平在国际上处于前列，包括三菱重工、松下公司等，日企可以向“一带一路”基础设施项目提供工程设备和设备融资，同时也愿意与中国企业加强工程承包方面的合作。

### （三）中日企业可加强数字经济和科技创新领域的合作

目前，日本仍具有某些领域的技术创新优势。日本政府正在大力推进技术和产业创新，尤其是在人工智能、数据管理、物联网（IoT）和机器人产业领域。日本企业正在积极参与中国数字经济领域相关工作，中国的产业升级也需要日本的先进技术，同时双方还可以发挥新技术的溢出效应，共同开发第三方市场。

**（四）中日双方可进一步加强现代服务业合作**

森川正之认为，第三产业在日本经济结构中占比较大，但是日本人口减少将会影响日本服务业发展，中国要汲取日本的经验教训。日本近年来大力促进服务业对外直接投资，如物流业、商业批发、食品和饮食行业，这些优势可以在“一带一路”合作中发挥作用。中日双方企业还可以挖掘“一带一路”沿线国家的文化要素，如动漫文化，促进文化创意领域的合作。

**（五）金融合作也是中日合作的重要领域**

日本协力银行认为，在推进“一带一路”建设中，中日可以在第三国开展项目投融资等方面合作，中国应积极争取日本加入亚投行，推动日本金融机构参与投资合作。

## 三　推进“一带一路”建设中的中日产业合作举措

当前日本在“一带一路”合作上，仍存在政策、政治等方面的障碍和各种担忧顾虑。中国坚持“一带一路”共商共建共享的原则，对日方的参与加入持开放态度。在新形势下，应更积极地与日方加强多层次、多方面沟通，尤其是加强政策沟通，增进政治互信，争取日本早日加入亚投行并参与到“一带一路”建设中来。

**（一）加强政策沟通，增进政治互信**

一是加强政府之间的沟通和交流。在政策和法律法规制度等方面加强政府间沟通，增进合作的政治互信，消除双方合作的担忧顾虑。二是加强智库等非官方渠道之间的合作。加强中日行业协会、商会、智库等非政府机构在“一带一路”倡议下的合作交流。三是加强企业层面的对接合作。通过日本商会联络协调，促进中日企业之间的合作。

**（二）借助双边多边机制拓展中日合作新空间**

一是促进与亚投行、亚洲开发银行、世界银行、全球基础设施基金等国际金融机构的合作；二是加快推进中日自贸区相关工作，以自贸区建设促进中日在“一带一路”倡议下的深化合作。三是通过东盟，加快推进区域全面经济伙伴关系（RCEP）和中日韩自贸区（FTA）等多边协议的签署。

**（三）鼓励和支持日本企业参与“一带一路”项目**

一是吸引日本企业参与合作项目，借鉴日本企业国际化经验。日本企业国际化采取“三位一体”战略，即对外援助、对外投资和对外贸易，通过这三种手段扶持周边国家发展，主要区域是东南亚国家。这方面的经验中国在推进“一带一路”建设中可以借鉴。二是争取与日本制造业、工程类企业在“一带一路”沿线国家重大工程项目中进行投资和技术合作。

**（四）加强两国智库间交流合作**

围绕“一带一路”合作，中日两国智库可以设立一些联合研究课题，诸如中日全球基础设施联通、产业投资合作、风险防范等方面的课题，同时加强智库研究人员之间交流互访，搭建民间政策交流平台，邀请相关政府机构参与研究与讨论，推动两国政府间的交流合作。

（“新情况下中日韩经贸合作的挑战和新机遇”课题组

执笔：元利兴）

# 日本推进中日韩自由贸易区与区域全面经济伙伴关系的态度考量

近日，中国国际经济交流中心课题组赴日开展调研活动，重点就中日自由贸易的未来、中日韩自由贸易区（FTA）和区域全面经济伙伴关系（RCEP）推进情况交换了意见。我们认为，日本政府仍坚持自由贸易原则，但受制于非经济因素影响，在推进中日韩 FTA 和 RCEP 上面临骑虎难下的处境，主动促成的积极性不高。

## 一 日本近期对推进中日韩 FTA 与 RCEP 的态度

日本已与 21 个国家或地区（东盟、蒙古、瑞士、印度、澳大利亚、新西兰、加拿大、美国、墨西哥、智利、秘鲁、欧盟）签订 17 个经济伙伴关系协定（EPA）。中日韩 FTA 尚在谈判中，日本与中韩的贸易额占其对外贸易总额的约 27.3%。目前来看，日本处在经济全球化的惯性之中。美国坚决退出跨太平洋伙伴关系协定（TPP），日本难以立即追随转身，也很难像美国那样通过内向政策来实现经济转型。

### （一）中日韩 FTA 谈判仍停留在相互观望的状态

2017 年以来，中日韩三国重启 FTA 谈判，并磋商了推进谈判的框架，但三方分歧仍较大，至今未达成预期的共识目标。谈判迟迟未达成，背后有多种原因。其一在于中韩率先达成双边 FTA，这种情况下韩国对推动中日韩 FTA 的积极性不高。韩国与日本产业结构相似，对推动日韩 FTA 的兴趣不大。但日方认为，中韩 FTA 不是高水平协定，推动高水平的中日韩 FTA 仍有重要意义，有必要让韩国尽快重返谈判中。其二是中日韩政治信任降低，给推进 FTA 带来不确定性。中日韩 FTA 带给各方的经济效益是显而易见的，但 2009 年以来中日韩 FTA 谈判进展迟缓，主要受政治阻力影响。安倍政府强力修宪并向中国搞小动作，造成中日政治互不信任，中日韩三国首脑会晤因此推迟，中日两国定期的高层互访停滞。受部署萨德问题影响，中韩关系也走向低迷。20 国集团（G20）汉堡峰会上，中国国家主席习近平与韩国总统文在寅提出要推进中韩关系向前健康发展。对中国来说，美韩围绕萨德的安全同盟仍如鲠在喉。此外，日韩两国在慰安妇等问题上也龃龉不断。

### （二）日本期望早日达成 RCEP，但并不看好年底达成

日本看重 RCEP 所涵盖 34 亿人口、地区国内生产总值（GDP）和贸易量 30% 的区域大市场，积极推进亚太经济一体化，以提振日本经济增长。2017 年 5 月初，在越南举行的第三次部长级会议上，东盟期望能在东盟成立 50 周年之际取得实质性谈判进展。日方认为，目前有关实质性确立的概念还不明晰，现有 17 个领域正在谈判，此次会议又增加贸易救济和政府采购两项内容，16 个成员国表达出尽早达成谈判的愿望，但要年底达成实质性进展尚有困难。因为 16 个成员国协调一致难度极高。目前看，日本、印度等域内国家有自己的小盘算，日本期望继续推行 TPP，不想因达成 RCEP 而让 TPP 失去吸引力。近期，中印边界冲突将使印度不会在 RCEP 谈判中做出让步，同时美日印也在寻求其他经贸合作机制安排。预计 2017 年底 RCEP 达成的可能性不大。尤其是美国等外部势力干扰，让日本、印度等对中国倡导或主导的多边机制有抵触情绪。

## 二 日本坚持中日韩 FTA 和 RCEP 高标准的理由

美国退出 TPP 之后，日本加快推动与欧盟 FTA 的谈判进程，框架性协议已初步达成，这是日本在农业等领域做出了让步。但在中日韩 FTA 和 RCEP 上，日本不肯让步，坚持要达成高标准协定的原因有二。

**（一）日本坚称中国已基本达到高标准协定的要求，在很多领域中国可以追求高标准的贸易投资协定**

日本认为，RCEP 的谈判不一定是 16 个国家一次性谈成，中日两国可优先达成一些高水平的贸易投资协议，然后逐步形成亚洲的高标准协定。一是中国正朝着高水平贸易投资协议方向前进，如中美正开展高水平的双边投资协定（BIT）谈判，上海自贸试验区也是高标准的尝试。二是中国经济发展较为迅速，深圳等城市已达到发达国家标准，日本国内认为中国已不再是发展中国家。三是中国正在推进制造业升级，实施创新驱动增长战略，并向发达国家标准迈进，新经济的发展需要包括商贸规则、知识产权保护等在内的高标准内容。四是中国正在落实全面深化改革的内容，其中接轨国际高标准是重要的改革方向。中国标准化战略做得很好，如中国与德国开展标准共建工作，中国在协议标准谈判上不会存在困难。在商品、服务、技术等标准制定上，日中双方都可以商谈。一项好的标准是两国国民都愿意接受的。

**（二）日本坚持高标准目的是争取时间和谈判空间**

日方认为，推动 RCEP 谈判固然重要，但并不愿意放下身段，推动谈成一个包容性更强的低标准协定。而是在坚持高标准的同时，积极为 TPP 的起死回生争取时间，不仅期望美国回归 TPP，还要引领 TPP 向前发展。日本仍期望参照 TPP 的高标准版本推进中日韩 FTA 和 RCEP 谈判。中日韩 FTA 和 RCEP 涉及国家发展差距较大，最终结果可能会优先达成比较宽泛的协定，即取各国最大公约数的协定。这对日本的经济意义不大，安倍政府推动这些协定尽早达成的意愿不强。日本坚持高标准的另一个原因是争取更多的谈判筹码，拓展有利自己的国际市场空间。日本拥有 TPP 高标准谈判的经验，清楚在哪些关键环节要价。如 TPP 涉及国企问题，RCEP 谈判中仍在争论是否加入国企。日方认为，中日韩 FTA 谈判可与 RCEP 谈判保持同步，但需吸收一些高水平内容,RCEP 谈判成果可反馈到中日韩 FTA 谈判之中，反之亦然。

## 三　推动日本加快中日韩 FTA 和 RCEP 谈判的建议

今后两年正值中日邦交正常化 45 周年和中日和平友好条约缔结 40 周年，日本政府有改善中日关系的意愿。但中日韩首脑会谈的推迟，也让多边经贸协定谈判进展受到影响。日本经济界有推动中日韩 FTA 和 RCEP 达成的意愿，但在政治气候不佳的情况下，“以经促政”的效果并不理想。无论是中日韩 FTA 还是 RCEP 谈判，日本都是域内不可忽视的力量。因政治猜忌较多，日本在谈判推进上难有所作为。若能推动中日联合积极推动中日韩 FTA 和 RCEP 谈判，预计早日达成的概率将大大增加。

一是条件成熟时恢复中日高层互访机制。把握住今后两年中日两个重要纪念周年的机会，努力在 G20 汉堡峰会两国领导人达成共识的基础上，促使日方把改善中日关系的意愿更多体现在政策和行动当中，重信守诺按规矩办事，维护好政治基础。当日方对改善中日关系做出实质性努力后，应恢复中日高层交往并开展机制性交流，优先恢复再次停摆的中日韩首脑会晤，争取 2018 年实现中日两国领导人的正常互访。

二是推进中日双边 FTA 谈判。借鉴日欧经济伙伴关系协定（EPA），支持日本继续充当扩大自由贸易的“旗手”，促进中日经济领域磋商合作。在推进中日韩 FTA 谈判的同时，积极推动中日 FTA 谈判或前期可行性研究。在双向投资、电子商务、知识产权保护等部分领域可以尝试纳入高标准的内容，但不一味追求所有领域的高标准。在各领域可采取标准组合方式，形成包含最大共识的框架性协议，如借鉴中国加入世界贸易组织（WTO）和日欧签订的框架性EPA的做法，在各自重要敏感领域，划定相应的过渡期。说服日方采取渐进的办法，事先设定例外条款，待条件成熟后，再逐步升级某些规则，既为推进中韩FTA升级和中日韩FTA达成提供制度基础，也为形成区域性贸易投资机制的高标准提供典范。对日本来说，加快推进日中FTA也可以对冲美国退出TPP后内向倾向的影响。

三是发挥日本促进中日韩FTA和RCEP谈判的黏合剂作用。鼓励日本对推进中日韩FTA发挥积极作用。引导其表达支持三国FTA的政治意愿，主动开展与中韩两国的经贸对话，拉近中日韩经贸合作的紧密度。如通过推进中日FTA、日韩FTA等举措，扩大中日韩经贸合作的最大公约数，推动中日韩FTA谈判落实。RCEP谈判中，对域内不同发展阶段经济体，可量身定做与其发展水平相适应的贸易投资规则组合。待其进入更高发展阶段，再升级到高标准规则。为此需要中日对引领自由贸易达成默契，发挥日本作为域内重要发达经济体的黏合剂作用，支持日本多做合作伙伴工作。充分利用其紧密的经贸伙伴关系，重点增强印度、澳大利亚、菲律宾等国的参与感和归属感，尽快在RCEP谈判上取得共识，促进RCEP早日达成，塑造多元、联动、包容的亚洲。

四是支持日本在“一带一路”框架下探讨区域经贸安排。积极引导日本将“一带一路”框架下合作体现在政策和行动当中，提高日方在参与主导区域经贸合作中的存在感，支持日方同中方共同开发“一带一路”框架下第三方市场。同时提升基础设施互联互通水平，推动形成区域统一大市场，拓展区域自由贸易新空间。

五是增强“二轨”渠道对区域经贸投资安排的助推力。充分发挥双边经贸关系的压舱石和助推器作用，夯实已建立的中日“二轨”渠道，拓展中韩“二轨”交流。发挥“二轨”渠道“以经促政”“以民促官”的作用，营造积极稳定的双边多边经贸对话氛围，积极弥合中日韩 FTA 和 RCEP 各谈判方的政策鸿沟，改变部分谈判对象的保守倾向。

（“中日韩合作机遇与挑战”课题组　执笔：刘向东）

# 建议将马作为中法非三方合作的优先国家

近日，中国国际经济交流中心副理事长赵进军、副总经济师徐洪才等一行4人赴马达加斯加（简称“马”）调研。期间，与我驻马大使馆、马公共工程部部长、国家行政学院、总统特别顾问、水利部秘书长、中资企业、塔那那利佛大学和法国驻马大使馆等，就中法合作共同开发非洲市场的相关问题进行了座谈。

## 一　中法在马开展非洲市场第三方合作前景广阔

### （一）马具有重要地缘战略价值，经济发展潜力巨大

马位于非洲东南部，扼守莫桑比克海峡，是南大西洋、西南部非洲到波斯湾的咽喉要道，与好望角同样成为联通大西洋与印度洋的战略要地，也是亚太地区、印度洋沿岸各国同西欧和北美大型油轮的必经之道。马国人口约2489万，面积62.7万平方千米。矿产资源丰富，铁、铜矿主要分布在西北部，石墨、镍、锆、铬、金矿集中在中东南部，其中石墨储量最大，质量为世界一流。2016年，国内生产总值（GDP）约合100亿美元，人均GDP为417美元，近三年GDP年均增长3.52%；吸引外资存量68亿美元，集中在金融、采掘、电信等行业。经济以农业为主，农业人口占总人口80%以上，工业基础薄弱，经济发展潜力巨大。

### （二）中马有良好合作基础，经贸关系发展较快，双方合作意愿不断增强

目前，我国为马第一大贸易伙伴、第一大进口来源国。2016 年，马外贸总值为 50 亿美元，进口 29 亿美元，出口 21 亿美元。中马贸易额为 11 亿美元，占马外贸总额的 21.9%；我方出口 9.43 亿美元，进口仅 1.59 亿美元。我国对马投资规模还较小，2013 年为 1187 万美元，主要集中在制造业、采掘业和公共工程等领域。我驻马大使杨小茸表示，2017 年马政府与中国大使馆沟通密切，希望加强与中国合作。3 月马总统访华，明确表示要加强与我全方位合作，并派包括 6 名部级官员在内的 15 名马方人员到我国学习借鉴治国理政经验。

### （三）我国是全球第一制造业大国，法国是马原宗主国，马劳动力资源丰富，中法马优势互补

马 1896 年沦为法殖民地，1960 年 6 月获独立。目前，马约 65% 的直接投资来自法国，法在马拥有 500 多家企业，侨民约 3 万人，在马文化、教育、卫生等领域影响较大。法国作为马原宗主国，在马有深厚的人脉与全方位合作关系。马人口素质较好，工作认真，效率较非洲大陆其他国家高。制造业人均月工资在 500 元人民币左右，发展制造业具有明显的比较优势。我国内蒙古鹿王集团在马投资建厂，吸纳 5000 人就业，成为中马合作成功案例。我国是全球制造业大国，产业配套能力强，可输出技术和产品较多。中法共同在马进行三方合作，可发挥各自优势，实现合作共赢。

## 二　中法在马开展第三方市场合作面临的挑战

### （一）中法马出于各自利益考量，对三方合作态度较复杂

一是马对华合作意愿较前明显增强，但又不愿失去从法得到的传统好处。二是法对我国影响力日益上升有担忧和戒心，与我共同开拓马市场态度较复杂。三是中法企业存在竞争。中国企业家认为，中法

马三方合作并非必选，有些项目，中国企业能主导和较好把控的，就不必与法企合作。法方态度亦相类似。但客观地看，中法如一味竞争，可能两败俱伤；若联手合作，发挥各自优势，则可能互利共赢。实践表明，中法马已有成功合作案例，我国在马达加斯加的糖业公司将原本由法方经营的木伦达瓦糖厂扭亏为盈，给当地带来 1 万多人就业，受到法方和马方好评。

**（二）马基础设施落后，需要较长投资周期**

马公路、铁路、港口和机场建设均十分落后，至今无完整高速公路，铁路基本失去运输效能，港口没有大型船舶停靠能力，能起降国际航班的机场不多。从马首都机场到市中心，是破旧不堪的土渣公路，首都市内两三百万人口竟没有红绿灯，交通效率低下。马缺乏足够资金改善基础设施，即便全部依靠外资，短期内也难以改善，需要较长投资周期。

**（三）马人均收入低，政府财力和偿债能力弱，官员腐败较严重**

马属于世界最不发达国家。政府债务 33 亿美元，占 GDP 的 39%。债务本金和利息占到财政收入的 76%，债务偿还能力弱，存在较大融资风险，政府无力为国际贷款提供主权信用担保。调研还发现，当前马政府透明度不够，存在不同程度的腐败，我国民营企业家对马长期投资信心不足。

## 三　政策建议

**（一）将马作为中法在非洲开展第三方合作的重点和优先国家**

法属非洲殖民地二十多个国家是中法在非洲开展第三方合作的重要选择对象，马可作为合作的重点和优先国家。从政治上看，马政局稳定，与中国合作意愿强烈；从经济上看，马国虽发展水平较低，产业基础弱，但发展潜力大；从国土面积看，马相当于五个半江苏省，人口相当于江苏省 1/3，是非洲第一大岛和全球第四大岛，也是我国沿海路通往非洲大陆最近的国家，发展空间优势明显。另外，马资源丰富，气候宜人，亚裔人种比较勤劳，适合发展劳动力密集型产业。可充分利用当地矿产资源、廉价劳动力和港口资源，将产品直接出口到非洲大陆，这将有利于扩大我国对非洲辐射力和影响力。加强马北部港口建设，今后可将马作为“一带一路”拓展的重要节点，作为我国开拓非洲大陆市场的加工贸易和商品出口中转基地。

**（二）明确中法在马开展第三方合作的重点领域和产业**

一是基础设施建设。包括建设高速公路连通机场、港口和主要城市。投资建设港口，鼓励我国企业到马打造我国在非洲大陆的中转枢纽站。二是建立工业园区，发展出口加工。将我国工业园区建设经验复制推广到马，利用当地丰富的廉价劳动力资源，发展轻纺、水泥、钢铁、日用品、电子等产业。积极与马开发北部安齐拉纳纳省和南部省份工业园区的规划对接，将我国产能优势转移到马。三是能源资源开发。马电力匮乏，电价高、供应不足，停电是常态，可利用马丰富的水利资源，建设中小型水力发电站。四是农业渔业合作。马是农业大国，但农业生产效率低下。马正在制定农业发展规划。我国在现有与马农业合作基础上，可加大农业机械设备和农业技术输出，扩大与马农业渔业合作。

**（三）在“非洲提出、非洲同意、非洲主导”原则下，积极发挥政府的政策协调和引导作用，鼓励我国企业在马积极开拓市场**

加强合作可行性研究，特别要注重项目的财务可持续性。当前投资马的资金和技术门槛不高，可鼓励我国各类企业积极开拓马市场。政府要为企业提供咨询服务，要发挥我驻当地使领馆作用，为当地中资企业提供指导，帮助企业排忧解难；积极与马政府沟通，推进与其发展规划对接，为中资企业争取更多优惠政策和投资便利化条件。加强与中资企业商会、协会等中介组织的联系，帮助中资企业在马抱团取暖，共同开拓生存与发展空间。

（“中法共同开发非洲市场”课题组

执笔：赵进军　徐洪才　张影强　谈　俊）

# 高度重视“一带一路”建设 在做深做细做实上下功夫

## ——赴英、瑞、意三国考察的思考与建议

2017年5月“一带一路”国际合作高峰论坛在北京成功举办，所展现的中国号召力、所承载的全球期望，都达到前所未有的新高度。为深入了解“一带一路”建设面临的新形势、新需要，中国国际经济交流中心课题组于7月赴英国、瑞士、意大利三国进行调研。与英国国际战略研究所（IISS）、英中贸易协会（CBBC）、剑桥大学、世界经济论坛（WEF）、世界贸易组织（WTO）、意大利国际事务研究所（IAI）等智库、机构和国际组织深度接触。总的感觉，“一带一路”国际合作高峰论坛创造了难得的“窗口期”。但欧洲各方对“一带一路”建设还存有一些疑虑、困惑和担心。2019年我国将再次举办“一带一路”国际合作高峰论坛，届时向国际社会交出更加满意的答卷至关重要。

### 一　有关方面的关切和疑虑

**（一）西方知识界、智库等深切感受到中国崛起的力量，但对“一带一路”对国际关系和格局的可能影响感到不适，特别是提出了所谓“势力范围”问题**

英国、意大利等欧洲老牌工业化国家是现有国际关系理念和国际关

系的缔造者或参与者，目前普遍持有不希望国际关系短时期演变过大或过于剧烈的意愿，不愿看到以中国为代表的新兴国家发展打破现有规则。英国国际战略研究所国际战略问题研究事务主管凯特林·维托（Caitlin Vito）表示，不希望看到“一带一路”对现有国际经济秩序和规则体系产生重大颠覆。意大利国际事务研究所前主席斯特凡诺·塞尔沃斯彻（Stefano Silvestri）提示，中国推进“一带一路”在地缘战略、地缘政治中协调与美国、印度等大国关系难度不小。

在“一带一路”框架下，近年来我国与中东欧16国合作不断深入。英国、意大利等国智库人士表示，中东欧国家作为欧盟组成部分属其“势力范围”，提出中国与中东欧国家开展深入合作，对欧盟其他大国的想法缺乏顾及。“势力范围”为已抛弃的国际政治概念，但近来在国际格局深度调整大背景下，“势力范围”回归可能给未来“一带一路”带来的影响值得重视。

**（二）涉及有关国家重大关切与重大机会，一些国家智库对“一带一路”背后的利益平衡性提出不同看法**

英国国际战略研究所为有全球影响的资深国际关系研究机构，近年与新加坡政府每年联合举办的“亚洲安全峰会”（香格里拉对话）影响很大。对于此次印度缺席“一带一路”国际合作高峰论坛，该所国际战略研究主管哈瑞斯（Estrada Harris）博士指出，担心被中国包围和南亚地区现有平衡被打破，是印度对“一带一路”倡议的主要疑虑，也与中国“过于偏袒巴基斯坦”有关。中巴经济走廊涉及印巴两国克什米尔问题，基于地缘政治、地缘经济方面考虑，其对印度参与“一带一路”建设不乐观。该所阿莉雅·莫巴耶德（Alia Moubayed）研究员表示，中巴经济走廊作为中国“一带一路”建设的旗舰项目，中国目前投资超过500亿美元，以巴基斯坦经济状况，中国投资不符合一般商业利益原则，主要是出于地缘政治、地缘安全考虑。

**（三）主要欧洲国家对参与“一带一路”抱有很大热情和期待，但一些智库认为现实与中国所表达的开放性尚有差距**

“一带一路”倡议提出以来，英国跨国公司高度重视，热切希望参与“一带一路”项目建设。英国渣打、汇丰、毕马威等大型国际公司表示，公司在现有“一带一路”沿线大部分国家都设有分支机构，可以提供高质量的专业化服务。但一些公司成立专门部门或安排专门人员试图与中方开展对接工作，发现中国在一些项目设计和实施上不同于国际通行标准、做法，招投标、融资、采购等方面存在着不规范、不透明问题。他们还提出，中国“一带一路”建设没有统一对外办事机构及对接渠道和机制，这些有参与想法的国家和机构，不知与哪个部门对接。

**（四）欧洲国家总体认同“一带一路”基本理念和建设路径，但对“一带一路”投资风险、能力建设及可持续性问题表示担忧**

英国国际战略研究所研究员阿莉雅指出，在不同国家政治制度和法治环境下，保证投资的安全性和回报性至关重要，“一带一路”涉及国家大部分经济欠发达，基础设施等建设项目资金投入数量大、时间长，未来收益存在较大不确定性，需要进行科学详尽的风险评估。中国对有些发展中国家大量投资，还有可能因巨量投资增加所在国的财政脆弱性，如不能帮助这些国家制定可持续的发展战略，不排除出现“双输”的局面。

我驻 WTO 张向晨大使曾参与中国援建的巴基斯坦拉合尔橙色轻轨项目，巴方希望实现轻轨无人驾驶，使项目较有人驾驶投资额大增。巴方要求中国帮助修建若干通过荒无人烟地区的公路，而且提出沿线 4G 信号全覆盖。埃塞俄比亚一次性要求中国援建 12 个工业园，而这些地方的原材料、市场、运输、通信等条件基本不具备。一些国家不顾自身国情和发展阶段，盲目大干快上，对此应予高度重视。

### （五）存在缺少落地项目的抓手、对国别情况研究深度不够的问题

“一带一路”国际合作高峰论坛后，各国来我驻外经商机构咨询项目合作明显增多，但国内对国别深入研究跟不上。我驻意大利经商处徐晓峰参赞反映，目前国内对“一带一路”多为一般性宏观层面研究，对有关国家政经形势、资源条件、产业基础、投资环境、文化法律等缺乏深入了解。目前特别急需国内智库和研究机构，对所在国和相关国进行有深度的战略对接与规划对接研究设计。

国外人士大多对理念、纲领、宣言等了解意愿不强，更关注具体项目层面合作机会。我驻外机构提出在外工作缺乏有效抓手，目前国内没有提供“一带一路”项目具体合作清单及路线图，难于与外方商谈务实性合作。我驻瑞士经商处蔡方财参赞反映，国内缺少“一带一路”落地的统筹协调机构。目前“一带一路”由外交部、发改委、商务部共同负责，外交部不负责具体项目，发改委管项目主要是政府间而不对社会和企业，商务部主要负责国外经贸工作，推进层面无专门机构负责。我驻外人员还反映，我援外项目在评估方面差距很大，评估报告粗制滥造现象较普遍，参评人员不是终身负责制，一旦出现投资失误难以追究决策者和评估人的责任。

## 二　思考与建议

### （一）未来两年是“一带一路”建设的重要窗口期，应尽快拿出务实可行的建设方案

目前“一带一路”国际合作高峰论坛效能正在持续扩大，从现在至2019年“一带一路”国际合作高峰论坛召开两年时间，将是“一带一路”建设的重要窗口期。在此期间能否顺利实现“一带一路”和各国战略对接和规划对接，建立起务实合作推进“一带一路”建设的工作机制，收获一批重大示范标杆成果，将关系到“一带一路”能否长期推进下去，中国的倡议、方案、主张是否具有全球

公信力的问题。我们不应满足于峰会取得的书面成果，必须抓紧拿出务实举措，尽快落实已达成的协议，快速响应各国各界的关切和诉求。

应针对国外有关“一带一路”范围、六条战略通道设计、“一带一路”项目选择根据和路径设计等问题，给出清晰的解释和回答。从目前情况看，“一带一路”沿线65个国家之外的一些国家通过参加亚投行、国际产能合作等已实质参与了“一带一路”，对此应给出正式的明确说法。应在“一带一路”框架下，增加若干条战略通道的设计建设，将西欧、非洲、美洲、东北亚等若干地区重要国家吸收进来，使“一带一路”真正成为全球性的合作机制和平台。

**（二）在坚持“三个对接”的基础上，实施“四轮驱动”举措，全方位推动“一带一路”建设**

做好“三个对接”：一是战略对接，抓紧研究“一带一路”与各国战略的契合点，形成相向而行的战略选择；二是规划对接，在战略对接基础上，双边或多边共同制定共建“一带一路”规划，以及基础设施、产能合作、经贸往来、人文交流等重大专项规划；三是项目对接，尽快落实与沿线国家共同制定的一批重大项目。

实施“四轮驱动”，最大限度凝聚合力。一是国际服务能力对接，利用发达国家在金融、法律、技术、设计、咨询、管理等方面服务优势，与我基建、制造等优势领域强强联合，共同开发沿线市场；二是与国际组织对接，将国际规则、国际标准融入“一带一路”建设中并使之改进和完善，将“一带一路”的有益做法和经验转化为对世界有益的新规则；三是区域与次区域组织对接，推动欧盟、东盟、上合组织、海合会、南亚区域合作联盟、俄白哈关税同盟、东非合作组织等区域次区域合作机制与“一带一路”嫁接，处理好我与各区域组织、组织中成员三方关系；四是智力对接，大力支持中国智库与各国智库、学者、研究机构深度合作，深化研究如何把人类命运共同体的伟大理念转化成人类的共同行动，形成创新、绿色、健康、包容、共赢的“一带一路”建设新模式。

**（三）加快建立长效支撑保障和推进机制，夯实“一带一路”建设的制度架构和组织基础**

一是研究成立“一带一路”开发计划署。建议研究我国与有关国家共同成立“一带一路”国际合作开发署，负责“一带一路”规划和实施方案制定、建设进展评估、重大项目选择、相关信息统计发布及相关重大问题协商等，该机构可在北京设立机构秘书处，形成常态化的联合工作机制。二是完善“一带一路”建设规划和行动方案编制机制。坚持求同存异、权责明确、分步有序推进原则，与相关国家和地区合作，研究编制“一带一路”相关规划及交通、能源、金融、科技、文化等专项规划，明确落实规划的时间表和路线图，并定期对规划进行评估和修编。三是建立重大项目储备库。与沿线各国共建“一带一路”重大项目储备库，将有关交通、能源、通信、文化、民生、国际援助及国际产能合作等重大项目纳入“一带一路”项目主菜单。储备库中项目应成为“一带一路”建设重点推介和优先推进项目，有条件的项目面向全球公开透明招投标，项目库向亚洲基础设施投资银行、丝路基金及各国政策性金融机构开放，政策性资金优先向入库项目倾斜。

**（四）发挥国家高端智库的作用，形成智库有分工有合作的智力支持体系**

根据各智库研究方向和优长，应对智库“一带一路”研究进行大致分工，并就研究对象国所关心的如“一带一路”倡议的意图、推进方式、项目选择等问题，有针对性地开展交流、宣介。研究放开对智库人员出国限制，探索授予25家高端智库外事权限，建立符合智库工作交流特点的外事制度。

目前国外很多机构正着手开展“一带一路”研究，有些华人学者在当地具有很好的工作关系和社会网络，且热心组织开展“一带一路”

研究和交流活动。英国剑桥大学有华人教授正联络英国和欧洲有关高校筹备成立剑桥“一带一路”研究中心。这些机构希望中方智库人员能够参与交流和研究，对此我方应予以支持。

（“推进‘一带一路’建设实施问题研究”课题组
执笔：陈文玲　徐占忱　张茉楠
颜少君　梅冠群　田　栋）

# 从英国调研看“一带一路”建设新契机

## 一　英国商界期望凭借在绿色金融、可持续发展、项目设计与管理等领域的优势参与“一带一路”建设

在与英中贸易委员会、英国商界代表对话中，英国商界人士高度评价了“一带一路”倡议在促进全球经济复苏中的积极作用。他们认为，“一带一路”以“设施连通”拉动全球贸易和投资增长，以“民心相通”加深各地区人民之间的相互理解。通过基础设施建设等可促进东南亚、中亚乃至非洲地区的快速发展，英国企业在绿色融资和可持续发展方面具有全球领先的先进经验，能通过参与建设而将自身优势与中国优势结合，形成强有力的支撑。

奥雅纳工程咨询公司的代表巴德认为，英国工程咨询行业在项目设计、管理和咨询方面具有很多可与中国企业分享的经验，尤其是在绿色金融的融资方面和工程建设符合可持续发展要求方面经验多，希望通过“一带一路”加强与中国企业的合作。毕马威代表萨耶认为，英国伦敦作为全球金融中心，可以帮助英国企业和全球企业参与“一带一路”，以全球性融资建立可信赖的融资机制，扩大融资规模，通过借助英国的法治体系帮助建立适应性更广的商业环境和投资机制。同时

毕马威在全球有着广泛的商业资源支持网络和稳定的专业队伍，能帮助中国企业降低融资成本，扩大融资能力，规避投资风险。渣打银行代表萨拉认为，渣打银行有2/3的资产分布在“一带一路”沿线国家，有经验的专业团队能够帮助中国企业适应绿色融资标准，具备有效的执行和监督机制，能够使投资者获得稳定的投资回报。

## 二　英专家对“一带一路”倡议正面评价，但也提出其会对现有国际秩序产生冲击

英国国际战略研究所的研究人员斯蒂文森认为，“一带一路”倡议是促进世界经济增长的一个重要力量，中国现在对于全球经济和区域经济，都具有十分重要的影响力。“一带一路”会带来全球影响，通过对新兴市场的支持和投资，尤其是对亚洲国家的投入，会带来非常正面的影响。但也指出，中国通过“一带一路”将带来巨额资本输出和产能输出，对现有国际治理体系是一个新的冲击，外界对于中国推进“一带一路”的战略意图存有怀疑，主要是中国是否要推倒现有的国际秩序，重建一个新的更符合中国利益的秩序体系。例如，中国是否考虑改变诸如国际货币基金组织这类机构的操作模式？

该所哈瑞斯提出，“中巴经济走廊”建设冲击南亚政治格局，在巩固中巴传统友谊的同时，也引起地区大国印度的不安情绪。中印关系走向备受国际社会强烈关注。印度不仅未派出政府代表参加5月在北京召开的“一带一路”国际合作高峰论坛，且在近期与中国再启领土争端，在洞朗地区与中方进行军事对峙，地区安全形势不容乐观。印度十分担忧中国凭借经济实力在南亚地区扩大影响力，成为影响印巴矛盾和地区形势走向的重要力量。

英国皇家国际事务研究所比尔认为，“一带一路”建设在东南亚地区进行大量投资和产能输出，由于投资规则的不透明以及当地特殊的政治环境，中国投资也许会增加该地区国家的腐败，一些投资项目实

际上并不是当地所需；同时，中国经济体量太大，投资的规模也大，与东南亚地区国家的贸易状况很可能因为“一带一路”建设而出现更大的不平衡。另外，中国在欧洲的投资也开始快速增长，与东南亚国家类似，中国投资始终在市场规则方面存在问题，可持续方面和政策透明方面也是一样。

英国国际战略和安全研究所阿莉雅强调，“一带一路”并不是简单的基础设施建设和工程项目，而是通过这些建设使发展中国家的经济变得更加强大，让金融机制和治理体制变得更加规范。建议中国在加大对沿线国家投资的同时，关注沿线国家，尤其是发展中国家的财政稳定及治理能力建设，吸取中国在非洲一些国家投资案例的经验教训，增强发展中国家经济建设的可持续能力。

## 三 “一带一路”建设为中英合作带来机遇

英国智库、企业、学者和我国驻英人员认为，“一带一路”建设与中英经贸合作有着高度的契合点。我驻英国经商参处金旭公参认为，英国企业在服务输出方面具有很大优势，金融服务、法律服务、中介服务都具有国际标准，同时英国的跨国服务商具有良好的国际口碑，信用很好，如果能把这些英国企业的优势嵌入“一带一路”建设，对于“一带一路”建设是很好的支撑。英国是欧洲第一个加入亚投行的国家，目前各方面急切希望加入“一带一路”，值得高度重视。

### （一）高度重视英国企业的全球商业资源支持网络、项目设计与管理、金融规则及商业环境理解的优势

如总部位于伦敦的汇丰集团，是全球规模最大的银行及金融机构之一，在全球 76 个国家和地区拥有 9500 家附属机构，雇用 20 多万名员工，在商业与金融服务方面具有丰富的经验和完善的能力。英国奥雅纳工程咨询公司，具有 70 余年历史，是全球最大、最具经验的工程顾问公司之一。在项目评估、规划、可行性研究、设计管理、施工监理等方面具备专业领

先水准，在欧、亚、非等地区设有办事机构，目前正大力开拓东南亚和南亚地区业务。这些企业表达了参与“一带一路”建设的迫切愿望。

**（二）英国重振制造业对资本和技术需求较大，同时有较大的存量优势，应鼓励中资企业积极投资英国具备技术优势的制造业**

英国在制造业领域还具有一些优势。英国政府目前通过“北方经济中心战略”和“中部地区再工业化战略”，强化英国的制造业优势，英国的人工智能、机械制造产业得到较快发展，英国政府也在努力寻求融资。他们认为，中国企业如能抓住机遇，通过合作的方式进入英国市场，无论是对于国内的供给侧结构性改革，还是增强中资企业在全球的竞争力，都将是很好的助力。

**（三）英国金融中心地位在全球仍然具有比较优势，推进人民币国际化可以进一步发挥英国的优势**

伦敦作为国际金融中心，即使在英国“脱欧”后，其金融中心地位也不会受到太大影响。英国央行公布的2017年上半年外汇交易量调查数据显示，2017年4月间英国外汇日交易量达2.44万亿美元，较2016年10月升高5个百分点，占全球外汇日交易量的比重将近一半。英国学者认为，即使面临“脱欧”的不利形势，英国金融中心地位仍不会受明显影响，如果能在“一带一路”建设中发挥作用，对人民币国际化会产生积极效应。

## 四 “一带一路”建设已进入关键“窗口期”，应利用好英国希望深度参与“一带一路”建设的积极性

2017年北京会议之后，沿线国家和原有沿线国家之外的国家期望参与“一带一路”合作的热情高涨，说明“一带一路”建设目前是关键“窗口期”。随着时间推移，若未能将参与热情转化为高效合作，“一带一路”倡议的效应将递减，质疑会增多。建议如下。

**（一）完善“一带一路”建设对接机构，形成长效机制**

需建立国家层面的“一带一路”建设开发计划署，成为常设办事机

构，将目前分散在国家发改委、外交部、商务部等各部委的职能进行有效整合，及时通过国家官网和国家高端智库智库版大数据库，将项目、金融、产能、基础设施等领域的合作信息，以公开形式向全球发布，依托开发计划署形成执行和落实长效机制，加强企业对接、多边融资机构对接、项目建设对接。

**（二）注重“一带一路”建设在沿线国家的项目平衡，强化中资企业海外投资抗风险能力**

短期内大规模向沿线国家集中投资不仅给中资企业带来投资风险，也会增加投资目的国财政脆弱性，存在发生系统性的风险。应避免在短时间内在重点国家大批上马项目，要遵循合理、适度原则，确定项目开工的优先级，结合相关国的经济现状，优先建设能达成双赢的合作项目。

**（三）强化软实力建设，注重发挥智库交流的积极效用**

应将智库交流作为“一带一路”倡议走向世界、讲好中国故事、唱响中国声音的重要一环。实践证明，以第三方形式出现的智库交流，因其专业性和客观性，能够在交流中有效强化交流双方的相互理解和对重大问题的共同认知。应抓紧解决和放宽智库海外交流的程序性限制，加强对智库赴海外研学交流的财政支持力度。

**（四）发挥海外研究中心与平台在“一带一路”建设中的积极作用**

积极在海外构建一批“一带一路”建设研究中心，通过与海外大学、智库、国际组织等研究机构合作，构建对中国发展经验具有正确认知、对中国“一带一路”倡议具有深度理解的海外研究中心与平台。目前，英国剑桥大学华裔著名学者张成祥正筹备在剑桥大学建立“一带一路”研究中心，我国可以适当方式予以支持，通过第三方智库诠释中国方案和中国理论。

（“‘一带一路’研究”课题调研组　执笔：陈文玲　田　栋）

# 加快建设“一带一路”区域能源交易市场

“一带一路”区域集中了全球重要的能源生产和消费大国，这些国家是未来我国能源合作的重点。“一带一路”能源合作旨在共同打造开放包容、普惠共享的能源利益共同体、责任共同体和命运共同体，要实现这一目标，应促进区域市场深度融合，致力于建成区域能源交易市场，共同参与和改善全球能源治理。

## 一 建设“一带一路”能源交易市场的重要意义

“一带一路”区域能源储量占全球储量的70%以上，今后二十年内，区域内能源需求增量将占全球增量的60%以上。区域内的能源合作是沿线国家的共同需求，建立区域统一的能源交易市场，形成反映区域能源供求关系的市场价格，既有利于保障区域能源安全，也有利于全球能源市场稳定。

### （一）提升区域能源定价话语权

“一带一路”区域无论是能源生产量、消费量还是消费增长潜力都处于全球领先，但在能源交易中一直以西方交易平台的价格作为定价基准。比如，亚洲市场的天然气定价主要采取与石油挂钩的长期协议价格，导致价格不反映本地区天然气供需关系，“亚洲溢价”问题长期存在。中国作为能源消费大国，在国际能源市场上甚至长期处于“买什么什么涨”的被动境地。没有定价权就只能被动接受国际能源价格波动，难以抵御市场风险，在全球能源治理中也缺乏与自身体量相匹配的话语权。建设区域能源交易市场，将大量的生产者、中间商和需求者聚集在同一平台公开交易，可以实现区域资源的优化高效配置，形成反映区域能源供求关系和稀缺程度的市场价格，最终形成自己的定价基准，拥有定价话语权。

### （二）为区域经济发展提供新的动能

在“一带一路”区域，能源是一部分国家竞争力之所在，却是另一部分国家发展的短板。建立统一的区域能源交易市场，形成公平透明的价格，促进交易活跃，对供需双方都有利。交易市场除了价格发现功能外，还能吸引更多资金进入，创造和满足区域能源投融资需求，使得资金需求方和供给方能更好匹配，提高投资效率，为区域经济发展提供新动能。

### （三）推动沿线国家结成命运共同体

能源交易市场特别是油气交易市场离不开油气管道等基础设施的互联互通，随着区域能源市场规模的扩大，交易品种和交易产品逐步实现多样化，必然促使各国加强能源基础设施的互联互通，实现基础设施网络化，这将进一步增强国家间的贸易和投资联结，使得经济联系更加紧密，推动区域国家结成利益共同体和命运共同体，并对全球政治经济格局产生深刻影响。

## 二　构建区域能源交易市场的基础要素和现实条件

### （一）基础要素

从国际实践看，构建“一带一路”能源交易市场至少需要两个基础要素，即能源交易平台和国际化的货币。

#### 1. 能源交易平台

能源交易平台发挥着能源价格信号的产生与传递、规避能源市场风险的作用，是成熟的能源市场的必备的要素。石油交易市场是历史最长、最活跃的能源市场，自从20世纪80年代石油期货产生后，石油的金融属性日趋明显，全球大部分的石油交易都是通过金融市场完成的。纽约商品交易所和伦敦国际石油交易所形成的石油期货价格直接影响全球石油市场定价。天然气市场虽然不像石油市场的金融属性那么明显，但也有独立的定价体系，北美和欧洲分别拥有美国亨利中心和英国国家平衡点两大天然气交易枢纽，形成的天然气价格是国际天然气价格的标杆。

2. 国际化的货币

国际化的货币是区域能源交易市场的另一基础要素。全球重要的石油市场、天然气市场都在美国和欧洲，而美元、英镑和欧元恰恰是最重要的全球性货币。反映能源与货币之间关系的最好例证是石油美元。20世纪70年代，布雷顿森林体系瓦解，美元与黄金正式脱钩后，美国通过与沙特签订协议约定石油继续以美元计价交易等一系列举措保住了美元的国际货币地位。而美元强势的国际储备货币地位也使得石油市场迅速发展成为全球市场，目前已是全球金融市场的重要组成部分。

**（二）现实条件**

“一带一路”沿线国家的市场成熟度差别较大，竞争性市场体系难以自发形成，但很多国家都意识到建立区域能源市场的重要性，已经开展了相关探索和尝试。

首先，“一带一路”沿线及周边很多国家致力于建设面向区域甚至全球的油气交易平台。近年来，中国、新加坡、日本和韩国等都在探索建立油气交易平台。新加坡是国际金融中心和国际原油交易中心，具备建立能源交易平台的基础，但由于市场规模和资源条件制约了石油和天然气现货交易量。日本和韩国本身市场容量有限，比如，对于天然气消费来说，两国主要是液化天然气（LNG）市场，在构建区域油气交易平台方面存在先天缺陷。中国也一直致力于建设区域油气交易平台。中国既是能源生产大国又是消费大国，自身生产相当量的石油和天然气，同时大量进口石油、管道天然气和LNG，具备建立区域油气交易平台的最好条件。目前，中国上海期货交易所下设的上海国际能源交易中心已经准备推出原油期货。同时，中国已经建立了上海石油天然气交易中心和中国（重庆）石油天然气交易中心两家国家级油气现货交易中心，这两家交易中心均位于“一带一路”区域的重要位置，有助于实现区域能源市场的相互联通，形成统一市场。

其次，人民币国际进程加快，有望作为区域能源市场的交易和计价货币。目前“一带一路”区域的能源交易和投资多以美元作为交易货币，不利于交易双方有效防范金融风险、降低交易成本。随着人民币加入特别提款权（SDR），国际影响力显著提升，人民币成为有影响的国际货币正在提速。近年来，中国人民银行与全球19个国家和地区的央行签署了货币互换协议，规模达2万多亿元；在我国贸易结算中，人民币占比已经达到30%左右。在区域能源合作中用人民币作为结算货币的情况也有所增多。中国与俄罗斯签署的中俄天然气协议（东线）全部采用人民币结算；卡塔尔建立了人民币清算中心；沙特加快了与中国合作步伐，有意将人民币作为石油交易结算货币。中国是很多沿线国家最重要的能源贸易伙伴，提高区域内使用人民币的比例，将为沿线国家构建金融安全锚，维护区域经济金融稳定。而把人民币打造成稳定可靠的国际货币，是中国希望向全球和区域提供的重要公共产品，也是中国作为世界第二大经济和最大发展中国家的责任，不仅符合中国国家利益，也符合区域国家对于全球金融稳定和经济发展的要求。

## 三 相关建议

### （一）与沿线国家加强政策沟通，形成共识

区域能源市场建设需要获得沿线国家的广泛支持，形成最大共识，

这是区域市场建设的根基。基于此，各国应加强政策沟通，积极推进各国国内相关领域的改革，包括提高政策的透明度、加强数据开放和共享机制、放开对能源市场的过度管制、鼓励市场竞争、加强金融监管合作等。

**（二）利用现有机制，根据现实条件，分区域稳步推进**

在亚太经合组织、中国东盟“10+1”框架下，探索区域交易平台建设的有效路径，加强对话合作，发挥各自优势；在上合组织、中亚区域经济合作、大湄公河次区域经济合作等框架下，探讨区域能源安全和市场稳定等问题，以及人民币结算和离岸人民币市场建设；在中阿合作论坛、中国海合会战略对话等多边机制下，推动中国与中东能源关系的发展，制定综合应对能源供应风险的有效策略，以及开展石油期货方面的合作。

**（三）加强我国油气交易平台建设**

稳步推进上海国际能源交易中心原油期货交易，加强与新加坡原油交易所、香港国际石油交易所等较为成熟平台的合作，逐步扩大对“一带一路”区域原油交易定价的影响力。将上海石油天然气交易中心和中国（重庆）石油天然气交易中心建成面向“一带一路”区域的油气交易平台。鼓励在能源高消费和基础设施相对完备的地区继续建立油气交易中心，通过竞争最终形成面向“一带一路”区域的基准价格。与新加坡或俄罗斯等国合作开发区域天然气价格指数。同时，加快国内油气体制改革，促使交易中心发挥应有功能。

**（四）推进人民币国际化，提高能源合作中人民币计价结算比例**

“一带一路”建设为人民币国际化提供了历史机遇，而能源将成为推动二者协同发展、相互促进的重要工具。中国重要的能源合作伙伴中，俄罗斯和中亚五国对人民币的接受程度相对更高，可优先协商在交易中加大人民币结算比例。充分发挥中哈霍尔果斯国际边境合作中心的作用，该中心作为“一带一路”核心区的重要支点，2013 年启动了跨境人民币创新业务试点工作，应充分发挥其“境内关外”的地缘优势和全国最优惠的跨境人民币结算政策优势，建设以中亚地区为目标的离岸金融市场，加快人民币向西“走出去”的步伐。

（“加强能源国际合作研究”课题组　执笔：陈　妍）

# 新时代加强我国能源国际合作的思考

加强能源国际合作是习近平总书记提出的“四革命一合作”能源革命战略的重要任务之一。在全球能源治理体系加速重构、我国“一带一路”倡议推进实施，以及能源合作迈入“引进来”和“走出去”并举的新时代，应充分把握国际能源合作的新变化和新趋势，以“一带一路”为突破口，积极参与全球能源治理，开展更加积极有为的能源国际合作，打造国际能源合作的利益共同体、责任共同体和命运共同体。

## 一　能源国际合作呈现四大新趋势

近年来，能源国际合作环境出现新变化。全球能源生产中心加速“西移”，能源消费中心持续“东扩”，新能源和可再生能源快速发展，国际油价总体低位震荡，地缘政治变化导致能源合作环境更趋复杂。随着世界能源供需格局的改变，当前国际能源合作呈现四大新趋势。

趋势一：维护共同安全成为能源合作新理念。随着经济全球化的发展，能源资源已经全球配置。全球能源供需互利共赢的需求增加，利益博弈也在加剧，越来越多的国家通过双边或多边合作机制协调争端，能源合作理念从保障个体安全走向维护共同安全。

趋势二：能源转型与应对气候变化仍是能源合作主旋律。化石能源的大量使用带来环境、生态和全球气候变化等一系列问题，主动破解困局、加快能源转型发展已成为世界各国的自觉行动。虽然美国宣布将退出《巴黎协定》，但无法改变世界能源绿色低碳发展的趋势。主要经济体纷纷制定新能源发展规划，抢占新能源技术制高点，扩大市场份额。新能源领域已呈竞争态势，新能源合作必将成为未来国际能源合作的重要内容。

趋势三：共建“一带一路”成为能源合作新亮点。“一带一路”关注的欧亚大陆是世界能源经济心脏地带，沿线地区未来将成为世界最大的能源生产与消费市场。能源成为“一带一路”建设的“新丝路”，能源合作也成为“一带一路”国际合作的重要主题。“一带一路”国际合作高峰论坛召开期间，中国政府提出能源合作俱乐部的倡议，将“一带一路”建设和国际能源合作推向新高度。

趋势四：全球能源治理改革成为能源合作制高点。随着国际能源格局变化，传统的能源生产和消费国利益分化调整，以新兴经济体为主的能源消费国开始在能源国际合作中赢得更多主动权。由发达国家主导的现有全球能源治理平台难以平衡新旧能源生产国和消费国的利益诉求。在全球能源供需相对宽松和买方市场情形下，发展中国家寻求能源治理改革的呼声高涨，然而现有国际能源组织和机构各自为政，缺乏协调。在此背景下，亟须构建新的全球能源治理机制，维护包括能源生产国、消费国、过境国等在内的所有利益相关国的核心关切和整体能源安全，并充分体现新兴能源大国的利益诉求。全球能源治理是维护本国核心利益，保障能源安全，体现国家软实力和影响力的重要途径，因而成为近年来国际能源合作的制高点。

## 二　新时代我国能源国际合作的总体目标

随着全球能源格局的重大变革和我国综合国力的持续提升，我国能源国际合作也迈入新时代。目前，我国已成为全球第一大能源生产国和消费国，特别是新能源领域成绩斐然——风能、太阳能装机世界第一，核电在建规模世界第一，对电动汽车领域的投资占全球投资的一半以上。我国已从国际能源市场的“小伙伴”变成“大块头”，能源合作也迈入“升级版”：合作阶段从“引进来”走向“引进来”和“走出去”并举；合作方式从以双边为主的获取资源的项目合作转向通过多边机制参与全球能源治理；合作理念从保障自身能源安全为主转向构建全球能源命运共同体。我们正从全球能源治理的边缘走近舞台中央，从跟随者逐步变成影响者。

能源格局新变化为中国参与全球能源治理提供难得机遇。但是，总体而言我国还未获得与我自身体量相当的话语权和定价权。站在新的历史起点，我国未来能源国际合作应有更高目标，争取在全球能源治理中发挥更大作用。

第一，要以为全面建成小康社会和两个一百年奋斗目标提供充足的能源保障为底线。把推进能源革命作为能源发展的国策，筑牢能源安全基石，为全面建成小康社会、实现“两个一百年”奋斗目标和中华民族伟大复兴中国梦提供坚强保障。

第二，坚持绿色低碳发展方向，推动形成绿色低碳的全球能源治理机制。绿色发展符合国际主流发展理念，新能源产业也是我国的优势所在，为此，应推动构建绿色低碳的全球能源治理机制，进一步提升我国在全球能源市场上的话语权和定价权。进一步加强研究和沟通，为构建绿色低碳治理机制贡献中国方案，争取将全球能源绿色低碳转型变成联合国工作计划。

第三，全面参与全球能源治理，承担与我国自身能力相适应的责任，构建人类能源命运共同体。充分利用全球能源治理的多边治理机制，树立双赢、多赢、共赢新理念，与国际社会一道，共同致力于打造开放包容、普惠共享的能源命运共同体，为推动全球绿色低碳可持续发展、全球消除能源贫困的进程做出中国贡献。

## 三　新时代我国能源国际合作的基本原则

### （一）积极有为、义利兼顾

当前，经济全球化、区域一体化快速发展，不同国家和地区彼此依赖，俱荣俱损，必须摒弃过时的零和思维，不能只追求你少我多、你输我赢，而要义利兼顾、义利兼得。

### （二）融入、改造、引领

变被动为主动，积极融入全球能源治理体系，熟悉现有国际规则，参与全球能源治理新体系的设计与运行。在能源治理改革中发挥更大作用，改变不公平不合理的国际能源秩序，进一步反映新兴国家和发展中国家的诉求和声音。在 2035 年我国基本实现现代化时，推动形成以我国为主导、以建设全球能源命运共同体为目标的国际能源治理机制。

### （三）全面加强、重点突破

全面深化合作领域，拓展合作版图，拓宽能源合作品种和领域，全方位参与全球能源治理。以“一带一路”为突破口，深化与沿线国家能源合作。提升能源安全保障水平，提高能源资源优化配置能力，实现能源市场深度融合。

### （四）开放包容、优势互补

推动建立“能源合作伙伴关系”，实现国与国平等表达能源合作意愿、互惠互利，确保合作事项不受政治性事件影响。搭建供需对接平台，构建能源市场稳定机制，完善资源与要素流通机制，实现优势互补、共赢合作。

## 四　新时代加强我国能源国际合作的建议

### （一）全方位推进全球能源治理改革

一是借助现有治理平台提升影响力。全方位与国际能源署（IEA）、二十国集团（G20）、国际能源论坛（IEF）等合作，使中国主张获得广泛接纳。二是积极融入现有全球能源治理机制改革进程。建立更完善的治理功能，为能源合作创建更多便利化安排。三是推动“一带一路”能源合作俱乐部落地工作。将其打造成为汇集有关国家、国际组织、企业、金融机构、智库等多方参与的多层次合作平台。四是推动建立“能源合作伙伴关系”，构建人类能源命运共同体。在“一带一路”沿线国家或亚洲国家范围内适时提出建立部长级能源伙伴关系对话机制，开展政策交流和协调。

**（二）以“一带一路”为依托深化能源国际合作**

“一带一路”在全球能源供应中占据核心地位，但发展不平衡，国际合作潜力尚未充分释放。要分区域、分重点，先易后难，有序推进与“一带一路”沿线国家能源合作。一是推动与俄蒙中亚、西亚北非全方位战略对接。重点加强与俄罗斯、哈萨克斯坦、土库曼斯坦、西亚北非国家在油气领域全面合作，顺畅油气资源交易，确保通道安全。推动与以色列、土耳其、埃及、伊朗等国可再生能源合作。二是推动与东南亚、南亚地区在重点领域对接、以点带面开展合作。发挥我国基础设施建设优势，助力提升目标国能源生产与利用水平。完善跨境输电通道，开展区域电网升级改造合作，促进我国丰富水电等电能在当地消纳。加强与印度尼西亚等加大煤炭、天然气贸易和勘探开发合作。三是推动与中东欧、独联体国家能源合作项目的先期培育。中东欧国家购买力较强，能源需求多依赖进口。探索与之开展能源市场建设和价格稳定机制等合作。同时，加强可再生能源、循环经济领域合作，加大核电“走出去”力度。加强与独联体其他六国电力合作，与阿塞拜疆加大在油气资源开发方面的合作，与乌克兰加强核能、水电和可再生能源等领域合作。

**（三）形成新的国际合作框架和区域合作框架**

深化与美国、环里海国家及俄罗斯、印度等国战略合作关系。扩大中美共同利益、增进共识，减少美国对我国推动“一带一路”能源合作的抵触情绪。继续加强与环里海国家及俄罗斯能源互联互通，深入开展能源技术合作。在“一带一路”框架下，与印度开展能源供给安全保障、能源技术开发与利用等关键领域合作，缓和中印在能源产地的竞争。在区域合作基础上推动建立“东北亚能源共同体”。以中、日、韩能源领域合作为主，逐渐向俄罗斯、朝鲜和蒙古开放，建立真正的东北亚能源共同体。由油气合作逐渐扩展到电力、煤炭、核能、可再生能源等“大能源”领域。

**（四）深化已有多边和双边合作机制**

重点发挥中俄能源合作委员会、中美能源政策对话等 46 个双边合作机制的积极作用，用好亚太经济合作组织（APEC）、G20 等 28 个多边合作机制，以高层互访为引领，依托政府间合作平台，以编制双边能源合作规划为基础，以签订政府间能源合作协议为保障，以重大能源合作项目落地为目标，深化和扩大与重点国家的能源务实合作。建立完善双边联合工作机制，研究共同推进能源合作的实施方案、行动路线图。共建“一带一路”能源合作俱乐部，扩大各国间能源智库的合作与交流，推动各国间人才交流和信息共享。

**（五）推动能源企业“走出去”和全面国际化**

一是加快培养支撑能源企业“走出去”的国际化经营管理人才。推动中国能源企业制定中长期战略和相关制度，做好长期规划和人员培训，争取能够在未来五到十年内，稳步向全球大型跨国公司转变。二是进一步加强能源企业宽领域、多层次、全产业链合作。未来，中国能源公司发展成为跨国公司，将不单单以资源为导向，而是将设备制造、工程管理和能源服务等一系列配套。

**（六）提升我国能源国际合作四大软实力**

一是战略谋划能力。正确研判国际能源发展大趋势、大格局，对我国能源发展做出前瞻性、战略性、系统性的设计和谋划；恰当设置议题，发出中国声音，积极参与和影响全球能源治理变革。二是国际交流能力。适应和融入现行国际规则，熟练、灵活运用国际法律规则进行交流、谈判，化解能源贸易争端，维护我国国家利益，促进多方位能源合作和全方位公关，化解“中国威胁论”“新殖民主义”等不利舆论。三是人才储备和派员能力。加大高素质人才队伍建设，促进人才国际交流，向国际组织输送具有国际化视野和实践经验的专业人才。四是智库研究能力。加大力度支持国内能源智库建设，加强智库国际交流与合作，提升智库对决策的服务能力，为中国政府提出中国方案、中国主张提供更大智力支持。

（“加强能源国际合作研究”课题组　执笔：景春梅）

# 粤港澳大湾区建设

# 推进深圳国际时尚之都建设
# 引领粤港澳大湾区创新发展

打造粤港澳大湾区（以下称“大湾区”），建设世界级城市群，是党中央国务院做出的重大战略部署。时尚产业作为一种新的产业形态，引领消费、创造需求、经济拉动作用明显，是各国经济竞争力的重要组成部分，也是衡量城市现代化、国际化程度的重要标志。建设深圳为“国际时尚之都”，是增强深圳国际影响力、提升国际化水平的战略举措，对于推动深圳建设现代化国际化创新型城市、引领粤港澳大湾区发展具有重要意义。

## 一　建设国际时尚之都的重大意义

### （一）可以补齐文化短板

大湾区经过 30 多年的合作发展，经济规模、科技实力都具备了世界级竞争力，但文化发展是短板。努力把深圳建设成为国际时尚之都，大力发展时尚产业，集聚高端设计创意资源，将重塑区域发展新优势，引领大湾区、亚太地区甚至是国际时尚潮流，实现大湾区均衡健康发展。

### （二）有利于打造文化输出新平台

通过高品质的设计产品、高水平的展销展示、高密集的创意活动，展现我国特色文化精髓，展示中华文化软实力，发出“中国声音”，讲述“中国故事”，输出中国文化，成为中国文化“走出去”的窗口。

### （三）增加推动城市群转型发展的动力

时尚产业的产生和发展与城市的转型和发展密切相关。米兰、巴黎、伦敦、纽约和东京等五大世界时尚之都建设经验表明，时尚产业是城市产业结构优化调整、城市消费升级和城市文明建设的重要载体。建设国际时尚之都，既可支撑深圳建设现代化国际化创新型城市，又可带动大湾区城市群转型发展。

### （四）促进高品质世界级城市群建设

时尚产业是城市魅力之源，直接关系到城市群的整体品质。把深圳建设成为国际时尚之都，有利于营造时尚氛围、活跃时尚经济、提升城市品质、培育城市文明、提升城市群国际形象和国际地位，打造有竞争力的大都会经济区。

### （五）推动香港实现向心发展

香港回归后，部分香港市民曾对内地存在经济、文化上的优越感，在“一国两制”上不认同“一国”理念，试图搞“港独”。在内地经济实力增强，特别是相邻的深圳超过香港后，其经济、科技优势明显减弱。推动深圳文化创新，打造成为比肩世界五大时尚之都的新时尚创意高地，引领大湾区时尚潮流，将有效破解香港困局，吸引香港向心发展。

## 二　深圳具备建设国际时尚之都的优越条件

### （一）独特的区位优势和开放包容的创新环境

深圳地理位置优越，是连接香港和内地的重要桥梁和纽带，作为中国改革开放的窗口和国际时尚文化向国内传播的前沿阵地，在东西方文化浸润下，日渐形成了开放包容和兼收并蓄的城市特质，为国际时尚人才交流、时尚文化氛围培育、时尚创意设计创新提供了发展土壤。

### （二）雄厚的经济实力和坚实的产业基础

截至 2016 年底，深圳经济总量已接近 2 万亿元，稳居国内前四位，其中文化创意产业增加值逾 2000 亿元，占国内生产总值（GDP）的比重超过 10%。同时，培育了女装、珠宝、工业设计等优势产业，分别占到全国 60%、70% 和 60% 以上市场份额，打造了中国（深圳）设计之都创意产业园、中国（深圳）国际文化产业博览交易会等重要平台，引进了意大利马兰戈尼时尚与设计培训中心等时尚设计教育培训机构，拥有 1.5 万名服装设计师、13.9 万名工业设计师及从业人员。2008 年，深圳加入联合国教科文组织全球创意城市网络，成为中国第一个、全球第六个“设计之都”。

### （三）年轻活力的城市性格和强劲的时尚消费需求

深圳市是一座典型的移民城市，2015 年常住人口 1138 万，其中近七成为外来人口，平均年龄仅 34 岁左右。年轻与活力是深圳的城市性格，为深圳带来了前沿的时尚理念和强劲的时尚消费需求，也为深圳市打造国际时尚之都注入了澎湃动力。

## 三　深圳建设国际时尚之都面临的制约因素

### （一）时尚教育资源匮乏

世界时尚之都依托各自城市顶尖的时尚教育学府（米兰理工大学、法兰西时尚学院、英国圣马丁设计学院、伦敦时装学院、纽约帕森斯设计学院、东京艺术大学等），集聚了一批国际时尚资源和时尚创意设计人才，形成了纽约、伦敦、巴黎、米兰四大国际著名时装周以及米兰国际家具展、伦敦设计节、法国巴黎家居装饰展、东京设计周等特色创意设计会展品牌，为城市建设和发展注入了新内涵、提供了新动力。与世界时尚之都相比，深圳在高端时尚教育资源方面仍有较大差距，时尚教育体系不够完善，高端设计人才、国际买手、专业奢侈品管理等方面的人才较为缺乏。

### （二）时尚设计产业国际化程度不高

与建设国际时尚创意之都的目标相比，深圳仍有较大差距，国际高端时尚资源集聚程度不够、国际时尚交流合作层次不高、具有国际影响力的时尚展示平台不足等。

### （三）时尚生态系统尚需完善

对传统产业的时尚改造尚不成体系，产品展示平台、产业融资平台、综合交易平台建设等需进一步加强。同时，时尚设计产业链条仍需完善，对本土设计的培植仍需加强。

## 四　推动深圳建设成为国际时尚之都的建议

### （一）进一步细化具体支持政策

建议将时尚产业列入《深圳市产业结构调整优化和产业导向目录》，以先行先试和关键配套政策突破为抓手，从财政扶持、金融支持、土地保障、配套建设等方面，研究完善国际时尚之都建设的政策支持体系，推动时尚产业成为深圳市支柱性产业。

### （二）引入国际优秀的时尚领域高校院所入驻深圳

主动对接米兰理工大学、伦敦艺术大学、北京服装学院等世界知名时尚类大学和国内一流时尚高校，全面导入时尚人才、时尚创新、时尚通道、时尚品牌、时尚产业等时尚战略资源，构建时尚设计、时尚智造、时尚传播、时尚消费、时尚创业“五位一体”的时尚经济体系。

### （三）打造国家时尚人才培养高地

依托时尚高校特色资源，积极开展国际教育合作，引进国外时尚类教育资源、专业管理机构，开设工业设计、服装设计、时尚创意设计、时尚管理等专业课程，培养具有宽广的国际视野、具备跨文化思维能力的优秀人才，特别是时尚设计师、时尚买手、时尚管理和时尚品牌运营人才。

### （四）发展时尚创意创新服务业

发挥毗邻港澳及面向全球市场的区位优势，依托知名院校在时尚领域的国际资源、科技人才和营销渠道等综合优势，借鉴中关村设计产业创新园（BIFTPARK）运营模式，以时尚产品设计与开发、设计产业公共服务、原创设计师创作创业和企业孵化等为重点，以“时尚＋科技”融合创新为重要突破口，建设一批时尚研发设计中心和高端产学研一体化时尚创意平台，推动科技与时尚设计、时尚智造、时尚传播等各环节深度融合，推动深圳设计产业从外围品牌创新向整体品牌创新、内涵创新转变。

### （五）实施时尚品牌战略

依托时尚知名院校机构人脉、渠道等特殊优势，搭建与国际时尚对接通道，联合国际资源成立时尚品牌运营中心，将国际顶尖时尚创意设计理念、模式和产品“引进来”，推动深圳的时尚创意设计产品“走出去”。策划中国（深圳）国际时尚博览会，推出国家级设计师大奖赛，谋划举办文化节、艺术节、旅游节、时装周等与时尚相关的会展活动，提升深圳时尚的国内辐射力和国际影响力。鼓励企业制定品牌发展战略，培育自主时尚品牌，发展成为世界知名时尚集团和时尚领军企业。

（“粤港澳大湾区合作发展规划研究”课题组　执笔：王福强）

# 创新粤港澳大湾区合作机制<br>建设世界级城市群

发展粤港澳大湾区城市群有利于充分发挥粤港澳的独特优势，探索"一国两制"条件下区域合作新机制，促进内地与港澳经济深度合作，培育比肩以纽约、东京为中心的世界级城市群，建设高水平参与国际经济合作的新平台，在国家振兴实体经济、推动制造业转型升级等方面做出表率、发挥支撑作用，在推进科技创新、实施创新驱动发展战略方面走到世界前列。

## 一　具备建成世界级城市群的优势

经过 30 多年合作发展，粤港澳大湾区城市群无论是经济规模、外向程度、产业形态，还是城市竞争力和区域一体化水平，都已具备建成世界级城市群的基础条件。

### （一）区位优势明显

地理纬度条件好，具有良好的气候、阳光、海岸线以及森林植被等自然禀赋。区域交通便捷，拥有世界上最大的海港群和空港群，港珠澳大桥和深中通道建成后将显著改善大湾区东西岸之间的交通条件。经济腹地广阔，泛珠三角区域拥有全国约 1/5 的土地面积、1/3 的人口和 1/3 以上的经济总量。处于丝绸之路经济带和 21 世纪海上丝绸之路的交会地带，可带动华南、中南、西南地区发展，形成辐射东南亚、南亚的重要经济支撑带。

### （二）经济基础较好

2016 年粤港澳大湾区的地区生产总值为 1.4 万亿美元，已接近世界第六大经济体的规模。大湾区对外贸易总额、利用外资总额、港口集装箱年吞吐量、机场旅客年吞吐量等均位居国际湾区前列。区域经济结构正向湾区经济的中高级迈进，港澳地区服务业发达，内地 9 市已形成先进制造业和现代服务业双轮驱动的产业体系。

### （三）创新累积效应显现

高端创新要素加快聚集，香港拥有世界 100 强大学 4 所，广东省拥有国家工程实验室 12 家、国家工程（技术）研究中心 23 家、国家认定企业技术中心 87 家，涌现出华为、腾讯、比亚迪、大疆等一大批创新型企业。

### （四）国际化程度高

粤港澳大湾区是我国对外贸易的重要门户、全球投资活跃区域。香港是国际金融、贸易和航运中心，连续 22 年获评全球最自由经济体。澳门是世界旅游休闲中心，广州是国际商贸中心，深圳是国际创新中心，都是我国开放型经济的代表城市。

### （五）政策叠加优势突出

粤港澳大湾区涵盖港、澳两个特别行政区，具备“一国两制”的制度优势。拥有市场化程度较高的经济特区、自由贸易试验区、国家级新区、开放型经济新体制试点试验区等众多平台，具备先行先试的优势。

### （六）区域合作进入新阶段

在内地与港澳《关于建立更紧密经贸关系的安排》（CEPA）及其补充协议的框架下，粤港澳三地已经形成多层次的合作发展机制，粤港澳合作正进入以经贸制度对接、技术标准互认和服务贸易自由化为主导的新阶段。

## 二　建设世界级城市群面临的体制机制障碍

粤港澳大湾区建设世界级城市群，需要充分发挥各城市的比较优势，重塑国际竞争新优势。但是，粤港澳大湾区城市群建设面临诸多体制机制障碍，在一定程度上制约了区域合作潜力的发挥和整体国际竞争力的提升。

### （一）国家层面的协调机制亟须建立

粤港澳大湾区涉及不同的体制机制，缺乏一个统筹粤港澳大湾区城市群发展的国家层面的协调机制，各方的协调力度明显不够，合作效果受到较大影响。

### （二）产业协同发展机制缺乏

粤港澳大湾区各城市的产业定位趋同，金融、航运、制造等领域存在重复建设和恶性竞争的问题。同时，各方按照简单的梯度分工配置产业，利益共享的产业链发展不足，不利于形成世界级的产业集群。

### （三）共同市场尚未形成

粤港澳大湾区内部存在三个相互独立的关税区，区域内未能实现要素便捷流通，资源错配程度高，合作发展受制于市场分割。

### （四）协同创新机制尚未建立起来

粤港澳大湾区的创新资源未能充分实现共享，协同创新模式仍在探索中，区域创新潜力尚未完全释放，导致原始创新不足，世界级的企业和品牌缺乏。

### （五）公共产品对接机制亟待完善

粤港澳大湾区城市间在基础设施联通、生态环境共治、公共服务衔接等方面存在一定的障碍，不仅限制了内部合作效应的放大，也限制了与纵深腹地的经济联系。

## 三　创新粤港澳大湾区的合作机制

充分发挥粤港澳大湾区各城市的比较优势，坚持优势互补和互利共赢，创新合作机制，着力破解制约城市群合作发展的突出问题，打造国际金融中心、创新中心、智造中心和航运中心，加快建成世界级城市群。

### （一）建立国家层面的协调机制

建议成立粤港澳大湾区城市群发展工作领导小组，由国务院领导担任组长，成员由国家相关部委和粤港澳三方共同组成，工作领导小组办公室设在国家发展和改革委，统筹协调粤港澳大湾区城市群合作发展重大问题。

### （二）推动内地与港澳建立更紧密的经贸关系

加大内地对港澳开放力度，加快三地市场互联互通，推动粤港澳服务贸易自由化不断深化，携手提升金融、研发、咨询、物流等服务行业的国际竞争力。

### （三）探索建立统一的市场体系

清理阻碍要素合理流动的各种规定和做法，推动各类生产要素在区域内便捷流通和优化配置。对内地与港澳通关的货物和人员取消离境检查，仅实施入境检查，争取一次查验完成双方的检查检验要求，提高通关效率。

### （四）给予重大合作平台更多先行先试政策

允许深圳前海、广州南沙、珠海横琴、大广海湾经济区、中山粤澳全面合作示范区、港澳青年创业基地建设等重大平台对港澳进一步扩大开放，使粤港澳大湾区在科技创新和金融发展方面走在世界前列。

### （五）共建产业合作园区

支持粤港澳三方在粤港澳大湾区共建产业合作园区，通过发展“飞地经济”拓展港澳产业发展空间。同时配套建设国际化社区，提供与港澳相衔接的教育、医疗等服务，吸引港澳青年在此就业、生活，拓展港澳居民工作生活空间。

**（六）优化人才发展机制**

把人才资源聚集和开发放在最优先的位置，完善人才培养、引进、使用机制，放宽外国高层次人才签证和居留许可政策，搭建粤港澳人才交流合作平台，使大湾区真正成为吸引各类人才创新创业的沃土，努力造就和聚集一批世界水平的科学家、行业领军人才、工程师和创新团队。

**（七）设立粤港澳大湾区合作发展基金**

鼓励金融机构和社会资本共同出资设立粤港澳大湾区合作发展基金，支持重大合作项目建设。在粤港澳大湾区合作发展基金内还可以设立粤港澳大湾区创业投资基金、粤港澳大湾区产业发展基金、粤港澳大湾区生态环境保护合作基金等若干子基金。

（“粤港澳大湾区城市群发展规划研究”课题组　执笔：李　锋）

# 把粤港澳大湾区建设
# 作为深度解决港澳问题的重要抓手

“打造粤港澳大湾区，建设世界级城市群”是中央在新时期做出的重大战略部署。当前形势下，要将大湾区建设作为统筹解决港澳问题的总体战略，通过经济融合推动社会融合，让三地广大民众在大湾区范围内各得其所，提升港澳社会对国家的认同感，打造深度解决港澳问题的新平台，并对解决台湾问题形成良好示范。

## 一 “香港困局”的表现及深层次原因

2017年是香港回归20周年。回归以来，为保持香港长期繁荣稳定，中央出台了一系列支持政策。但是，受制于国际经济形势及自身因素，未能达到预期效果。当前，香港经济增长动力不足，发展空间受限，人口老龄化严重，内部收入差距拉大，大部分普通民众对国家认同感降低，社会撕裂现象严重。突出表现为两种对抗——泛民和香港特区政府之间的对抗、泛民和中央政府之间的对抗，并发展出所谓的“港独”力量和反对势力，形成“香港困局”。

形成香港困局有若干原因。一是政策执行问题。政策导向上过于强调“两制”，致使“一国”理念弱化，助长本土意识和离心主义倾向发展。二是政治体制问题。回归后，香港增加了政治空间，出现了政党政治，特首并非由政党产生却要面对通过政党政治产生的议员，两者关系不顺导致行政决策低效。三是利益分配问题。出台的惠港政策，政策利好只惠及少数人，普通市民缺少获得感，变相加剧了香港内部收入不公。四是年轻人的前途问题。中低阶层年轻人就业难、买房难，阶层流动性不足，生活质量难以保证，看不到改善的希望，致使部分年轻人采取激进行为。

## 二　推动粤港澳大湾区建设可成为深度解决港澳问题的新路径

### （一）有助于三方合作发展

“一国两制”背景下，大湾区存在两种制度、三个关税区、三种货币，情况复杂，前所未有。其发展应坚持共商、共建、共享理念，不强迫不勉强，避免港澳误认为“被规划”，以赢得其主动参与、配合。事实上，粤港澳大湾区设想提出后，香港各界反应总体正面，反对或质疑声音很小。这在近年涉港议题上比较罕见。说明大湾区建设具有较强民意基础。同时，特区政府反应积极，也有助于战略实施推进。

### （二）有助于形成发展共同体

通过港珠澳大桥、过境口岸等基础设施建设，连通珠三角及港澳，形成联系紧密的区域共同体。通过构筑统一市场，促进要素自由便捷流动，推动经济深度融合，建成相互依存的经济共同体。通过开放更多就业领域，提供更多就业机会，共享优质公共服务，建成民心归一的社会共同体，借此破解港澳当前困境。

### （三）有助于为港澳居民提供发展新空间

内地有庞大的消费市场、雄厚的产业基础、众多的就业机会、舒适的生活条件。大湾区建设应从坚持双向对等开放，逐渐转变为更多地向港澳单边开放。通过开放更多就业领域，提供更多就业机会，吸纳港澳各类居民到此就业、生活，给港澳青年以美好生活选择权，吸引他们向心发展。

### （四）有助于优势互补错位发展

大湾区内广东省珠三角地区有发达的制造业基础，港澳有创新、融资、专业服务及国际网络的优势，几方可形成互补发展格局。大湾区建设应更多回应港澳关切，更好地发挥港澳作用，体现其独特价值。香港作为“超级联系人”，可联手国内企业共同开拓“一带一路”广阔市场，以提供高端服务有效融入大湾区产业链。

### （五）有助于促进社会事业融合发展

依托港珠澳大桥，加快跨区域互联互通建设，推行人员往来便利化政策；推动民间、商界等多层次往来，增进相互了解；推进社会保障对接，给予部分香港市民“国民待遇”，在社会保险、就医、子女入学等方面享受和本地人相同的待遇；放开养老服务市场，加快粤港澳养老服务保障对接，鼓励港澳长者回粤养老。使民众更好地融入湾区及国家的发展，切身感受到国家的进步及自身生活的改善，从而增强国家认同。

## 三　相关政策建议

### （一）提升粤港澳大湾区战略层次

建议在国家区域总体发展战略中凸显其地位，将之上升为国家核心发展战略，形成“北有雄安新区、南有粤港澳大湾区”的格局。通过发展模式创新，打造代表国家参与国际竞争新平台，牵引带动整体转型升级，统筹解决港澳问题，并对解决台湾问题做出示范。

### （二）加快规划编制形成顶层设计

深入研究大湾区发展机理、发展模式和发展路径，充分征求政府、学界、商界等意见，调动各方力量参与规划编制，形成代表粤港澳各方意愿、操作路径清晰、发展愿景明确的顶层设计，指导大湾区发展。

### （三）成立强有力的协调机制

建议中央层面成立由国务院领导任组长的工作领导小组，在国家发改委下设办公室承担相应职能。广东省级层面与香港、澳门设立三地合作发展省区领导对话机制，下设合作发展秘书处，由广东省发改委承担相应职能。配套建立大湾区规划协调委员会、城市群发展论坛等。

**（四）支持建立统一市场**

在金融、航运、商贸等服务领域，取消或放宽对港澳投资者的资质要求、股权比例等准入限制。扩大粤港澳大湾区专业资格互认范围，支持港澳取得专业资格的人员到内地提供专业服务。推动建立大湾区共同劳务市场、房地产市场，探索向港澳居民开放教育、服务、制造等更多内地就业领域，推进港澳青年创业基地建设。

**（五）支持人员自由流动**

放宽内地居民尤其是广东居民赴港澳的审批手续，延长一次签注居留时限，下放港澳通行证签注审批权至县级出入境部门。支持对大湾区内地居民赴港澳采用“落地签”，条件成熟后可推广至国内重点城市。支持推动通关便利化，将“两检”变“一检”，取消离境检查，仅实施入境检查。

**（六）推动资金充分流动**

鼓励粤港澳金融机构开展跨境互设、跨境兼并重组，推动金融产品跨境互买、互卖、互认，缩短对港澳金融领域负面清单，放宽港澳投资者在大湾区设立银行业、保险业等金融机构的限制，推动大湾区公共服务领域的支付服务执行统一标准，将大湾区打造成金融IC卡刷卡无障碍示范区。

**（七）促进社会事业对接**

支持港澳居民在内地生活就业，提高来往内地通行证便利化使用水平，在社会保险、就医、子女入学、购房等方面享受和本地人相同的待遇，在广东省推广港澳社会治理经验。

**（八）拓展港澳发展新空间**

鼓励港澳在大湾区发展“飞地”经济。由内地提供特定区域供港澳作为产业园区使用，采用租借、合建、共建等模式。支持配套建设港澳标准的国际化社区，提供与港澳相衔接的教育、医疗、交通等服务，吸引港澳青年在此就业生活。社会治理上可以采用港澳模式。鼓励港澳主导开发珠江口部分岛屿，由中央政府授权港澳特区政府代为管理，打造国际海岛旅游目的地。支持大湾区拓展海域使用方式，包括岸线修复、围海造地等，尽快启动澳门新增海域的开发工作。

（“粤港澳大湾区城市群发展规划研究”课题组

执笔：王福强　赵　磊　李　丹）

# 把教育合作作为建设粤港澳大湾区的优先领域

党的十九大提出，支持香港、澳门融入国家发展大局，以粤港澳大湾区建设（以下简称“大湾区”）等为重点，全面推进内地同香港、澳门互利合作。香港教育领域有一定优势，应成为大湾区合作发展的优先领域。

## 一　推动大湾区教育合作的重大意义

### （一）便于港澳同胞接受国家认同感

对于融入国家战略，部分港澳居民担心“被规划”“被融合”，存在抵触心态。教育是民心工程，三地文化同源、人缘相亲、民俗相近，文化认同感强，优先选择教育人文领域合作阻力小，港澳接受程度高。同时，通过教育合作，引导港澳学生树立正确的历史观、国家观、文化价值观，可增强其国家意识和爱国精神。

### （二）有利于充分发挥香港独特作用

近年来，香港整体竞争力出现下滑，金融、航运等原有传统优势正逐渐消退，部分领域被内地赶超。但国际化的教育体系和高水平的教育质量仍是香港的亮丽名片。其国际化程度高，与世界顶尖科研机构、一流科学家交流频繁，国际影响力超过内地。2017 年，五所香港高校进入世界百强，而大湾区内地没有一所。通过对接教育资源，可发挥港澳优势，补齐大湾区内地教育发展短板，推动内地快速融入国际智力体系。这既是国家所需，也是香港所愿。

### （三）有利于提升大湾区核心竞争力

国际化教育体系是国际化营商环境的重要组成部分，便于吸引高端人才和创新型人才集聚。纽约、东京和旧金山等世界级湾区能够持续繁荣，重要原因之一是拥有高水平的国际教育体系。大湾区要建设成为充满活力的世界级经济区、具有全球影响力的国际科技创新中心，需要打造国际教育高地，培养集聚一大批具有国际水平的科技人才。

### （四）有利于为教育领域改革探索经验

建设教育强国是中华民族伟大复兴的基础工程，需要中国教育走向世界、融入世界，进而引领世界教育发展。教育领域因其特殊性，如何对外开放需要在特定区域内先行试验。国家推进大湾区建设的考量之一，是将大湾区作为改革探索的试验田，在“一国两制”框架下，利用制度差异，为全面对外开放探索经验。大湾区内存在不同教育体系，探索合作模式和路径，可以借助港澳搭起中国教育走向世界的桥梁，有利于建设教育强国。

## 二　推动大湾区教育合作的现实障碍

### （一）内地高等教育实力存在落差

尽管大湾区拥有全国数量第三的高校、科研院所等科技资源，但与纽约、东京、旧金山等世界一流湾区相比，教育实力仍存在显著差距，突出表现为大湾区内地九市缺乏世界顶级的高水平大学。大湾区内的五所世界百强高校均在香港。内地高等教育现行管理模式，在培养世界顶级创新人才、支持开展高水平研究等方面与香港有一定差距。

### （二）教育理念的差异影响创新人才集聚

国际创新型人才流动时，当地能否为其子女提供国际化教育是重要的参考指标。港澳采用国际化教育体系，与国际教育资源深度对接，会成为他们的优先选择。而内地教育领域在专业结构、课程设置、管理模式等方面与国际先进水平存在差距，对外合作的深度和广度也不够。

### （三）内地国际化教育资源严重不足

在教育部注册备案的国际学校，北京市有 19 所，而广东全省仅有 18 所且分布不均衡，其中广州 9 所、深圳 6 所。中外合作办学项目，大湾区内只有 6 家，其中广州 3 家、深圳 1 家。

### （四）体制机制障碍制约教育合作深化

三地教育领域合作缺乏系统性的顶层设计。“一国两制”下的“教育跨境”合作存在体制机制障碍，涉及学制期限、考试制度、学历互认等。对外籍人员子女的就学，广东尚未推行外籍生源学籍备案制，多数地方教育部门将此当作分外之事。对于外籍教师的资格互认仍存在制度障碍，师资配备难以实现国际化。

## 三　推动大湾区教育合作的政策建议

### （一）把发展民办国际化教育作为先手棋

党的十九大提出“制定完善香港、澳门居民在内地发展的政策措施”。大湾区作为港澳融入国家发展大局的平台，应大力发展民办国际化教育。要进一步放宽大湾区民办教育中外合作办学政策，尤其是降低对国际高中、国际学校设立和审批“门槛”，建立大湾区内国际学生学籍备案和学分互认、入学统一考试认证制度和高水平汉语服务中心，加快教育融合和课程改革，加强校际互通和校长联谊。

### （二）积极探索建立国际教育示范区

在国家发展进入新时代的背景下，应彰显制度自信，在大湾区创设国际教育示范区。要支持三地创新高校办学方式，鼓励港澳高校在内地设立分校，单独或联合内地高校培养人才。支持三地高校共建科研设施，联合开展科技攻关。支持大湾区持续引进世界知名大学和特色学院，推进“双一流”建设，实现高等教育内涵式发展。

**（三）区别领域推进教育多元式合作**

基础教育应注重培育国家认同理念，引导港澳教材增添更多中国元素。取消港澳教师到内地任职资格限制，鼓励三地中小学校长任职式交流，支持港澳居民子女与内地居民子女享受同等教育权利，在内地创设更多国际学校。高中教育可鼓励三地青年自由选择就读院校，对港澳学生提供与内地学生相同的政策优惠。职业教育方面，支持各类实训基地合作共建、学生互派交流，鼓励港澳青年在内地生活就业。高等教育方面，以设置助学金等方式吸引更多人才来内地接受教育，打造粤港澳各类高校联盟，支持人才互用、项目共担等类别的深度合作。

**（四）把创新高等教育合作作为重点**

要通过创新高等教育合作，吸引港澳青年主动融入国家发展大局。依托各类高校联盟，开放各自强势学科与专业，形成教育资源共享态势。推行三地学分互认和跨校选课，促进三地高校学生更广泛流动，打造最具创造力的区域一体化教育高地。联手共建大湾区各类实验室等科技创新平台，面向全球引进高层次科技创新人才，使全球智力为大湾区所用。

**（五）拓宽教育合作资金供给渠道**

支持办学主体多渠道筹集办学资金，推动办学经费来源多元化。鼓励社会资本、国有资本和政府资本以多元组合方式进入教育领域，探索实行政府投入和社会捐助建立基金会为主的大学经费运营模式。充分发挥市场对优质教育资源的配置能力。

（“建设国际一流湾区，打造‘一带一路’建设重要支点研究”课题组

执笔：王福强　李　丹）

# 借鉴国际一流湾区经验　谋划粤港澳大湾区建设

国际上，湾区经济是各主要经济体发展的重要载体。以东京湾区、旧金山湾区、纽约湾区为代表的湾区是所在国主要的经济增长极，承载着各国最具竞争力的各类产业。我国的粤港澳大湾区经过30多年的合作发展，已经具备建设世界一流湾区的基础条件，其国际交往功能、集聚外溢效应和规模效应不断提升。研究国际湾区发展历程及经验，可以为粤港澳大湾区建设提供有益借鉴。

## 一　世界一流湾区发展的一般性特征

### （一）空间范围宜采用中等空间尺度

湾区依自然地理特征和包围范畴大小可以分为小、中、大三种尺度。小尺度湾区通常是所在城市的一个区域和其中一个部分，其发展空间相对有限。中尺度湾区海面面积较大，周围通常有多个城市构成城市群或城市圈，如国际上知名的东京湾、旧金山湾等，粤港澳湾区也具有明显的此类特征。大尺度湾区可以包含多个小型和中型海湾及多个国家，不具有区域经济下的聚集经济特性，其更多地表现为本地区国际经济合作问题。从区域经济发展联系、规划和合作的视域来说，湾区经济应该是中等空间尺度下的地理范围概念。

### （二）产业结构不断跃升升级

典型的湾区发展历程包括港口经济主导、制造业发展、服务经济壮大、创新型经济引领各阶段，是一个明显的正向强化累积循环过程。这种循环表现为两个阶段特征：初级循环是处于聚集经济状态下的循环发展过程，在这一过程中产业结构不发生根本性变化，主导产业在循环中不发生改变，实质是区域经济的量变循环过程；高级循环则是当区域经济处于聚集不经济条件下的循环过程，湾区发展的主导因素变化带来主导产业变化和区域产业结构变化，这是区域经济质的循环过程，也是区域产业升级过程。

### （三）动力机制相互演化推进

湾区经济成长演进的动力主要受基础性条件、内生性动力和外源性动力三方面因素影响。基础性条件决定了大湾区最初的要素密集度和吸引力。内生性动力是大湾区在发展过程中基于市场力量形成的对外部优质要素，特别是高端生产和创新要素的吸聚能力，它是决定大湾区发展最具本质性的力量。内生性动力表现为市场分工、知识共享、规模经济、网络创新、降低交易成本。但是，这种内生性动力大多数情况下不是自发形成的，它需要外源性动力的协助与促动，也就是政府部门科学的调控、引导和规划，其主要表现为加强各类软硬件基础设施建设。

### （四）“种子”因素决定湾区特色

总结国际成功大湾区发展，一些超越于动力机制的“种子”因素起到了特殊作用。旧金山湾区是依托优越的自然环境、人居环境和社会环境形成的以科技创新为主导的湾区经济，是全球高科技产业集中区。20 世纪 60 年代美国军方合同是其发展的“种子因素”，“军方合同（种子因素）+ 自然和社会环境 + 科技能力”是其发展的密码。东京湾区则与日本战后发展战略和产业政策密切相关，基于东京湾区优越的区位优势和自然环境，形成了依托六个首尾相连港口群和强大的制造业体系及发达的城市群体系，其“种子”因素表现为“港口 + 制造 + 贸易”。

## 二　东京湾区发展主要经验

### （一）以合理城市定位促进资源高效配置

20 世纪 70 年代至今的 40 多年间，东京湾区以东京都产业升级为契机，周边城市不断发展。产业逐步外迁，城市定位愈发明确，资源得到合理配置。如东京都定位知识密集和高附加值产业形态，着重发展创新经济和服务经济；横滨市承担湾区贸易中心功能，横滨港成为湾区最重要的对外贸易港；千叶县重点发展空港经济、国际物流和临空产业；埼玉承接行政、居住、商务职能；茨城则重点发展信息产业，集聚大学和科研机构。

### （二）以轨道交通网络建设提高要素流动效率

东京都与周边城市主要依靠轨道交通网络的不断延伸来形成地区经济一体化目标。在日本城镇化高速发展期，日本政府通过交通规划与城市规划一体化，在不断扩张轨道交通体系的同时，在东京都周边 30 公里半径和 50~80 公里半径内规划建设新城。新城建设和交通网络的发展促进了东京都人口向周边城市分散，同时也以东京都为核心形成更为合理高效的人流、物流、信息流通道。

### （三）以立体式空间开发提高土地利用效率

东京都市圈在交通规划方面重视通过城市干线、轨道交通、高速公路等多种途径提升城市之间要素流动的效率。同时，为避免城市人口集聚对交通产生的巨大压力，在新城建设时，重点发展以公共交通为导向的出行模式，并注重将交通网络建设与城市土地空间开发相协调，在轨道交通站点周边开发立体式多面向，以工业、商业、居住、文化为一体的综合型步行化城区。交通与居住、工作空间紧密连接，大大增加了居民公共交通出行频次，降低了人口大规模集聚的副作用。

以港口空间开发与再利用推进港城和谐。湾区经济的基本形态是港口经济，在工业化加速阶段，沿海岸线进行制造业布局是常见的发展形态。1985 年，日本政府推出“面向 21 世纪的港湾政策”，提出“综合性港口”概念，在滨水区构建物流、工业和生活和谐发展模式。1990 年，日本政府推出“建立富饶魅力滨水区”政策目标，强调以人工岛外沿区域作为港口泊位，在人工岛内部区域规划建设居住和商业空间。同时，在对港口进行改造时，强调对旧有港口空间的再利用，目的是推进港城一体，和谐发展，增强城市居民对港口区域的亲近感，营造宜居港湾环境。

## 三　旧金山湾区发展主要经验

### （一）以宜居环境吸引科技创新人才集聚

长期以来，湾区宜居环境都被视为湾区经济发展的主要动因。湾区优美的自然环境吸引大批具有较高知识技能水平的人才到此地生活创业。科技人才在硅谷的集聚逐渐带动硅谷产生具有规模效应的高科技产业，随后带动周边城市的发展。因此，湾区地方政府均在城市发展中重视对自然环境的保护，加州以法案形式规定温室气体减排目标，湾区政府协会出台引导性规划方案从交通、住房、城市土地开发等方面协调城市发展、产业发展和环境保护之间的关系。

### （二）以“小政府、大社会”的制度环境服务湾区创新经济发展

由于体制差异，美国地方自治体系下的地方政府，没有上下层级划分，在经济发展中秉持市场原则，也没有权限制定能够具有超前特征的产业政策。这种做法事实上维持了湾区较为自由、宽容的创新环境，有利于科技人才试错创新。“小政府、大社会”的这一制度环境特点被视作旧金山湾区经济发展的独特因素。

### （三）以绿色交通理念完善交通网络体系规划

旧金山湾区交通规划较为注重在现有产业和城市发展基础上，通过

对人流、物流状况的数据化评定，对交通体系进行改造，从而提升交通网络的便捷性，实现公共出行和要素流动的高效率，同时达到降低温室气体排放和环境可持续发展的规划目标。这种规划方案既能提升资金的利用效率，又极具针对性地满足了产业和人口流动需求，且涵盖了环境保护这一长期目标，值得加以认真借鉴。

### （四）以明确的功能划分避免城市间同质竞争

由于旧金山湾区经济主要秉持市场原则，湾区三大主要城市各自形成具有不同定位的产业结构。如旧金山市注重发展金融业、旅游业和生物制药产业，奥克兰市发展装备制造和临港经济，圣何塞因处于硅谷重点发展信息通信和电子制造、航天航空装备等高技术产业，其各自明确的功能划分有效避免了城市间同质竞争。

## 四　粤港澳大湾区发展建议

### （一）科学划定湾区地理范围

湾区地理范围的划定不仅包括自然地理概念意义上的临水地域，还包括与临水地域经济联系较为紧密的腹地地区。因此，从通行概念来认识粤港澳湾区的地理范围，就不仅包括香港、澳门、深圳、东莞等临水城市，也应考虑将与临水地区联系紧密的腹地地区纳入规划范围。按照目前粤港澳地区城市发展现状，综合考虑地理区位、产业结构、交通通达等诸方面因素，应考虑将粤港澳大湾区范围界定为珠三角“9+2”城市群，包括广东省广州市、深圳市、珠海市、东莞市、佛山市、中山市、江门市、惠州市、肇庆市和香港特别行政区、澳门特别行政区。

### （二）制定湾区地域发展的层次性规划

地理空间层次的逐次扩张不仅能够持续强化湾区中心城市在引领湾区发展中的核心地位，而且能够通过更为合理的土地利用和交通规划实现要素流动的便捷快速目标，带动延伸地区和辐射地区经济发展速度，实现湾区核心区、延伸区、辐射区区域之间的要素对流。借鉴日本东京湾发展经验，粤港澳大湾区合作发展也应在强化湾区内部建设的同时，依据交通通达性和产业结构、土地空间开发利用状况、水污染治理需要等因素，在粤港澳湾区“9+2”城市群核心区基础上，划定延伸区和拓展区，从而更好地实现粤港澳大湾区的区域经济增长极地位和辐射泛珠三角、东南亚沿线国家的引领作用。

**（三）引导规避产业同质竞争**

城市功能分配合理、产业优势互补是世界主要湾区的重要发展经验。参照东京湾发展经验，结合粤港澳三地发展现实，推进粤港澳合作发展，规避产业同质竞争，要进一步增强粤港湾大湾区发展规划的总体性和引导性，通过明确城市功能定位，设置具有引导性的产业、交通、环保指标规避城市之间产业同质竞争，通过交通规划、新城规划、港口规划一体化的做法，逐步建立区域城市扁平化发展协作机制，从而形成区域内部错位发展、优势互补的产业结构。

**（四）打造湾区优质生活圈**

借鉴旧金山湾区规划，粤港澳湾区建设应该将建设优质生活圈作为未来引领湾区发展、增强湾区国际竞争力的核心内容。具体应考虑将珠江流域水污染防治和大气环境治理作为优质生活圈建设的基础，大力发展清洁能源和可再生能源，强化利用既有已开发土地空间进行产业革新，着重推进港城和谐发展，在通过填海开发新的港口用地的同时，借鉴东京湾经验，对旧有港口进行空间再利用。同时，统筹协调在大湾区范围内发展具备特色的现代农业，构建连片绿色空间；强化湾区城市群之间交通联系的强度，提高城市轻轨、地铁、空港与公路体系网络的便捷程度；在湾区临海区域发展邮轮、游艇等观光产业，提高海域开发利用强度。

**（五）创新合作发展机制和模式**

要素组合形成规模效应和外溢效应，离不开良好的体制机制环境。

以硅谷为例，科技创新机制、风险投资机制和政府政策支持机制是硅谷能够长期引领全球科技创新的基础。粤港澳大湾区发展既要更好地发挥政府宏观指导和引导作用，也要充分发挥市场、社会、行业协会、创新人才的积极作用。打造粤港澳大湾区，应按照优势互补、创新合作、共治共享的原则，以对标国际通行规则为方向，打破体制机制障碍，缩小制度差距，在基础设施建设、金融、科技、中介服务、人员流动、环境治理等领域创新合作发展机制和模式。

（田　栋　王福强）

图书在版编目(CIP)数据

中国智库经济观察. 2017 / 中国国际经济交流中心编. -- 北京：社会科学文献出版社，2018.7
（CCIEE经济每月谈）
ISBN 978-7-5201-2781-3

Ⅰ. ①中… Ⅱ. ①中… Ⅲ. ①世界经济 - 文集 Ⅳ. ①F11-53

中国版本图书馆CIP数据核字（2018）第103605号

· CCIEE经济每月谈 ·
中国智库经济观察（2017）

编　　者 / 中国国际经济交流中心

出 版 人 / 谢寿光
项目统筹 / 邓泳红　吴　敏
责任编辑 / 张　超

出　　版 / 社会科学文献出版社 · 皮书出版分社（010）59367127
地址：北京市北三环中路甲29号院华龙大厦　邮编：100029
网址：www.ssap.com.cn
发　　行 / 市场营销中心（010）59367081　59367018
印　　装 / 三河市龙林印务有限公司

规　　格 / 开　本：787mm×1092mm 1/16
印　张：20.25　字　数：267千字
版　　次 / 2018年7月第1版　2018年7月第1次印刷
书　　号 / ISBN 978-7-5201-2781-3
定　　价 / 128.00元